诉讼视野下

我国强制医疗程序解析及其完善

朱晋峰 著

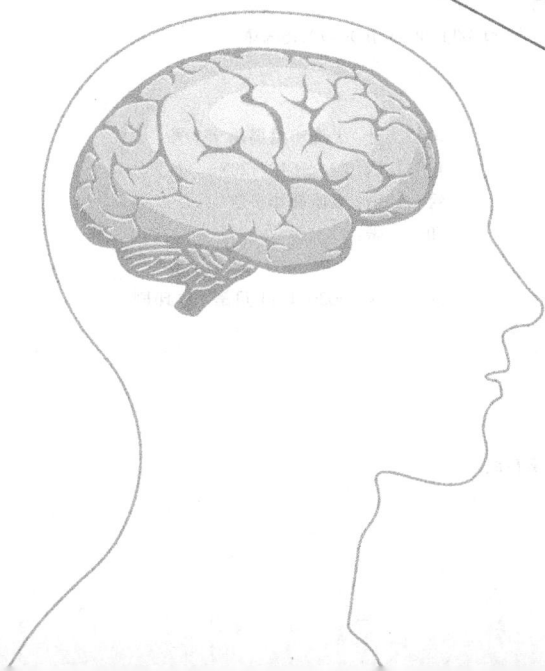

上海交通大学出版社
SHANGHAI JIAO TONG UNIVERSITY PRESS

内容提要

本书对刑事诉讼中的特别程序——依法不负刑事责任的强制医疗程序从理论和实践层面进行了阐释。通过对现行强制医疗程序运行的现状进行全面梳理,分析目前存在的问题并厘清原因,在此基础之上,提出切实可行的解决对策,为我国司法实践提供一定的思路。本书主要内容包括:绪论、强制医疗程序概述、强制医疗程序理论基础、强制医疗的适用条件、强制医疗审前程序、强制医疗庭审程序、强制医疗程序裁判形式与上诉审、强制医疗执行程序、强制医疗程序的检察监督。本书的读者对象包括:诉讼法学、证据法学的理论界和实务界人士。

图书在版编目(CIP)数据

诉讼视野下我国强制医疗程序解析及其完善/朱晋峰著. —上海:上海交通大学出版社,2020
ISBN 978-7-313-23471-1

Ⅰ. ①诉… Ⅱ. ①朱… Ⅲ. ①精神病患者(法律)—治疗—强制执行—研究—中国 Ⅳ. ①D924.399.4

中国版本图书馆 CIP 数据核字(2020)第 119205 号

诉讼视野下我国强制医疗程序解析及其完善
SUSONG SHIYE XIA WOGUO QIANGZHI YILIAO CHENGXU JIEXI JIQI WANSHAN

著　　者:朱晋峰
出版发行:上海交通大学出版社　　　　　　　地　　址:上海市番禺路 951 号
邮政编码:200030　　　　　　　　　　　　　电　　话:021 - 64071208
印　　制:苏州市古得堡数码印刷有限公司　　经　　销:全国新华书店
开　　本:710mm×1000mm　1/16　　　　　印　　张:15
字　　数:237 千字
版　　次:2020 年 11 月第 1 版　　　　　　　印　　次:2020 年 11 月第 1 次印刷
书　　号:ISBN 978 - 7 - 313 - 23471 - 1
定　　价:68.00 元

2012年我国对《刑诉法》进行了全面修订，其中增加了依法不负刑事责任的精神病人的强制医疗程序、未成年人刑事案件诉讼程序等特别诉讼程序，这对于完善我国刑事诉讼制度、促进诉讼各方权利的保障发挥了重要作用，对于一直困扰司法实践的"被精神病"、精神病患者无法得到及时医治等现象的缓解也具有重要意义，但我国有关强制医疗程序的理论研究和实践操作起步较晚，存在一定的不足，主要表现为：理论研究深度不够，多侧重从法律本身角度分析；在研究角度上，鲜有把社会科学和自然科学相结合，在诉讼法、证据法、刑法等部门法内进行多视角探讨；在研究方法上，缺乏实证研究；等等，故无法充分保障强制医疗程序的良性运行，这也是本书以此为选题的出发点。

相较而言，国外有关强制医疗程序的研究起步早且日渐完善，最早可追溯到古罗马时期，后逐渐形成《马克诺顿原则》。如今，国外有关强制医疗程序的规定和研究日臻成熟，无论在程序的启动、运行、救济，还是对精神病人的权利保障等方面都有一整套完整的理论，且有专门法律对其进行规定，为我国强制医疗程序的完善和理论的发展提供了一定的借鉴，可进一步强化我国强制医疗程序的实施效果以及对精神病人权利的保护。

对于强制医疗程序有关问题的研究，我们必须立足于实践，通过对具体案例及对实践部门进行充分调研后，才可对现状进行总结，综合分析存在的问题，并从诉讼法、刑法、证据法等专业的角度，充分考虑法学和自然科学的相互融合，将普通程序与特殊程序相互衔接，从全方位、立体式的角度对强制医疗程序的完善提供相应的参考路径，这也是本书在成稿过程中所希望达到的目的。

  本书在充分咨询相关领域的专家以及对相关实务部门进行调研的基础上,形成了最终的定稿。本书关注的内容基本涵盖了强制医疗程序的基础理论和程序始终。在基础理论中不仅分析了强制医疗程序的内涵、性质等基本内容,而且还对与其具有极大相似内容的非自愿性住院治疗进行了比较,以对本书研究的范围进行厘定。当然,本书对于强制医疗程序进行了较为详细的阐释,但并不涉及该程序的所有细节,而仅仅是对笔者所认为的各程序中的重要问题进行了详细的阐释,并予以分析,这是需要予以特别说明之处。

  通过对本书的写作,笔者加深了对强制医疗程序问题的认识,并对自己目前所从事的科研工作有着极大的帮助,这是笔者对该问题研究后的最大收获。

朱晋峰

2020 年 5 月 20 日

目 录

Contents

目 录

第一章 绪 论

　　近年来,随着社会经济的高速发展,社会民众的生活、工作环境发生了较大变化,其所承受的各种压力也急剧增加,精神长期处于"紧绷"状态,导致精神疾病患者持续增多。2009年,世界卫生组织称精神疾病已经成为中国医疗体系的最大负担。[1] 2015年,英国世界权威医学杂志《柳叶刀》(The Lancet)研究指出,中国大约有精神疾病患者1.73亿人,其中1.58亿人口并没有接受过专业的精神疾病治疗。虽然患者如此之多,但中国平均每8.3万人才有一名精神疾病医生。[2] 2010年10月,我国《精神病收治制度法律分析报告》指出:"我国各类精神病患者人数在1亿以上。另有研究数据显示,我国重性精神病患人数已经超过1600万。"[3]此外,根据研究显示,20个暴力犯罪中就有1名患有重性精神病。[4] 精神病患者实施的违法犯罪行为日趋受到社会重视和关注。

　　"上海奥迪车连撞9人案""邱某某特大杀人案""南京宝马撞人案"引发了社会的广泛关注。在这些案件中,对行为人是否有精神病乃是社会民众和法律专业人士讨论的重点。例如,"邱某某杀人案"相关部门始终没有对邱某某是否患有精神病进行鉴定,致使民众对法院判决的正当性产生怀疑。在"南京宝马撞人案"中,南京脑科医院司法鉴定所对犯罪嫌疑人王某某作出了"急性短暂性精神障碍"的鉴定。我们暂且不论其结果是否客观、正确,该鉴定意见在社会上产生了重大反响。可见,在刑事案件中,尤其是在恶性刑事案件中,行为人是否患有精神疾病不仅会影响社会公众对裁判结果是

---

［1］ 腾讯健康:"研究称中国约1.73亿人有精神病",http://health.qq.com/a/20150528/048066.htm,最后访问日期:2017年6月5日。

［2］ 腾讯健康:"研究称中国约1.73亿人有精神病",http://health.qq.com/a/20150528/048066.htm,最后访问日期:2017年6月5日。

［3］ 许云峰:"精神病收治制度法律分析报告称中国精神病患者已逾1亿人　重性病患超1600万",http://bbs.dzwww.com/viewthread.php?tid=24462219,最后访问日期:2017年7月3日。

［4］ Fazel S., Grann M.. The population impact of severe mental illness on violent crime. *Psychiatry*,2006,163(8),pp.1397-403.

否信服,而且会对当事人权利产生最直接的影响。在此情形下,如何既在依法追究行为人犯罪责任的前提下,又能最大限度地保障行为人和被害人的合法权益是我们亟须解决的现实课题。2012 年新修订的《刑事诉讼法》(简称《刑诉法》)首次就强制医疗程序进行了规定。紧随其后,公安部、最高人民检察院、最高人民法院的办案规定、诉讼规则、司法解释等相继出台,就强制医疗程序的操作进行了细化。

第一节 问题的提出

《中华人民共和国刑事诉讼法》(以下简称《刑诉法》)在第五编"特别程序"的第五章第 302—307 条规定了"依法不负刑事责任的精神病人的强制医疗程序",这就是理论界和实务界所指的强制医疗程序。全章共 6 条,对强制医疗程序的适用范围、程序、审理、复议、解除和监督进行了规定。但综观上述法律条文,我们不难发现,条文内容规定得较为简单,有的条文仅作了原则性规定,在实践中缺乏操作性。应当看到,强制医疗程序不仅会对被强制医疗人人身自由产生限制,强制医疗执行机构还需要对被强制医疗人进行治疗,如果被强制医疗人有精神疾病的话,强制医疗程序可以起到积极的治疗作用;如果被强制医疗人没有精神疾病的话,换言之,被执行人被认定为"被精神病"的话,强制医疗则可能对其身心健康产生不利后果。因此,《刑诉法》在明确、完善强制医疗程序的同时,还应当避免强制医疗程序被不适当地运用,对被强制医疗人的人身、财产权利等造成侵害。因此,我们有必要对强制医疗程序的具体内容及其完善进行研究。

一、精神障碍患者数量不断增多

笔者没有查阅到我国精神障碍患者每年数量及其变化,但从一些相关报道中,可以大致了解精神疾病障碍患者数量在我国的变化。2009 年 6 月 13 日,著名医学杂志《柳叶刀》刊登了北京市回龙观医院流行病学研究中心主任费立鹏对我国四省精神障碍的流行病学进行调查的结果。结果显示,精神障碍患病率高达 17.5%,抑郁症的患病率为 6.1%,据此推算,中国的抑郁症患者已经达到 9 000 万人。① 根据国家卫健委疾病预防控制局公布的数据显示,截至 2017 年年底,全国 13.9 亿人口中精神障碍患者超过 2.43 亿人,总患病率高达 17.5%;严重精神障碍患者超过 1 600 万人,发病率超过 1%。②

由此不难发现,我国精神障碍患者数量较为庞大。从医学领域来看,常见精神障碍包括精神分裂症、狂想障碍、恐惧症、阿尔茨海默病,等等。当然,并不是上述所有的精神障碍患者都会实施《刑诉法》第 302 条规定的暴力违法犯罪行为。但是,我们可以预见的是,随着社会经济的不断发展,社会压力越来越大,民众的精神紧张程度也会逐步递增,随之实施过激行为的可能性也会在一定程度上增加,从而加大社会治安的压力。为此,相关部门如何采取有效措施,保障精神障碍患者能够得到及时、恰当的治疗,尽快恢复身心健康是应当考虑的重要问题。但同时,对于已经实施了暴力行为的精神障碍患者,相关部门也应当采取相应措施对其进行医治,防止其继续再次实施暴力犯罪行为,对自身或者他人的人身、财产安全造成影响。

二、精神病疾病患者实施犯罪的情节恶劣、后果严重

司法实践中,精神病人实施违法犯罪行为与普通人实施违法犯罪行为在犯罪时间、犯罪动机、犯罪情节、犯罪后果等方面都存在一定差异。精神状态正常的普通人实施犯罪的犯罪动机比较明确,在具体实施犯罪前会进行一定的准备和部署,对于具体实施犯罪的时间、地点、工具、对象等会有一定的谋划,公安机关在对案件进行侦查之后,可以发现其存在一定的关联或者规律。然而,精神障碍患者实施违法犯罪行为时,由于其处于控制能力、辨认能力减弱或者完全没有的状态,因此在犯罪时间、动机、工具等方面都表现出相当大的随机性。但是,在犯罪情节、犯罪后果等方面,却表现得比精神状态正常的普通人更加恶劣和严重。

例如,2018 年 7 月,河南唐河县具有精神病史的陈某,无故在人群中挥

---

① 魏铭言:"中国各类精神疾病患者人数超过一亿",http://society. people. com. cn/GB/ 97734/8621548. html,最后访问日期:2019 年 7 月 4 日。

② "2018 年精神病医院行业发展现状与市场前景分析:数量、增速创新高",https://www. qianzhan. com/analyst/detail/220/190121-1956f172. html,最后访问日期:2019 年 7 月 2 日。

砍,村民躲闪不及,最终造成 4 人被砍死的后果。① 在此案中,行为人陈某事先并没有表现出任何异样,也没有任何动机。这种事件在司法实践中屡见不鲜。又如,2010 年 2 月 6 日,云南省保山市隆阳区瓦渡乡安和村村民万某某在家中厨房与父母共吃午饭时,无故用斧头反复击砍其父亲头部及上肢,其父猝不及防,当场死亡,劝阻的母亲同时也被砍伤。经司法机关鉴定,犯罪嫌疑人万某某经诊断患有抑郁症,案发时处于发病期,属于刑事限制责任能力。此外,精神障碍疾病患者实施违法犯罪行为的手段较为残忍,情节特别恶劣。例如,2009 年 11 月 19 日,云南省保山市隆阳区潞江镇农民李某某因琐事与其母亲发生口角,李某某趁其母亲洗头时用砍刀连续劈砍数刀将其母亲头部砍碎,后李某某又用镰刀剖开死者胸腹部,将腹腔脏器取出后丢到猪圈喂猪。案发后,经司法鉴定,李某某患有抑郁症,案发时处于发病期,属于限制刑事责任能力人。行为人李某某的犯罪手段极其残忍,情节特别严重。这是精神障碍患者违法犯罪行为的主要表现之一。

除此之外,行为人是否患有"精神疾病"也可能成为某些人获取不正当利益的手段或者工具。在司法实践中,此种情形并不少见。例如,著名的"江苏朱某某案"即是如此。1968 年出生的朱某某为江苏省南通市三余镇人,南京大学经贸日语系毕业。2000 年 9 月赴日本结婚、生子,后侨居日本,为日本永久居住民。2007 年回国后,其要收回其母代为经营的三处总价值约 600 万元的房产。朱某某被其母宣称有精神病,并先后被"绑架",送至南通市第×人民医院进行精神病"治疗"。同时,其母亲唐某某向法院提起认定"朱某某无完全民事行为能力"的诉讼,希望通过此种方式,实际掌控朱某某名下的财产。后此事在社会上引起轩然大波,有关部门多次参加由人大、政法委、法院、妇联等部门组织的协调会。② 又如"河南徐某某案"。据报道,1997 年,河南漯河人徐某某,开始帮邻居张某某写材料,到各级部门反映问题,乡政府接回上访的徐某某后,将其送至精神病医院。2009 年 12 月 7 日,镇政府又将徐某某转移至漯河市精神病医院。在被关押期间,徐某某被捆

---

① "精神病史男子砍死 4 人,警方全城搜捕,但精神病史不是免死牌!",https://baijiahao.baidu.com/s? id=1605599714722884618&wfr=spider&for=pc,最后访问日期:2019 年 7 月 4 日。

② http://baike.baidu.com/link? url = CxX0HsoNNk9OO - Ewx7CHYwvsZGRZq7ouceC1Dxg450XZ4kC_Svs6mMAdAyiRcu3YLnQ4Wi0tYOEVsWeI_Grmaa,最后访问日期:2016 年 12 月 5 日。

绑50次、电击55次。针对此事件,2010年5月26—5月27日,公安部曾在湖北武汉召开全国安康医院工作会议。① 可见,精神疾病在一定程度上也可能被一些人当作谋取自身不正当利益的工具,这不仅会对精神疾病患者的权益造成侵害,在一定程度上也会对我国的法治发展产生阻碍。

三、强制医疗程序可以有效缓解精神障碍患者违法犯罪问题

根据《刑法》第18条的规定:"精神病人在不能辨认或者不能控制自己行为的时候造成危害结果,经法定程序鉴定确认的,不负刑事责任,但是应当责令他的家属或者监护人严加看管和医疗。"据此,实施违法犯罪行为的行为人,如果是精神障碍患者,则可以不负刑事责任。这也是司法实践中,控辩双方争论的核心问题。换言之,除了部分得到社会救济或者家庭经济情况较好的精神疾病患者可能会得到有效治疗以外,有相当一部分实施了违法犯罪行为的精神障碍患者因不负刑事责任依然会回归社会。这种情况在现实中屡见不鲜。

根据国外相关研究显示,文化程度低、无业、药物滥用史、移民、情绪抑郁、合并物质滥用以及严重精神症状、童年时期不良事件、居住环境差均是精神分裂症患者犯罪高危因素。② 董欣勇等发现精神分裂症患者犯罪学历低、无业、药物滥用史、犯罪动机缺乏、控制能力和自我保护能力减弱。③ 根据已有研究成果,精神障碍患者实施违法犯罪行为往往是与某种病态有密切关联。这也就意味着,对于那些已经实施了违法犯罪行为且没有受到合理有效治疗的精神障碍患者而言,他们再次实施违法犯罪行为的可能性依然较大。换言之,如果相关部门能够对精神障碍患者的精神疾病采取恰当治疗的话,根据上述研究结果,则可以显著减少精神障碍患者再次实施犯罪的概率。

强制医疗程序作为《刑诉法》规定的一项特别程序,对于符合条件的精神障碍患者,由相关部门采取合适的治疗方式对其进行治疗,并且强制医疗程序解除的标准是"已不具有人身危险性,不需要继续强制医疗"。这也就意

---

① http://baike. baidu. com/link? url = MThBLkX1WNmIWDkLy7zRfyMDmixZtYd7iiKo7nDtLja1Q5UAxHeFPVGr996MCLqjUSkG5M_Y01hFdxBT1xlw3,最后访问日期: 2016年6月29日。
② 朱文礼、尹良爽、曹斌等:《精神分裂症患者犯罪行为危险因素调查研究》,《临床精神医学杂志》2019年第3期。
③ 朱文礼、尹良爽、曹斌等:《精神分裂症患者犯罪行为危险因素调查研究》,《临床精神医学杂志》2019年第3期。

味着精神疾病患者已经得到了有效治疗,社会攻击性已经得到有效缓解。在强制医疗程序解除后,其再次实施违法犯罪行为的可能性极大降低。因此,强制医疗程序对于最大限度地保护社会公共、财产安全等具有重要意义。

四、强制医疗程序相关规范欠缺,实施效果不佳

正如上文所述,强制医疗程序对于保障精神障碍患者和社会公共安全具有重要的作用;但是我们也应当看到,我国目前强制医疗程序还存在诸多不完善的地方。例如,强制医疗程序适用对象还相对较狭窄,不能最大限度地发挥强制医疗的作用,《刑诉法》只将"实施暴力行为,危害公共安全或者严重危害公民人身安全"的精神障碍患者纳入被强制医疗的对象;对于行为人实施的是非暴力行为,或者虽然是暴力行为,但危害的是精神障碍患者自身人身安全或者财产安全的,《刑诉法》并没有将其纳入强制医疗的对象;又比如,立法对于强制医疗的适用程序规定得较为简单,可能导致强制医疗程序在适用上存在困境。如果公安侦查机关、检察机关、审判机关已经启动普通程序或者强制医疗程序,但发现适用程序错误,是应终止已有程序,按照新的程序办理,还是直接将已开始程序转为新的程序,立法没有明确规定。这可能会造成在司法实践中办案机关无所适从;此外,强制医疗程序的审理、决定形式在一定程度上还不能完全保障精神障碍患者权利,强制医疗程序的救济也有待进一步完善;等等。诸如此类的问题,在司法实践中,最终都可能制约强制医疗程序应有功能的充分发挥,导致强制医疗程序的实施效果不佳。

强制医疗程序是缓解精神障碍患者违法犯罪情形的有效措施。但是,鉴于该程序在我国设立时间不长,加之有关规定内容存在一定不足,由此阻碍强制医疗程序应有功能的充分发挥。这就迫切需要对强制医疗程序进行深入研究。

第二节　研　究　意　义

一、理论意义

首先,有助于完善刑事诉讼理论。在 2012 年经修改的《刑诉法》,其设立

了包括未成年人刑事案件诉讼程序；当事人和解的公诉案件诉讼程序；犯罪嫌疑人、被告人逃匿、死亡案件违法所得的没收程序；强制医疗程序等在内的特别程序。这些特殊的诉讼程序的建立、健全对于进一步完善我国刑事诉讼相关理论具有重要作用。然而，就强制医疗程序而言，如本书上文所述，还存在诸多不完善的地方，在司法实践中缺乏操作性。这不仅不利于精神障碍患者权利的保障，而且也会影响强制医疗程序应有功能的充分发挥。因此，我们对强制医疗程序进行研究，完善强制医疗程序理论，将有助于刑事诉讼理论的进一步发展。

其次，有助于完善辩护权理论。刑事诉讼要解决的是犯罪嫌疑人、被告人有罪无罪、罪重罪轻的程序。在整个诉讼程序中，控辩双方围绕上述问题进行举证、质证。在强制医疗程序中，控辩双方则是围绕行为人是否符合强制医疗的条件进行举证、质证。需要说明的是，强制医疗程序的适用可以有效保障精神疾病患者得到有效治疗，但同时也有可能因为程序的不当适用，致使没有精神疾病的正常人被强制医疗。这不仅会剥夺当事人的人身自由，而且还会因为强制医疗机构的治疗行为，造成被强制医疗人的生理和心理受到损害。因此，如何保障强制医疗程序的正当运用是我们着重要解决的问题，其中尤其要保障的是被申请强制医疗人的辩护权，这是整个强制医疗程序的核心之一。然而目前我国强制医疗程序中的辩护权依然存在较大困境。例如，代理人和辩护人出庭问题、权利义务问题、救济权问题等都没有在强制医疗刑事诉讼程序中得到有效解决。这也是本书研究的重点问题。因此，本书对强制医疗程序的研究无疑将有助于辩护权理论的充实和完善。

最后，有助于完善证据法理论。在刑事诉讼过程中，控辩双方和法庭都是围绕证据来进行诉讼活动的。控辩双方通过向法庭提交证据、质证等来阐明案件相关事实。法庭通过双方在庭审中对证据的质证，查明案件事实，并最终对被告人的刑事责任作出判定。当然，在强制医疗程序中，控辩双方对于被申请人是否符合强制医疗条件依然需要提供相应的证据证明，被申请人同样需要向法庭提交相应的证据证明是否符合强制医疗条件。但鉴于强制医疗程序的特殊性，其与其他诉讼存在显著不同的地方在于强制医疗程序中的关键证据是证明被申请人的精神状态是否正常的鉴定意见即在强制医疗程序中，精神疾病司法鉴定意见是强制医疗程序中的关键性证据。

但是,在该程序中,精神疾病司法鉴定意见的相关理论还存在一定的缺陷。例如,鉴定启动权的归属还不清晰、鉴定意见的告知还有待完善、鉴定人出庭还有待进一步落实,等等。司法实践中,鉴定意见已经逐步占据证据体系的核心地位。但目前有关司法鉴定的理论还相当薄弱,这在一定程度上制约了强制医疗程序的正常运行。因此,本书对强制医疗程序的研究将无疑有助于证据法理论的进一步完善。

此外,本书对强制医疗程序的研究,还能在一定程度上完善检察监督理论、审判相关理论、执行相关理论等。

二、实践意义

首先,有助于强制医疗程序的完善,增加可操作性。强制医疗程序作为刑诉法设立的一项特殊程序,虽然对于保障社会公共安全和当事人合法权益具有重要作用,但强制医疗程序的启动、审判、救济、执行等还存在较大缺陷,造成在司法实践中无所适从。例如,在启动程序中,强制医疗启动的条件过于严苛,不利于该程序功能的充分发挥;在启动条件的设定上,"有继续危害社会可能的"条件,公安司法机关往往难以把握;在程序的运行过程中,对于普通程序和强制医疗程序的转换问题缺乏相应规定,造成实践中难以把控;在裁判程序中,用"决定"的形式来确定是否对被申请人进行强制医疗有行政化的倾向;在强制医疗监督程序中,还有待进一步细化检察机关监督的形式和内容。诸如此类问题还很多,需要通过研究来完善强制医疗的各项程序,确保该程序的正常运行。

其次,有助于保障当事人权利,确保精神障碍患者的权益。即使是符合强制医疗条件的被申请人,在强制医疗程序中,相关部门也应当充分保障被申请人的辩论权、质证权、救济权、申请解除强制医疗权,等等。在强制医疗程序中,因为被申请人可能是辨认和控制能力都较弱的精神障碍患者,自身权利行使会存在一定障碍,因此在诉讼中,相关部门应当更加注重对当事人权利的维护。

最后,有助于防止"被精神病"现象的发生。因为涉及财产等利益,在司法实践中常常会出现当事人"被精神病"现象,致使权利人的权利受到不应有的侵害。同时,在刑事诉讼中,我们除了要防止上述情形的"被精神病"现象以外,还应当防止精神状态正常的人通过虚假证明自身患有精神疾病,而逃避刑事法律的制裁。我们应当充分保障强制医疗程序的正当运用,确保被申请人是真正符合强制医疗条件的精神障碍患者,最大限度地防止"被精神病"现象的发生,确保该制度的功能充分发挥。

第三节　研究现状

对于强制医疗程序进行研究,具有重要的理论和实践意义。据此,国内外相关学者对此问题也进行过相应的研究。

一、国内研究现状

强制医疗程序是 2012 年《刑诉法》修订过程中得以确立的制度,在我国运行时间较短,还缺乏一定的经验,存在一定的不足。国内理论和实务界对强制医疗程序也进行过一定的研究,包含了强制医疗程序的各方面,主要体现在以下几方面。

一是在研究内容方面。目前已有的关于强制医疗程序的研究涉及的内容较多,包括强制医疗的审前程序、审理程序、执行程序、救济程序、程序的监督等诸多方面。在审前程序中,研究的内容包括启动强制医疗程序的条件,强制医疗程序的启动主体、启动方式、临时保护性约束措施,等等。在强制医疗的审理程序中,包括强制辩护、强制鉴定、程序转换、判断标准、权利救济,等等。在强制医疗的执行程序中,包括执行主体、执行的交付、执行费的负担,强制医疗的解除,等等。

需要说明的是,通过对强制医疗程序已有文献的查阅,笔者发现,在强制医疗程序的研究中,强制医疗程序的监督是理论界和实务界学者研究的重点内容之一。例如,王荣华、宋远胜在《中国检察官》2017 年第 9 期上发表的《强制执行监督工作实证研究》专门就检察机关对强制医疗程序的监督进行了实证分析;杨庆华、曹伟文在《湖南行政学院学报》2015 年第 2 期上发表《检察机关强制医疗法律监督的难题与破解》,并指出检察机关强制医疗法律监督面临的实践难题包括:检察机关强制医疗法律监督的力度不够、公安机关的临时性约束措施与变相限制人身自由难以区分、对强制医疗的适用条件操作性不够强、强制医疗法律监督效果不尽人意、强制医疗解除程序和经费保障难以落实到位等；陈梦琪、陈治军在《人民检察》2017年第5期（下）发表《强制医疗执行监督的强化》，认为目前检察监督存在的主要问题包括：强制医疗执行主体多元化，检察监督有效实现难；强制医疗执行规范缺失，检察监督依据参照难；强制医疗执行和监督分立，检察监督信息获取难；强制医疗执行经费欠缺，检察监督交付执行难；案多人少队伍薄弱；等等。

二是在研究方式方面。目前理论和实务界学者有关强制医疗程序的研究方式，有专门性的理论研究，也有一定的实证研究。专门性的理论研究，是指学者立足于强制医疗的立法实践，从学理上对强制医疗程序的有关内容进行阐释。例如，王君炜在《法学》2016年第12期发表《我国强制医疗诉讼救济机制之检讨》，指出目前强制医疗程序中申请复议程序的缺陷包括：行政化色彩、复议庭审虚化现象严重；定期诊断评估解除机制的瑕疵（立法在定期诊断评估周期等问题上语焉不详，影响了救济的及时性；实践中强制医疗解除案件的审查流于形式）；审前救济程序的缺失；等等。又如李铭在《人民检察》2014年第17期发表《办理强制医疗案件的现实困难与对策》，指出强制医疗程序适用的现实困难包括关于临时的保护性约束措施规定不够明确，做法难以统一（等同于强制医疗、等同于羁押以及羁押与强制医疗并行）；强制医疗经费来源无法定保障，带来执行困难；强制医疗执行机构不明确，监管难以实现；强制医疗适用条件模糊，解除标准单一；等等。

此外，也有一部分学者对于强制医疗程序的研究是从实证角度进行的，但是此类研究的成果较少。例如，周峰、祝二军、李加玺在《人民司法》2016年第7期发表《强制医疗程序适用情况调研报告》，通过实证调研分析了目前强制医疗程序在适用过程中的情况：案件总体数量少，且各地不平衡；暴力行为集中；启动方式以检察机关提出申请为主；案件审理结果相对单一；申请解除强制医疗措施的主体单一。唐承佑在《人民检察》2017年第16期发表《强制医疗程序适用实证调研》，作者同样通过实证调研，对强制医疗程序的运用现状进行了总结，包括：① 均由公安机关移送；② 临时保护性约束措施不一致；③ 法定代理人申请拒绝强制医疗的比例低；④ 退回补充侦查的比例高；⑤ 退回补充侦查的事项较为集中；⑥ 审查起诉阶段询问、听取被申请人意见比例较低；⑦ 法院决定强制医疗的案件比例高；⑧ 抗诉、复议率为零。

二、国外研究现状

国外有关强制医疗程序的研究起步早且日渐完善，最早可追溯至古罗马时期，后逐渐形成了"野兽条例"和"马克诺顿规则"。1930年的布拉格会议对强制医疗程序的全面建立和发展发挥了重要作用。如今，国外有关强制医疗程序的规定和研究日臻成熟，无论在程序的启动、运行、救济，还是精神疾病患者的权利保障等方面都有一整套完整的理论，且有专门法律对强制医疗程序进行规定。

国外理论和实务界关于强制医疗程序的研究经历了较长时间的发展，并在司法实践中得到充分运用和发展。最初各国强调精神疾病患者对所实施的违法犯罪行为是在无意识状态下进行的，因此，虽然行为人的行为有罪，但可以被免除刑罚。之后，随着社会发展，许多国家将无刑事责任能力的精神疾病患者收容于精神病院，[①]防止其继续实施相应的违法犯罪行为。经过一段时间的发展，各国对于实施了违法犯罪行为的精神障碍患者逐步采取强制医学治疗。[②]至此，强制医疗概念逐渐深入人心。同时，学者也清晰地认识这种从精神疾病患者角度考虑的处置方式，在实践中往往也可能成为某些人谋取不正当诉讼利益的手段，造成该强制医疗的不强制医疗，不该强制医疗的随意被强制医疗。随之产生的问题是，强制医疗将政治、经济和社会实践、利益、价值及歧视交织在一起，使得行使公共卫生权的部门成为治理的重点。据此，各国在强制医疗中除了保障精神疾病犯罪嫌疑人、被告人合法权利以外，还十分注重对有关部门权力行使的限制。

英美法系国家实行当事人主义，大陆法系国家实行职权主义，前者强调当事人权利的维护，后者强调法官对诉讼的主导。随着两大法系在法学层面的不断交流、合作，以及当事人主义和职权主义各自缺陷的逐渐显现，两大法系开始逐渐吸收对方的优秀经验、合理内核，因此在诉讼程序中，大陆法系国家逐渐重视当事人在诉讼中的主导地位，英美法系国家也逐渐重视法官对诉讼进程的总体把控。

---

① 黄丽勤：《精神障碍者刑事责任能力研究》，中国人民公安大学出版社2009年版，第190页。
② 刘白驹：《精神障碍犯罪》（下），社会科学文献出版社2000年版，第822页。

就强制医疗程序而言,英美法系国家强制医疗程序启动的前提是精神疾病患者实施了违法犯罪行为,如果不对该行为人进行强制医疗,其会继续实施危害社会的行为。另外,英美法系国家还明确规定,对行为人适用强制医疗程序必须符合最低限度原则,即同其他强制措施相比,强制医疗程序是对行为人权益侵害最小的。而大陆法系国家规定除了行为人必须是精神疾病患者且实施了违法犯罪行为之外,更强调如果不对其采取强制医疗措施,则可能会继续实施危害他人或自身的行为。在强制医疗程序中,英美法系更加关注当事人的参与,往往要进行有各方共同参与的听证程序。大陆法系国家则先由鉴定人对精神疾病患者精神状态、回归社会可能性、危害性等诸多方面因素进行考量,并出具意见。后由法官根据鉴定意见并结合案件其他情况进行综合判断后,作出是否对行为人采取强制医疗程序的决定。

此外,两大法系都明确规定对行为人是否患有精神疾病的判定需要借助专业人士的帮助。同时,对行为人精神状态进行鉴定时,如果根据情况需要将其置于特定场所的,可以对其采取留置措施,等等。当然,英美法系和大陆法系国家在诸多方面还存在不同,例如英美法系国家在强制医疗程序的决定中明确要求必须经过听证;而听证在大陆法系国家则不是必经程序。又如,在英美法系国家中,对行为人精神状态进行判定的人员是专家证人;而在大陆法系国家中,对行为人精神状态进行判定的则是在法定名册中的鉴定人。

英美法系和大陆法系国家对强制医疗程序的研究起步较早,理论基础和实践经验相对较为完善,相应的研究成果已经在实践中得到广泛运用。

三、国内外研究简评

随着社会、政治、经济的不断融合,传统英美法系国家和大陆法系国家之间也在相互吸收有关强制医疗程序的优秀研究成果,具体表现在司法实务层面,就是两大法系国家不断吸收对方的合理做法,从而不断完善本国强制医疗程序的实践运行。

而我国目前对强制医疗程序的研究多为对立法条文的分析,实证类研究较少。同时,理论界和实务界对强制医疗程序内容的研究都较为浅薄,或是就强制医疗程序的某一个方面进行研究,或是就强制医疗程序的内容进行表面的分析,点到为止。目前来看,已有研究文献缺少对强制医疗程序相关内容的体系化研究,对于司法实践的指导性功能还不能充分发挥。总体表现为:研究方法和角度单一;收集资料片面;缺乏动态的、全面的、细致的思考。具体而言:① 理论研究深度不够,多侧重从法律本身角度分析;② 研究内容重复,对实践指导意义不大;③ 在研究角度上,鲜有将社会科学和自然科学相结合,从诉讼法、证据法、刑法等多学科进行探讨;④ 在研究方法上,缺乏实证研究,对实践存在的具体问题缺乏深度了解。

据此,本书寄希望于通过对强制医疗程序有关立法和司法实务进行全面分析,梳理其中存在的问题,在借鉴境外有关经验基础之上,提出切实可行的解决对策,从而为强制医疗程序的具体运行提供思路。

第四节　研　究　思　路

一、研究框架

强制医疗程序是强制医疗制度的核心内容,要对强制医疗制度进行研究,首先有必要对强制医疗程序进行体系化的分析。该程序是我国刑诉法在 2012 年修订时新设立的一项特殊诉讼程序,其针对对象是依法不负刑事责任的精神病人。目前理论和实务界对于强制医疗程序的研究大多停留在程序运行的某个方面,缺乏系统性研究。因此,笔者在该程序进行研究之前,首先需要对强制医疗程序的内涵与特征、性质与功能、与相近概念的区分等问题进行明确。同时,笔者还专门对强制医疗程序的理论基础进行全面分析,认为强制医疗程序的确立具有坚实的理论基础。当然,诉讼各方在强制医疗程序中需要解决的核心问题是,被申请人是否符合强制医疗的条件。因此,法律法规确定的强制医疗条件是否合理是我们研究强制医疗程序的前提基础。

强制医疗程序作为刑事诉讼中的一种特殊诉讼程序,在程序运行方面与普通刑事诉讼程序存在较大差别。尤其是在审前程序、庭审程序、救济程序和执行程序之中,强制医疗程序的诸多内容与传统刑事诉讼程序都存在区别,因此,笔者将采用"困境—根源—出路"的逻辑进路对其中较为特殊的几项内容予以详细阐述,这也是笔者所要研究的主体内容。在此需要特别说明的一点是,笔者将强制医疗程序的裁判形式与救济放在同一章节,最主要是因为在诉讼程序中,法庭经过庭审之后作出最终裁决的形式将对诉讼各方救济途径产生最为直接的影响。由于笔者并不认同目前强制医疗程序的最终裁决形式,以及对诉讼双方救济途径的选择,因此,笔者将这两项内容放在同一章中进行阐释。

在最后一部分,笔者将对强制医疗程序的检察监督进行简要阐述,之所以将其作为一个独立的部分加以论述,是因为检察机关对强制医疗程序的检察监督虽然贯穿程序的始终,但是,在主体、对象、方式等方面,检察监督还存在一定的特殊性,能够自成体系。同时,将其单独列为一部分,也能体现出检察机关独立于其他办案机关,行使相应的检察监督权。

上述具体逻辑结构如图1-1所示。

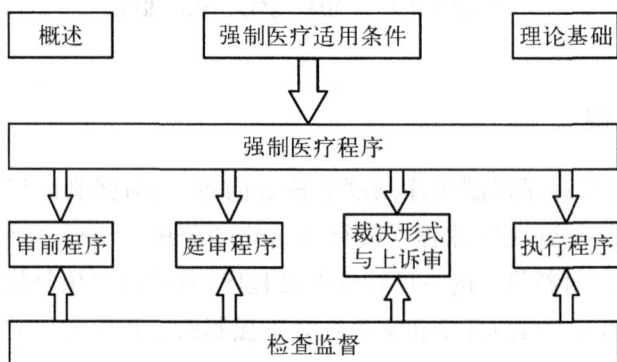

图1-1　研究框架图

二、研究内容

笔者对强制医疗程序的研究,总体上可以分为"总论篇""程序篇"和"监督篇"三个部分。

第一部分系第二章至第四章,是强制医疗程序的基础内容。该部分主要研究强制医疗程序的概述、理论基础以及强制医疗的适用条件。在强制医疗程序的概述中,笔者主要就强制医疗程序的概念及其特征进行界定,同时对强制医疗程序的性质以及发挥的功能等提出自己的看法。当然,鉴于《精神卫生法》对非自愿性住院治疗的规定与刑诉法的强制医疗程序具有诸多类似之处,为避免两者的混淆,笔者也将对两者的联系与区别进行全方位分析。在强制医疗程序理论基础方面，笔者主要从社会防卫理论、权利保障理论、国家父权主义理论、程序正义理论等方面，对强制医疗程序确立的理论正当性进行全面分析。被申请人是否满足强制医疗的适用条件，是诉讼各方在强制医疗程序中需要解决的核心内容。因此，我们有必要对该条件设立的正当性等进行全面分析。

第二部分系第五章至第八章，是强制医疗程序的主体内容。在该部分中，笔者主要就强制医疗的审前程序、庭审程序、裁判形式与上诉审程序、执行程序等按照"困境—根源—出路"的逻辑进路进行全方位的研究。在审前程序中，笔者主要就强制医疗启动程序、审前程序中普通刑事诉讼程序与强制医疗程序的转换、临时性保护约束措施等进行研究。在强制医疗庭审程序中，笔者主要就庭审方式、证据审查的虚化及有效认证、审判组织的专业构成、庭审中强制医疗程序与普通刑事诉讼程序的转换等问题进行研究。在裁判形式确认与上诉审程序中，笔者将反思现行裁判形式的合理性，同时提出自己的观点，进而对"复议"的救济途径进行反思，并认为以"上诉审"的方式来确保诉讼各方的权利更符合强制医疗程序的特点。在执行程序中，笔者主要就执行主体的确定、执行期限与诊断评估的明确、执行的解除等内容予以全面分析。当然，笔者在对上述问题进行研究时，也都是从现有立法和司法实务中的现状为切入点，同时厘清其存在的问题和原因，并在此基础之上，借鉴国外有关经验，提出完善的基本思路。

第三部分系第九章，是强制医疗程序的检察监督。在该部分中，笔者主要就强制医疗程序检察监督的主体和对象，以及检察监督的方式进行阐述。对于检察监督主体，针对其目前存在的困境，我们应当尽快转变相关人员的思维理念，同时应当充实检察监督力量，合理分配检察监督权。至于检察监督的对象则应当是强制医疗程序的全过程。同时检察机关也应当对其中的重点内容予以特别关注。为充分体现检察监督的效果，我们应当要求各相关机关强化相关文书的备案工作，同时赋予检察监督一定的强制力，以保障其提出的意见能够得到有效落实。当然，随着信息化的发展，我们也可以借助信息化平台的建立，综合运用多种监督方式，以加强对强制医疗程序的监督。

三、需要说明的几个问题

第一，关于文章中的数据及案例统计表。笔者在对部分问题进行研究时,对发布的案例进行了分析,以便发现其中存在的问题。案例主要来自无讼网、北大法宝网、中国裁判文书网等。在对个别问题进行说明时,笔者可能会以某个地区的数据进行详细阐述。另外,附录中的三张案例统计表分别是强制医疗庭审情况案例统计表、强制医疗复议情况案例统计表以及强制医疗解除情况案例统计表。除强制医疗复议情况案例统计表登记了笔者能够找到的所有案例以外,另外两张表格都只是选取了不同年份、不同地区共100个案例进行列明。这些案例具有一定的随机性,仅供读者参考。笔者并不单凭这100个案例进行说明。为避免歧义,在此予以特别说明。

第二,关于研究内容。笔者按照上述研究框架对强制医疗程序的内容进行了全面分析,即笔者认为比较重要的几项内容予以特别阐释。当然限于研究结构等问题,某一个问题会在不同章节中出现,例如强制医疗程序与普通程序的转换问题,在审前程序和庭审程序、上诉审程序中都有所涉及,但是每部分涉及的内容并不一样。审前程序中的程序转换只限于就审前程序中的强制医疗程序与普通刑事诉讼程序之间的转换进行研究,并不涉及庭审程序和上诉审程序。在另外两个程序中同样如此。

第三,关于产生困境的原因。笔者的出发点是通过立法和司法实务发现强制医疗程序中存在的问题,并提出相应的解决对策。笔者在对问题进行探讨时,也连带原因一并予以阐释。为了避免结构过于繁杂,未将产生困境的原因予以单列。

第五节 研 究 方 法

本书主要采用实证研究和规范研究的方法对强制医疗程序的有关内容进行阐释,从而希望能为强制医疗程序的具体运行提供一定的思路。

一、实证研究法

自2012年《刑诉法》确立强制医疗程序后,有许多精神疾病患者被决定适用强制医疗。相关部门在适用该程序过程中也会遇到一系列问题。本书希望通过对适用强制医疗程序案例进行分析,能够厘清其存在的问题,并探寻深层次的原因,从而提出相应的解决对策,提供实证基础。

二、比较研究法

国外对于精神疾病患者的医学治疗起步较早,对于强制医疗程序的运行也相对较为成熟,有大量经验可以为我国强制医疗程序的完善提供借鉴。因此,本书也将从比较法角度出发,对国外强制医疗程序中可资借鉴的经验进行阐释,并在此基础之上,取其精华、去其糟粕,形成具有我国特色、符合我国司法实践情境的强制医疗程序体系。

第六节　创 新 性

一、研究视角更加全面而系统

本书从理论和实证案例角度对强制医疗程序存在的问题进行系统性、全过程的分析,并提出相应的解决对策。相对于已有成果仅仅是就强制医疗程序的某一个方面进行研究而言,本书的选题视角更加全面而系统。

二、研究内容全面而深入

本书不仅就强制医疗程序的启动程序、庭审程序、执行程序、救济程序等进行全面分析,而且还将对影响强制医疗程序正当性、合法性的程序进行深入阐释。例如,对于被申请人是否有精神障碍具有决定性影响的司法鉴定程序进行分析;对于被申请人权利有重要影响的强制辩护程序进行分析;对于被申请人救济权利有重要影响的强制医疗决定程序、解除程序进行分析等。这些都是目前已有研究成果所没有涉及的,或者涉及不多的内容。

三、建议针对司法实践

本书除了发现强制医疗程序存在的问题以外,最主要的是要能切实解决强制医疗程序中存在的问题。对此,本书以诉讼经济为原则,尽量在现有法律框架内,并融合目前强制医疗程序的最新发展动向和成果,提出相关问题的解决方案。在提出解决思路时,立足我国强制医疗程序本位,同时又借鉴域外有关经验,希望能够为我国强制医疗程序的完善和顺利运行提供对策或者参考。

强制医疗程序对于不负刑事责任的精神病人而言,可以对其精神障碍异常情况进行有效治疗,在保障精神障碍患者自身人身、财产安全的同时,也能防止其再次实施违法犯罪行为,并促使其回归社会。同时,我们也应当清醒地认识强制医疗程序一旦被误用,很可能会对被申请人的生理和心理都造成严重侵犯。因此,强制医疗程序的正确和适当运用才能充分发挥该程序的应有功能。但是,限于实务界对强制医疗程序的运用已经遇到较大困境,而理论界对有关强制医疗程序的研究还不完善,对于实践的引领作用还有待加强。这也是本书对该问题进行研究的出发点和最终目的,希望相关成果能够为强制医疗程序的有效运行提供思路。

第二章　强制医疗程序概述

　　鉴于各地经济、文化等发展不平衡,我国对精神病人的治疗还远远不够,有众多患有精神病的行为人,甚至是重度精神病人无法得到有效治疗,成为影响社会民众人身、财产安全的不稳定因素。例如,山东青岛的 36 岁精神疾病患者王某某因家中无钱治疗,被家里人关于铁笼中,最终于 2007 年 3 月 19 日,将自己 73 岁母亲打死,又对邻居大打出手。[①] 类似事件不胜枚举,不仅对受害人的人身和财产造成了巨大伤害,而且还对社会其他公众的人身、财产安全造成一定威胁。因此,如何采取有效措施防止精神病人继续实施违法犯罪行为,已成为必须予以研究的一项重要课题。

　　相关部门已对精神病人实施违法犯罪行为的情况有了充分关注。一方面,我们应当采取相应的措施,保障精神病人的权利不受非法侵害,并且在特定情形下,相关部门应当采取相应的治疗措施,使其恢复健康状态。另一方面,我们应当采取有效措施防止受害人"被精神病",防止特定人利用此获得不正当的诉讼利益,这已经成为社会公众关注的重要课题。

　　我国早在古代就已经关注了精神病人实施违法犯罪行为的情况,不过最初并没有确定对行为人进行强制医疗,而仅仅是确定行为人不需要承担相应的刑事责任。例如,《周礼·秋官·司刺》规定:"一赦曰幼弱,再赦曰老耄,三赦曰蠢愚。"至清代时期,法律除了明确免除精神病人的刑事责任以外,还加强了对其进行管制的规定,例如清末的《巡警规条》规定:"凡遇疯癫迷失道路者,应由此街送彼街,按街送至其家为止"。《大清新刑律》第 12 条规定:"精神病人之行为不为罪,但因其情节得施以监禁处分",这被认为是

---

　　① "盘点近年精神病人伤人事件",http://roll. sohu. com/20130724/n382459310. shtml,最后访问日期: 2017 年 5 月 7 日。

我国"保安处分"的萌芽。中华人民共和国成立以后,相关立法和文件等对实施违法犯罪行为的精神病人的收容问题进行了考量,例如 1956 年 3 月 7 日,《湖北省人民委员会对精神病人收容问题的请示的批复》中明确指出,对于精神疾病病情严重的,且对社会治安安全有重大危害的精神疾病患者,可暂时由公安机关在特定场所对其进行看管。又如 1979 年最高人民法院、最高人民检察院、公安部发布的《关于清理老弱病残犯和精神病犯的联合通知》明确规定,对于交付执行入监以后患有精神疾病的人,如果其在外有家庭,可对其予以监外就医,相应的公安部门要负责监督。1997 年《刑法》明确规定,对于实施了违法犯罪行为的精神病人,"在必要的时候"由政府强制医疗。这实际上就是赋予了政府对精神病人进行治疗的国家义务,但是对这些有关精神病人的收治具有非常浓厚的行政色彩,与《刑诉法》确定的强制医疗程序显著不同。

2012 年《刑诉法》确立了强制医疗程序。这是我国首次以成文法的形式对强制医疗程序进行规定,这不仅有助于我国刑事诉讼程序的完整,而且也会在很大程度上对社会公众的人身、财产安全等起到重要的保障作用,同时还可以有效保障精神病人的合法权益。随之,最高人民法院《关于执行〈中华人民共和国刑事诉讼法〉的司法解释》(以下简称《最高法刑诉解释》)、《人民检察院刑事诉讼规则(试行)》(以下简称《最高检刑诉规则》)、《公安机关办理刑事案件程序规定》(以下简称《公安刑事程序规定》)等都相继就强制医疗程序的相关适用问题予以进一步明确。此外,最高人民检察院还先后发布了《人民检察院强制医疗执行检察办法(试行)》(以下简称《执行检察办法》)、《人民检察院强制医疗决定程序监督工作规定》(以下简称《决定检察办法》),对强制医疗执行程序的监督进行了专门规定。

综观上述法律条文,相关规定还较为简略,可能对强制医疗程序诉讼进程的推进产生一定的阻碍。在对强制医疗程序进行研究之前,我们有必要对强制医疗程序的内涵及特征、性质与功能、与相近概念的关联等进行全面分析,以便为我们后续对强制医疗程序进行研究提供必要的基础。

本章结构见图 2-1 所示。

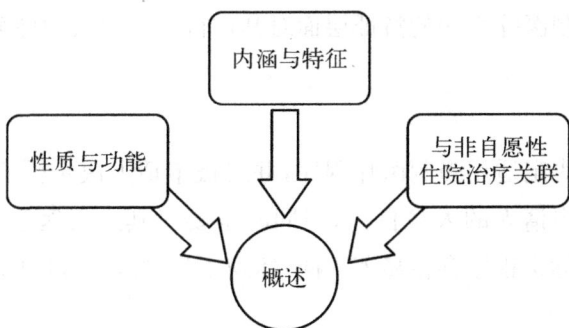

图 2-1　本章结构图

第一节　强制医疗程序内涵及特征

我国《刑诉法》第302—307条对强制医疗程序的相关内容进行了全面的规定,其中第302条规定:"实施暴力行为,危害公共安全或者严重危害公民人身安全,经法定程序鉴定依法不负刑事责任的精神病人,有继续危害社会可能的,可以予以强制医疗。"自此,我国首次在法律层面确立了强制医疗程序,但对于强制医疗程序的内涵、特征等基础性内容还欠缺具体规范。

一、内涵

综观已有研究文献,目前理论界关于强制医疗程序内涵的研究并不多,鲜见关于强制医疗程序内涵的争议。理论界更多的是对《刑诉法》第302条从适用条件和范围方面对强制医疗程序加以理解。为方便对强制医疗程序进行研究,笔者尝试从现行法条出发,对强制医疗程序的概念进行界定,以便与其他诉讼程序区分。

笔者认为,强制医疗程序是指有权机关对实施了暴力行为的、完全无刑事责任能力的精神病人所采取的剥夺其人身自由,并由执行机关对其进行强制医学治疗,直至其精神状态达到可以回归社会的一种特殊诉讼程序。上述对强制医疗程序内涵的界定,可能存在一定的缺陷。需特别说明的是,上述对强制医疗程序内核的阐释,是基于现行刑诉法有关规定进行界定的。至于规定是否合理,则是笔者后续需要研究的内容。当然,单从上述对强制医疗程序内涵进行界定,我们还可能无法真正全面了解其核心内容。据此,我们可以从强制医疗程序的特征层面对其进行更为深入的理解。

二、特征

办案机关决定适用强制医疗程序,并对被申请人决定强制医疗以后,同样需要剥夺被申请人的人身自由,但同时也要对其进行医学治疗。这就决定了其与其他诉讼程序存在显著不同,体现了强制医疗程序的本质特征。

（一）特定性

强制医疗程序是一种特殊的刑事诉讼程序,其特定性主要表现在适用对象的特定性方面。根据现行《刑诉法》的规定,强制医疗程序的适用对象必须同时满足三项条件。

1. 行为人必须实施了暴力行为,同时该暴力行为对公共安全造成了危害,或者对其他公民的人身安全造成了严重危害。

2. 实施了上述行为的行为人必须是依法不负刑事责任的精神病人,对于限制刑事责任能力人或完全刑事责任能力人是不适用的。此外,该行为人是否为不负刑事责任的精神病人,必须经过法定程序鉴定。

3. 如果不对该行为人进行强制医疗,则其可能会继续实施危害社会危险的行为,而且这种可能性会成为现实性。例如,在孙某强制医疗案中,邛崃市人民法院于 2016 年 4 月 5 日对孙某乙作出（2016）川 0183 刑医 1 号强制医疗决定。但其法定代理人孙某甲不服,向成都市中级人民法院提出复议申请,但法院认为,孙某乙实施暴力行为,严重危害公民人身安全,社会危害性已经达到犯罪程度。孙某乙经鉴定为依法不负刑事责任的精神病人,有继续危害社会可能,是强制医疗的适格对象。认为复议申请人复议理由不成立,驳回申请并决定适用强制医疗。①

（二）强制性

强制医疗程序的强制性特征是表现在多方面的。例如,在法庭还未作出是否给予被申请人强制医疗的裁决时,如果办案机关认为,精神病人具有社会危险性,可能再次实施违法犯罪行为时,公安机关可以采取临时的保护性约束措施,对被申请人进行强制约束。例如,在被申请人赵某某强制医疗

---

① 四川省成都市中级人民法院（2016）川 01 刑医复 1 号复议决定书。

申请案中，①在法庭作出是否强制医疗的裁决以前，被申请人赵某某就被公安机关采取临时保护性约束措施，并在大同市第×人民医院执行；又如，强制医疗程序的强制性还表现法庭决定给予被申请人强制医疗以后，被强制医疗人必须接受执行机关的约束以及医学治疗；等等。

（三）法定性

强制医疗程序的法定性是指强制医疗程序的适用条件、适用对象、适用程序、权利救济、程序解除、检察监督等都是严格依据事先拟定的法律规定来运行的。当然，对于强制医疗程序在实践运行中出现的新问题，法律没有规定或者规定不明确的，相关部门可以通过司法解释或者修法的形式予以补充、修订。例如，《刑诉法》第302条规定了强制医疗程序的适用条件；第303条规定了强制医疗程序的运用；第304条规定了强制医疗程序的审理；第305条规定了强制医疗程序的审理期限；第306条规定了强制医疗程序的解除；第307条规定了强制医疗程序的监督。又如，《最高检刑诉规则》第536条明确规定了检察机关对公安机关移送强制医疗的案件需要进行审查的内容包括：涉案精神病人的相应情况，诸如姓名、性别、年龄、户籍、文化程度、职业等；涉案精神病人的法定代理人的基本情况；涉案的案由及案件来源；精神病人实施犯罪行为的时间、地点、后果等相关情况。这些都是有关强制医疗程序的规定，办案机关应当严格依据现有法律和司法解释实施相应的程序。

（四）司法性

在刑诉法未确立强制医疗程序之前，强制医疗以及精神病人收治程序具有浓厚的行政色彩。例如《刑法》第18条规定：精神病人实施了违法行为的，在必要的时候，由政府强制医疗。至于政府是否对精神病人进行强制医疗并不是由第三方裁决，而是由侦查机关等自行决定。是否交由政府强制医疗具有明显的行政色彩，缺乏控辩审三方裁决机制。然正如上文所述，在刑诉法未确立强制医疗程序之前，精神病患者权益无法得到保障等情形屡见不鲜，这是强制医疗缺乏中立的第三方裁判背景下必然会引发的问题。

《刑诉法》确立了强制医疗程序，对于精神病人因暴力犯罪需要被强制

---

① 河南省灵宝市人民法院(2014)灵刑初字第42号刑事判决书。

医疗的,必须经过控辩审三方的质证和辩论,并最终由合议庭做出是否对精神病人予以强制医疗的裁决。《刑诉法》第303条对强制医疗程序的审理作出了明确规定:在侦查阶段,侦查机关发现行为人符合强制医疗条件的,可以在收集相关证据材料后,写明强制医疗意见书,并移送至检察机关,由其进行审查。在审查起诉阶段,检察机关对于公安机关移送强制医疗的,或者在审查起诉中发现行为人符合强制医疗条件需要被强制医疗的,也可以向法院提出强制医疗的申请。对于检察机关申请对行为人进行强制医疗的,或者法庭在审理公诉案件过程中发现被告人可能符合强制医疗的,都应按照强制医疗程序处理,并最终由法院作出是否强制医疗的决定。此外,强制医疗程序的审理、裁判、救济、执行、监督等都充分体现了控辩平等对抗、中立第三方居中裁判的三方构架,具有明显的司法性特征。

（五）补充性

强制医疗程序的补充性特征是指强制医疗程序仅仅是其他法律程序的一种补充,也是对精神病人进行医学治疗的一种补充性措施,并不是所有实施了犯罪行为且患有精神病的行为人均需要被强制医疗。根据新刑诉法的规定,对行为人是否适用强制医疗必须同时满足:行为要件、责任能力要件、人身危险性要件等三个条件。只有同时具备上述条件,办案机关才能适用强制医疗程序,即我国目前的强制医疗程序仅针对部分精神病人适用,这从强制医疗程序的规定也可以看出。《刑诉法》第302条明确规定,对于符合条件的精神病人,法院也仅仅是"可以"予以强制医疗,而并不是"必须",再次强调了强制医疗程序目前在适用上的补充性的地位。当然,对于精神病人的处置,我国除了有刑诉法规定的强制医疗程序以外,《精神卫生法》还规定了非自愿性强制医疗程序以及《刑法》规定的"家属或者监护人严加看管和医疗"。《刑诉法》规定的强制医疗程序属于性质较为严重的一种处理方式。在一定程度上,强制医疗程序是法庭认为在其他措施无法满足社会防卫功能前提下实施的"最后治疗"方式。

综上所述,通过对我国强制医疗程序内涵和特征的分析,我们不难看出,虽然在实践中我国强制医疗程序的适用较多,但是限于该程序的特定性、强制性、法定性、司法性、补充性等特征,加之目前立法规定的不完善,强制医疗程序在实践中的运用还会遇到一系列的难题。

第二节　强制医疗程序的性质与功能

《刑诉法》在特别程序中确立了依法不负刑事责任的精神病人的强制医疗程序,这无疑有助于我国刑事诉讼程序体系的完善,也有利于精神病人权利的保障等。但是理论界和实务界对于强制医疗程序的性质还存在一定的争论,也即对该程序功能的认识存在一定的差异。笔者在对该程序进行阐释前,有必要对其性质与功能进行简要的界定。

一、司法属性

程序性质直接决定了程序的构建方式以及发挥的主要功能。因此,明确强制医疗程序的性质是我们对该程序进行研究的一个出发点。

（一）有关程序性质的争论

理论界关于强制医疗程序性质的争论一直存在。归结起来,争论焦点主要集中在强制医疗程序是刑事处罚程序还是行政处置程序,抑或是其他?不同的专家有不同的看法,而这些不同的看法也导致各国在设立强制医疗程序时采用了不同的方式,甚至对此有不同的称谓。例如,大陆法系国家一般将对行为人强制医疗作为刑罚的补充或代替,将其定位于"保安处分",[①]例如日本、奥地利等国统称为"保安处分"。[②] 此外,还有部分国家将其称之为"治疗监护处分""监护隔离处分"等,但大多也将其归为保安处分的一种。[③]

对于保安处分的内涵,学者有不同的看法,[④]也有不同的称谓。无论是称为"保安处分",还是称为"治疗监护处分""监护隔离处分",在各国都需要

---

① 张文婷:《精神病人强制医疗制度比较研究》,《沈阳工程学院学报》(社会科学版)2010年第1期。

② 陈光中:《中国刑事诉讼程序研究》,法律出版社1993年版,第563页。

③ 王伟:《精神病人强制医疗制度研究》,《法律与医学杂志》2003年第3期。

④ 至于保安处分的概念,大塚仁教授认为,"保安处分是着眼于行为人具有的社会危险性,以对行为人进行社会保安和对其本人进行改善、治疗为目的的国家处分"。参见[日]大塚仁:《刑法概说》(总论),冯军译,中国人民大学出版社2003年版,第506页。我国著名刑法学者高铭暄教授认为,"保安处分乃刑罚以外用以补充或替代刑罚之一种特别处分,适用于无行为能力或限制行为能力或具有犯罪危险性之特殊犯罪人,以教育、矫正治疗、监护等方式以改善其行状,消灭其犯罪危险性,使其能重适社会之正常生活,以确保社会之安全"。参见高铭暄:《刑法学原理》(第三卷),中国人民大学出版社1994年版,第178页。

经过特定的程序,并要求由法官来承担居中裁判的职责。正如有学者指出的,新程序解决的是精神病人的医学治疗问题,是为了保障社会的公共安全,理应由法庭进行审理并作出最终的裁决,[①]即该程序属于一种特别的司法程序,具有司法性质。

此外,还有一种观点认为,对精神病人进行强制医疗是行政机关的强制行为,应在相关行政法律法规中作出规定。[②] 持该观点的专家认为,强制医疗的性质在本质上是与《刑法》规定的强制医疗、《精神卫生法》规定的非自愿性住院治疗一样,都是行政强制行为。因此,强制医疗程序也是行政处置程序,无须通过司法程序解决,也不能作为刑事诉讼的特别程序对待,应当采取同其他行政措施一样的程序进行规制。

(二) 强制医疗程序的司法属性

强制医疗程序的性质将直接对各方当事人权利的保障、运行程序的选择、执行程序的具体运作等起着决定性作用,因此,对于强制医疗程序性质的界定十分关键。笔者认为,我国《刑诉法》规定的强制医疗程序属于刑事诉讼程序的一种,具有典型的司法属性。

首先,对于保安处分,我们最早可以追溯古罗马时期。中世纪的《加洛林纳刑法典》认为,在特定情形下,对于特定的人员,如果判定其有可能继续实施相应的违法犯罪行为,但是又找不到合适的场所保障其不去实施这些违法犯罪行为,则可以通过特定程序对其采取不定期的保安处置措施。对于我国现行的强制医疗是否属于保安处分的范畴,理论界产生了分歧。对此,笔者认为,我们首先应当明确保安处分的初衷。对于保安处分设立的初衷在理论界存在一元说和二元说,但是无论一元说还是二元说都明确了保安处分对行为人采取的措施与刑事处罚的措施不同。刑事处罚是为了对行为人已经实施的犯罪行为采取的一种惩罚性的措施,而保安处分的是预防行为人日后实施危害社会公众的行为而采取的措施。虽然保安处分包括监护处分、矫正处分、没收、善行保证等形式,但在社会预防方面的目的是相

---

　　① 魏晓娜:《精神病强制医疗司法应及时介入》,《法制日报》2010 年 9 月 10 日,转引自陈卫东、柴煜峰:《精神障碍患者强制医疗的性质界定及程序结构》,《安徽大学学报》(哲学社会科学版)2013 年第 1 期。

　　② 参见"全国人大常委会组成人员提出强制医疗应当是行政强制行为",http://epaper. legaldaily. com. cn/fzrb/content/20110928/Articel03004GN. htm. 转引自陈卫东、柴煜峰:《精神障碍患者强制医疗的性质界定及程序结构》,《安徽大学学报》(哲学社会科学版)2013 年第 1 期。

同的。

有学者认为，我国并没有设立保安处分制度，因此将强制医疗程序划归保安处分并不妥当；另有学者认为，虽然我国并没有确立保安处分制度，但我国的禁止从业、没收财物等措施显然具有保安处分的实质，因此，我国的强制医疗应当属于保安处分，而强制医疗程序实质上也属于保安处分的程序范畴。对此，笔者认为，我国强制医疗程序的对象是原本实施了犯罪行为且在正常情况下应当承担相应的刑事责任，但囿于其实施违法犯罪行为是在其主观意志以外的，属于在病态情况下实施的行为，为了避免其继续实施相应的违法行为，侵害社会公众利益，法院经过严格庭审程序之后，决定予以强制医疗。可见，我国强制医疗"设定意图首先就是避开罪责原则产生的限制"。[①] 同时，根据我国对强制医疗程序的设计，其主要目的是对行为人采取医疗性措施，对其精神状态进行治疗并将其治愈，使其恢复到正常精神状态。另外，根据我国刑诉法对强制医疗程序的设立来看，强制医疗程序自启动到执行、解除等都充分体现了控辩审三方相互制约的局面，充分体现了诉讼本质。据此，笔者认为，我国的强制医疗程序具有鲜明的司法特性，理应属于诉讼程序的一种。

其次，对于有的学者所指出的，强制医疗程序应当在行政法律中予以规定的观点，本书持有不同看法。正如上文所述，在我国刑诉法规定强制医疗程序之前，《刑法》就对强制医疗作出了明确规定。但是在实践运行过程却出现了"该收治的不收治，不该收治的乱收治"等现象，不仅未能起到社会防卫作用，也对精神病人的权利造成极大的侵害。而通过控辩审三方共同参与的形式，由法官最终作出是否强制医疗的决定，不仅能充分保障诉讼各方当事人的权利，还能将这种限制人身自由并予以治疗的方式纳入法治轨道，有效解决之前精神病人收治过程中存在的各种问题。对此，强调强制医疗程序的司法属性更符合当今社会防卫和权利保障的需求。

综上所述，笔者认为，我国刑诉法规定的强制医疗程序具有鲜明的司法属性，而且从本质上来看，强制医疗程序也应当保持司法属性的特点。这是该程序具有正当性的前提，也是该程序能够充分发挥其应有功能的保障。

---

① ［德］冈特·施特拉腾韦特、洛塔尔·库伦：《刑法总论 I——犯罪论》，杨萌译，法律出版社2006年版，第19页。

二、功能

我国强制医疗程序的司法属性决定了其在诉讼程序中的地位,也决定了其在司法实践中的应有功能。主要体现在以下几方面。

（一）保障精神病人及利害相关人合法权益

强制医疗程序从精神病人的特点出发,将其与正常人进行区分,对符合法律要件的精神病人适用强制医疗程序,这不仅能够充分保障精神病人的合法权利,而且对于其法定代理人、近亲属,尤其是社会其他公众的合法权利等发挥了重要的保障作用。此外,强制医疗程序还充分体现了法律对精神病人的人道关怀,"因为强制医疗程序的对象是精神病人,以基本人权为基础,使精神病人摆脱自己的行为而获得安全,医治他的精神疾病并使他获得生活的各种条件"。[①] 因此,强制医疗程序首先能够起到保障精神病人合法权益的作用,防止精神病人因缺乏控制和辨认能力而遭受不利益。同时,能够防止没有精神疾病的自然人"被精神病"。另外,对于实施了违法犯罪行为的行为人是否被认定为精神病人、是否被决定强制医疗都会对利害关系人的权益,尤其是被害人、法定代理人造成影响。在没有确立强制医疗程序之前,精神病人收治措施有时会被沦为某些人获取不正当诉讼利益的工具。而在强制医疗程序建立之后,通过控辩平等对抗和各方当事人有效参与,以及法官居中裁判,能够有效保障各方利益主体的合法利益。

（二）实现程序正义

我国很早就有关于精神病人的收治体系。当然,这些精神病人收治体系的主体、程序、效果等都不尽相同。例如,1956 年 3 月 7 日,国务院在对《湖北省人民委员会对精神病人收容问题的请示批复》中明确指出,对于精神病人的收容由相应的卫生部门负责,其他部门予以协助,对于精神疾病病情严重的,且对社会治安安全有重大危害的精神病人,可暂时由公安机关在特定场所对其进行看管,相应的卫生部门需要对其进行治疗。又如,1956 年最高人民法院发布的《关于处理精神病患者犯罪问题的复函》明确规定,对行为人是否为精神病人,应当由相关医疗部门进行鉴定,并且要对行为人实施行凶行为前后的精神状态提供相关的证明材料。此外,1979 年最高人民

---

① 王以真:《外国刑事诉讼法学》,北京大学出版社 2004 年版,第 428 页。

法院、最高人民检察院、公安部发布的《关于清理老弱病残犯和精神病犯的联合通知》(简称《通知》)对于精神病犯的处置再次予以确认,该《通知》规定:对于交付执行入监以后再患有精神疾病的人,如果其在外有家庭,可对其予以监外就医,相应的公安部门要负责监督。可见,在刑诉法确立强制医疗程序之前,对于精神病人的看管和医疗义务赋予的是精神病人的家属或者监护人,这与新出台的《刑诉法》规定的强制医疗程序存在不同。

卫生部、民政部、公安部、中国残疾人联合会联合发布的《中国精神卫生工作规划(2002—2010)》中曾指出,"公安部门……依法做好严重肇事肇祸精神疾病患者的强制收治工作。"这里的"精神疾病患者"仅限于对于严重肇事肇祸精神病人的强制收治。换言之,对于其他人的强制收治并没有涉及。然而在1979年《刑法》颁布实施之后,随着社会的进步和情境的变更,我国1997年颁布实施的《刑法》充分重视精神病人的刑事责任问题。其不仅明确规定行为人是否为精神病人需要经过法定程序鉴定确认,而且还明确了"在必要的时候"由政府强制医疗,这实际上是赋予了政府对精神病人进行治疗的义务。但是,综述有关立法规定都具有浓厚的行政色彩,且在实践中产生了诸多问题。

2012年《刑诉法》在特别程序中以单章的形式确立了强制医疗程序,第302—307条对强制医疗程序进行了规定。随之,法院、检察院的司法解释、公安部的规定都对具体操作程序进行了确认和细化。同时,为了解决精神病人关押场所等一系列问题,国务院法制办在2016年就《强制医疗所条例(送审稿)》公开征求意见,旨在"我国通过强制医疗所制度,规范对肇事肇祸精神病人的管治工作,维护社会治安秩序,保障肇事肇祸精神病人的合法权益"。

现行《刑诉法》确立的强制医疗程序充分体现了程序正义的要求。众所周知,强制医疗程序的适用会对公民的人身自由产生限制或者剥夺,故有关强制医疗程序的内容就属于法律保留的范畴,有关强制医疗程序的具体规定也仅能由狭义层面的法律来确定,这也就意味着强制医疗程序中的办案机关必须严格依据法律确定的程序来实施相应的诉讼活动。《刑诉法》确立的强制医疗程序明确应当由检察机关提出申请,法庭对是否给予被申请人强制医疗作出最终的裁判,对于法庭裁决不服的,有关当事人还可以申请复议,同时作为法律监督机关的检察机关对强制医疗程序的全过程进行全面监督。另外,在强制医疗的庭审程序中,控辩双方可以充分地展示自身的论点,同时作为被申请人的精神病人还可以获得法定代理人、诉讼代理人的帮助。如果其没有委托诉讼代理人,则法院还会指派律师提供法律帮助,这些都充分体现了强制医疗程序中程序正义的理念。当然在具体程序方面还存在一定缺陷,需要我们在以后的诉讼程序中予以完善。

（三）保障社会公众安全

强制医疗程序适用条件之一是行为人"有继续危害社会可能",即法庭根据现有证据资料判断,即使不对行为人予以强制医疗,其也没有再继续实施危害社会行为的可能,那么法庭也不能决定对其适用强制医疗程序。精神病人由于其自身精神状态的特殊性,在实施违法犯罪行为时并不是其自主意识下的支配行为,因此在刑事责任的承担方面可以减轻甚至免除,这是从精神病人自身角度进行的考量。但是从社会公众安全来看,精神病人还可能继续实施相应的危害行为。因此,立法者有必要在精神病人与社会公众权利保障之间寻求符合各方利益的平衡。[①] 可见,强制医疗程序适用的前提,除了需要对行为人的行为主体要件进行判定之外,还需要有效判定其再次危害社会的风险。如果这种风险是现实存在的,那么相关部门就需要启动强制医疗程序,并由法庭作出最终裁决。因此,社会公众安全也是强制医疗程序的功能之一。

综上所述,强制医疗程序的司法属性决定了其具有不同于其他行政程序的功能。当然,强制医疗程序的功能是多维度、多方面的,也是一个统一的整体。但笔者认为,强制医疗程序的司法属性未能完全体现,在程序设定方面还存在一定的缺陷,致使强制医疗程序的功能未能充分而有效地发挥,需要在司法实践中不断予以完善。

第三节　强制医疗程序与非自愿性住院治疗的关联

《刑法》第 18 条第 1 款规定了强制医疗概念,[②]即在特定条件下,相关部

---

① 王俊秀、陈磊:《我国精神病收治乱象亟待整治》,《中国青年报》2010 年 10 月 11 日。
② 《刑法》第 18 条第 1 款规定:"精神病人在不能辨认或者不能控制自己行为的时候造成危害结果,经法定程序鉴定确认的,不负刑事责任,但是应当责令他的家属或者监护人严加看管和医疗;在必要的时候,由政府强制医疗"。

门可以对完全无刑事责任能力的精神病人进行强制医疗。这在一定程度上开启了我国对刑事犯罪的精神病人进行强制医疗的先河。根据该条规定，如果精神病人实施了《刑法》所规定的犯罪行为，但是行为人在实施该违法犯罪行为时，是在不能辨认或不能控制自己行为的时候实施的，那么该行为人就不具有可罚性，无须承担相应的刑事责任。但该条同时明确，在实施犯罪行为时，行为人是否处于不能辨认或控制自己行为的状态应当经过鉴定程序。对于确实属实的，则首先应当由精神病人家属或监护人予以看管。只有在必要的时候，政府方可对其进行强制医疗。当然，此种必要性一般是在精神病人家属或监护人无力看管或医疗时。在笔者看来，这实则是具有行政色彩的强制医疗，缺乏控辩平等对抗、法庭居中裁判的司法特性，与我国《刑诉法》规定的强制医疗程序具有显著差别。2012年颁布的《精神卫生法》也规定了精神病人的住院治疗行为，理论界将其称为"非自愿性住院治疗"。由于《刑诉法》的强制医疗程序与《精神卫生法》的非自愿性住院治疗程序具有一定的相似性，容易混淆，故笔者特意对两者的联系和区别进行简要分析。

一、有关法律规定

在对强制医疗程序和非自愿性住院治疗程序的联系和区别进行阐释之前，有必要对两者的有关法律规定进行梳理。

（一）强制医疗程序的立法规定

法因时而立，法因时而改。2012年，全国人大对《刑诉法》进行了修改，这是经济社会的快速发展、民主法治建设的不断推进和人民群众司法需求的日益增长的客观需要，也是进一步完善刑事诉讼程序、坚持科学立法、惩罚犯罪与保障人权并重等原则的必然要求。民主法治建设的进步和公民权利保障意识的提高是本次修法的重要原因之一。根据刑诉法理论和刑事诉讼实践的最新发展，本次刑诉法的修订增加了强制医疗这一特别程序，并在《刑诉法》第302—307条对程序的适用范围、启动、审理、执行、解除、救济、检察监督等进行了相应的规定，并在《最高法刑诉解释》《最高检刑诉规则》《公安刑事程序规定》等司法解释、程序规定中也进行了相应的完善。

（二）非自愿性住院治疗的立法规定

我国《精神卫生法》的落地实施，预示着我国非自愿性住院治疗法律制度的初步确立,对于保障精神病人及其家属和社会公众权益都具有重要的历史意义。2015 年 6 月 4 日,国务院办公厅转发国家卫生和计生委等十部门制定的《全国精神卫生工作规划(2015—2020 年)》,其具体目标中就包括强制医疗,即"严重精神障碍救治管理任务有效落实……有肇事肇祸行为的患者依法及时得到强制医疗或住院治疗。"①

《精神卫生法》将"精神病"称之为"精神障碍",强调从医学的角度对精神病人进行科学的诊断、治疗和监护。该法对精神病人的诊疗进行了明确的规定,其中第 25—29 条主要是从卫生部门的实际工作出发,对做出精神病诊断的主体资格、判断标准、医生资质、诊断方式等进行了较为详细的规定。从这一部分的规定可以发现,《精神卫生法》强调的是对整个精神病人群体在医疗诊断方面的法律保护。从第 30 条开始,规定了精神病人的住院治疗。

《精神卫生法》规定了两类住院治疗情形:一是"已经发生伤害自身的行为,或者有伤害自身的危险的"。对该类情形,医疗机构实施的是自愿性住院治疗,"如果监护人不同意的,医疗机构不得对患者实施住院治疗"。二是"已经发生危害他人安全的行为,或者有危害他人安全的危险的"。对于第二类,我们将其称为非自愿性住院治疗,而不适用自愿原则。根据《精神卫生法》第 35 条的规定,只要精神病人具备第二种情形,监护人就"应当"同意对患者实施住院治疗,如果实施了阻碍行为,医疗机构可以请求公安机关采取相应的措施。这就具有明显的"强制性"特征。

通过上述对刑诉法中强制医疗程序以及精神卫生法中对非自愿性住院治疗程序的规定分析,我们不难发现,两者针对的对象都是精神病人,也都具有一定的强制性,都需要对行为人进行医学治疗。但从具体规定细节来看,两者又存在显著区别。

二、两者天然的联系

强制医疗程序与非自愿性住院治疗程序的联系主要表现在以下三方面。

(一)两者都具有一定的强制性

无论是《刑诉法》规定的强制医疗程序还是《精神卫生法》规定的非自愿

---

① "国务院办公厅关于转发卫生计生委等部门全国精神卫生工作规划(2015—2020 年)的通知",http://www.nhfpc.gov.cn/jkj/s5888/201506/1e7c77dcfeb4440892b7dfd19fa82bdd.shtml,最后访问日期:2016 年 7 月 9 日。

性住院治疗程序,在一定程度上都具有强制性,不以当事人或其法定代理人的意志为转移。例如,根据《刑诉法》的规定,被强制医疗人、被害人等不服法院作出的强制医疗决定的,可以向上一级法院申请复议。对于复议的决定,行为人必须执行,在必要的情形下,权力机关可以采取相应的措施,强制其接受治疗。如果法院作出的强制医疗的决定得不到执行,不仅有损司法的权威,而且该精神病人有可能再次进入社会,实施相应的暴力行为,对社会公众的人身和财产安全造成一定的危险。同时,在法院没有进行裁决之前,公安机关还可以对其采取临时保护性约束措施。可见,强制医疗程序的强制性不仅表现在立法规定和实务操作上,而且这也是强制医疗程序作为刑事诉讼特别程序的应有之义。《精神卫生法》第 35 条明确规定,对于精神病人实施了危害他人安全行为的,监护人"应当"同意对患者实施住院治疗,否则,公安机关可以采取相应的强制措施。通过该条规定,我们可以判断,非自愿性住院治疗同样具有明显的强制性,即可以请求公安机关采取相应措施。

（二）两者都需要限制被治疗人人身自由

在法院决定强制医疗以后,就应当将被申请人送交强制医疗机构进行医学治疗。虽然强制医疗不是在监狱内执行,但同样要通过限制其人身自由的方式将其限制在相应的执行机构。同样,《精神卫生法》确立的非自愿性住院治疗也需要将精神病人限制在医疗机构进行治疗,不能使其直接回归社会,对精神病人的人身自由同样要采取相应的限制手段。

当然,无论是在强制医疗程序中还是在非自愿性住院治疗程序中,精神病人都需要根据规定,在特定的医疗机构中接受医学治疗。医疗机构应当配备合适的设施、设备,并按照诊断的情况采取相应的措施对精神病人进行治疗。经过治疗,并确定精神病人不再符合强制医疗程序或非自愿性住院治疗条件后,执行机构还应当根据法定程序才可以解除其住院治疗措施。例如《刑诉法》第 306 条规定,对于被强制医疗人经过治疗后,认为其已经不具备人身危险性的,同样必须向原作出强制医疗决定的法院提出,并在取得法院的批准后,才能解除强制医疗。

（三）两者都需要经过法定程序确定行为人的精神状况

被决定接受医疗的人都是精神状态不正常的人,即在一定程度上丧失了辨认能力和控制能力,然而侦查机关、检察机关、审判机关一般难以判断行为人的精神状态是否正常,这就需要借助专业机构或者专业人士的帮助。而在非自愿性住院治疗程序中,即使医疗机构能够对行为人的精神状态进行判断,但是限于其与行为人天然的关联,如果单由其就精神病人的精神状态进行判定,必然会造成精神病人及其法定代理人、近亲属等利害关联主体的质疑,甚至产生纠纷。因此,在非自愿性住院治疗程序中,同样需要借助中立第三方来依据法定程序对行为人的精神状态进行判定。

根据《刑诉法》和相关司法解释的规定,强制医疗程序只能适用于"经法定程序鉴定依法不负刑事责任的精神病人"。其中包含两层含义:一是行为人是精神病人;二是行为人是不负刑事责任的精神病人,不包含限制刑事责任能力的精神病人。然而对于上述两个条件还必须要经过法定程序进行"鉴定"。这是确定行为人是否为依法不负刑事责任的精神病人的必要程序。如果行为人为完全或者限制刑事责任能力则需要为其实施的犯罪行为承担相应的法律责任。同样,在《精神卫生法》规定的非自愿性住院治疗程序中,行为人的精神状态必须经过具有合法资质的医疗机构作出,对于该医疗机构的诊断结论有异议的,利害关系人可以委托具备资质的鉴定机构进行精神疾病司法鉴定。医疗机构也应当通过合适的途径和方式将鉴定机构的名单和联系方式告知当事人。

综上可知,刑诉法规定的强制医疗程序和非自愿性住院治疗程序在很大程度上具有相似性,这就会造成我们对两者进行研究时,会出现一定的混淆,需要我们再次对两者的区别进行阐释。

三、两者的本质区别

强制医疗程序与非自愿性住院治疗虽然具有较多相似性,但同时也存在显著区别,主要表现在以下三方面。

（一）性质不同

在《刑诉法》确立强制医疗程序之前,《刑法》也规定了强制医疗,但却具有明显的行政化色彩。在 2012 年《刑诉法》修订之后,立法者将强制医疗程序作为一种特别的诉讼程序对待,强调控辩平等对抗和程序参与,认为其属于司法程序,具有司法性质。相反,《精神卫生法》规定的住院治疗措施,尤其是非自愿性住院治疗,其与《刑法》规定的强制医疗一样,具有浓厚的行政色彩。医疗机构作出的住院治疗决定,并不需要通过控辩平等对抗来实现,而由医疗机构直接依据诊断情况或者鉴定意见进行认定。《精神卫生法》规定，对于再次诊断或者鉴定报告表明精神病人有已经发生危害他人安全或有该危险的，其监护人应当同意对患者实施住院治疗。可见，医疗机构基于公共安全和行为人权利保障，对精神病人采取的住院治疗措施并不需要得到当事人及其监护人同意，也不需要由中立第三方来裁决，不与行为人或其家属与对方进行质辩，行政化色彩明显。

（二）适用对象不同

《精神卫生法》规定的住院治疗包括两类对象。非自愿性住院治疗程序的对象是第二类精神病人。《刑诉法》规定的强制医疗程序的适用对象是"实施暴力行为，危害公共安全或者严重危害公民人身安全"的精神病人。可见在强制医疗程序的适用对象中，包括"危害公共安全"和"严重危害公民人身安全"两个方面。强制医疗程序适用的第二类范围与非自愿性住院治疗的"已经发生危害他人安全的行为"具有重合，但是两者也有显著区别。例如，强制医疗程序的适用对象必须是实施了"暴力行为"，而非自愿性住院治疗程序并不要求精神病人实施的一定是"暴力行为"。在强制医疗程序中，精神病人的犯罪行为必须造成实际侵害，并且达到犯罪程度，而在非自愿性住院治疗中，行为人的行为如果没有造成实际侵害，而仅仅只是有这种侵害"危险"的，医疗机构就可以决定其住院医疗。即使精神病人的行为已经造成危害，也不需要达到犯罪程度等。从这些方面来看，强制医疗程序与非自愿性住院治疗程序的适用对象两者存在显著差别。

（三）程序不同

如上文所述，强制医疗程序与非自愿性住院治疗程序的性质具有显著差异，前者是司法程序，后者具有行政色彩，这也直接决定了两者在适用程序上存在显著区别。《刑诉法》中的强制医疗程序必须经过启动、审理、执行、解除等严格的司法程序。例如在庭审程序中，法院还必须组成合议庭对强制医疗程序进行审理，同时要求被申请人或被告人的法定代理人到场，并在法定期限内作出是否强制医疗的决定，即无论是侦查机关、检察机关还是审判机关，在适用强制医疗程序时必须遵循刑诉法的有关规定，并受相关司法解释所规定的诉讼程序的限制。然而《精神卫生法》规定的非自愿性住院治疗则无须按照上述程序进行，而是由医疗机构根据诊断结果或鉴定意见直接作出相应决定。

　　综上所述，强制医疗程序与非自愿性住院治疗程序之间存在天然联系，同时又存在显著的区别。通过对两者联系与区别的分析，我们可以厘清两者的关联，为后续对强制医疗程序的研究确定界限，避免进入《精神卫生法》规定的非自愿性住院治疗的范围。

第三章　强制医疗程序的
理论基础

在日常生活中,由于辨识能力、控制能力下降甚至丧失,精神病人不仅可能会对自身的人身、财产安全等造成损害,也可能会对家庭、社会民众的人身、财产安全造成危害。我国由精神病人实施的刑事犯罪案件数量长期居高不下,而且常常表现为恶性案件。由于精神病人实施犯罪行为时其主观上是缺乏控制和辨认能力,因此,无须承担相应的刑事责任。正如法国哲学家福柯所言:"疯癫不是一种自然现象,而是文明的产物。"他认为,我们在社会中需要警惕的是对精神病人的误解,同时为了对精神病人进行管制而对其进行过度处置。[①] 因此,在保障精神病人权益的同时发挥法治保障作用和防卫风险的功能是我们亟须解决的课题。在此背景下,我国也相继制修订了一系列法律,出台了一系列措施。

近年来,精神病人犯罪成为司法关注的重点内容。精神病人的涉法行为需要司法的干预,需要相应的机关对精神病人实施的违法犯罪行为进行处置。目前为止,我国《精神卫生法》确立了非自愿性住院治疗程序,《刑诉法》确立了强制医疗程序,《刑法》规定了政府强制医疗。非自愿性住院治疗与政府强制医疗都具有显著的行政色彩,而新《刑诉法》确立的强制医疗程序则将其纳入诉讼体系之中,实现控辩审三方对抗的状态,实现了由行政强制医疗向司法强制医疗的转变。这在一定程度上可以有效遏制"该收治的不收治、不该收治的被收治""以精神病为由开脱罪责,逃避处罚"等各种情形的出现。当然,我国强制医疗程序的确立是建立在相应的理论基础之上的,具有充分的正当性。本章将对强制医疗程序构建和运行起基础性作用的理论进行梳理及系统论述,同时将强制医疗程序现有规定与这些理论内涵相对比,发现可能会影响该程序有效运行的不足之处,以求在立法和司法

---

①　郭志媛:《刑事诉讼中精神病鉴定的程序保障实证调研报告》,《证据科学》2012年第6期。

实务中予以完善。

首先,我国《刑诉法》规定的强制医疗的对象是实施暴力行为、危害公共安全或者严重危害公民人身安全,并且有继续危害社会可能的精神病人,侧重于社会防卫、保障公众安全的目的与功能。社会防卫理论认为保安处分措施应以特殊预防为目的,即预防已经犯罪的行为人将来不再犯罪,要求"通过教育改造和隔离消除犯罪人的人身危险性,进而降低犯罪人的再犯可能性,使得一般预防无法考虑到的那部分再犯犯罪率得到有效控制,进一步维护了社会秩序"。①

其次,强制医疗程序从精神病人的特点出发,将其与正常人进行区分,还肩负着使精神病人恢复健康的使命,权利保障理论要求强制医疗程序不仅要充分保障精神病人的合法权利,而且对于其法定代理人、近亲属等,尤其是社会其他公众的合法权利等发挥着重要的保障作用,免受违法犯罪的侵害。

再次,强制医疗本着为病人健康谋利的宗旨,由国家出面为其治疗,体现了国家对因精神不健全需要给予管制的弱势者的救助。并且,我国《刑诉法》有关强制医疗程序的规定,应当贯彻国家父权主义的理念。

最后,为去除包括强制医疗在内的传统精神病人收治措施所具有的行政色彩,在程序正义理念的推进下,我国《刑诉法》确立了强制医疗程序,将精神病人的医治纳入诉讼法体系下,以实现对强制医疗程序所有环节的严格设定和依法实施。

以上四项基础理论构成了强制医疗程序的理论基础,社会防卫理论注重强调国家对公众安全的保护,权利保障理论是强制医疗程序设置的内在根据。若从社会防卫角度出发,则着重强调社会秩序之维护;若从保障精神病人的权益的思想出发,则重视精神病患的治疗和康复。偏向任何一类价值,都将对另一种价值产生贬损。② 此外,国家父权主义为强制医疗精神病人提供了合理性依据,而不断拓展的程序正义理论则为强制医疗的完善提供了可靠指引。

本章结构见图 3-1 所示。

---

① 李川:《社会防卫目的再认识——完善刑罚目的理论的新契机》,《太原大学学报》2008 年第 4 期。

② 贺小军:《精神病人刑事司法处遇机制研究》,北京大学出版社 2016 年版,第 3 页。

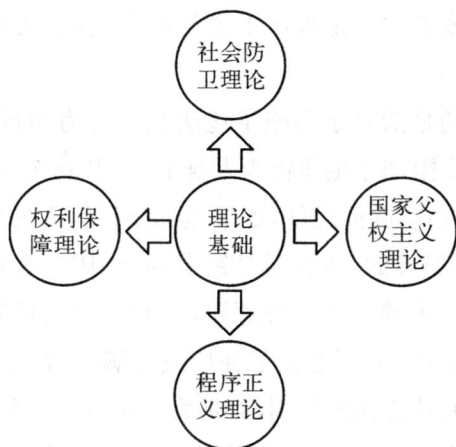

图 3-1　本章结构图

第一节　社会防卫理论

　　自由是法治社会中每个公民都享有的权利,但是在自由行使其权利时,并不能对他人的自由产生限制。换言之,每个社会公众要自由行使相应的行为,这本身就是"不自由"的。因此,一旦行为人的行为对他人的自由产生影响则需要承担由此产生的责任。这就需要相应的法律法规予以规定。当然,不同的法律会产生不同的效果,其目的也不一样。社会防卫理论最早由实证主义学派代表人物恩里科·菲利(Enrico Ferri)于 19 世纪末在其著作《犯罪社会学》中提出,并由刑法学家普林斯首次将之系统化。① 这一理论认为国家制定刑法的目的不在于惩罚犯罪人以恢复正义,也不在于基于对犯罪人的惩罚而威吓社会上的一般人,而在于保护社会免遭犯罪侵害,并将刑事制裁措施的目的分为一般预防和特殊预防。由于精神病人所实施的社会危害行为是由精神疾病造成的,所以,强制医疗措施的社会防卫功能应当侧重于通过教育改造和隔离来消除犯罪人人身危害性。

一、个人与其他社会公众权利的平衡

　　刑事犯罪是性质最为恶劣的行为,行为人必须承担刑事责任,受到刑罚

---

　　① 　参见鲜铁可:《安塞尔新社会防卫思想研究》,《中外法学》1994 年第 2 期。

的制裁。刑罚目的或者在一定程度上说是刑罚功能,大致可以分为报应性和预防性两大方面。[①]

刑罚的报应目的是指对于实施了违法犯罪行为的行为人,相应机关要将由此而产生的后果附加于犯罪行为人身上。[②] 从这个层面上来说,刑罚仅仅是行为人应得的惩罚,除此之外,如果施加于行为人的惩罚包含有其他原因,则该惩罚就是不正确的,或者说是错误的。[③] 因为在该目的下的刑罚是对实施了违法犯罪行为的人的一种惩罚,因此,"报应预先由法律规定并与犯罪之严重程度相对应,其不是为了补偿或者满足被犯罪伤害的被害人而施加的——即便其有这方面的作用,而是为了执行法律和恢复法律秩序"。[④] 由此可见,在报应理论支撑下的刑罚仅是针对犯罪行为人的报复,除此之外,并没有别的目的。

随着社会的不断发展,实践和理论界逐渐认识刑罚如果仅仅停留在惩罚层面,则其应有功能实际上并没有充分发挥,社会上的违法犯罪行为也并不会因此而减少。由是,在刑罚报应理论基础之上,逐步形成了社会预防学说。预防学说又分为社会一般预防以及个别预防(特别预防)。近代具有代表性的一般预防学说主要是由费尔巴哈提出的心理强制说和边沁的功利主义刑罚理论。在一般预防论的理论阵营之中,除了传统的心理强制说和功利主义,近年来还出现了新型一般预防理论,即由挪威、美国等学者所主张的复合预防论。[⑤] 社会一般预防,主要是指通过对犯罪行为人的处罚,教导其他社会公众不能行使相应的犯罪行为,而应当在法定范畴之内行使相应的行为。然而随着社会的发展,在司法实践中,我们发现,通过对部分违法犯罪行为人进行惩处并不能实现刑罚的一般预防功能。因此,个别预防理论又开始兴起。

正如有学者所指出的一样,"在现代,个别预防论不但风卷残云般地摧

---

① 参见李川:《刑罚目的理论的反思与重构》,法律出版社 2010 年版,第 2 页。

② [美] 约翰·列维斯·齐林:《犯罪学及刑罚学》,查良鉴译,中国政法大学出版社 2003 年版,第 308 页。

③ Bradley. *Ethical Studies.* Clarendon Press, 1927, pp. 26 - 27. 转引自李川:《刑罚目的理论的反思与重构》,法律出版社 2010 年版,第 7 页。

④ Emest van den Hang. *Punishing Criminals: concerning a Very Old and Painful Question.* University Press of America Inc. , 1991, p. 11. 转引自李川:《刑罚目的理论的反思与重构》,法律出版社 2010 年版,第 7 页。

⑤ 李川:《刑罚目的理论的反思与重构》,法律出版社 2010 年版,第 12 页。

毁了报应论与一般预防论的理论阵地,而且独领刑罚根据论之风骚,且迅即统帅了整个刑事实践。"①当然,需要指出的是,个别预防论直接促成刑罚个别化理论的形成与发展,刑罚的制定、发动、执行应当考虑那些与犯罪人特定特征有关的情况,这些情况主要是指犯罪人的人身危险性,当然还包括其他值得怜悯、同情、宽恕的个人特征,②即在特定情况下,我们应当根据犯罪行为人的特殊情况来决定其应当承担的刑事责任的形式。

当然,随着司法的不断发展,在社会防卫理论上又形成了新社会防卫理论。新社会防卫理论是由法国著名犯罪学家马克·安塞尔(Marc Ancel)在社会防卫理论的基础上提出的,其是由实证主义学派和格拉马蒂卡学派的社会防卫思想发展而来的,具有博采众长的特征,对法学理论中一些对立观点起到了调和作用,体现了现代刑事政策的人道主义倾向,在整个国际社会中影响深远。③ 主要观点包括下述五个方面:一是传统对行为人违法犯罪行为进行报复的理念已经不可取,刑罚的最终目的是防止社会再次受到违法犯罪行为的侵害。二是防止社会再次受到违法犯罪行为的侵害是通过将犯罪行为人与社会进行隔离或者矫治的方式进行,同时对于行为人可以采取教育方式,防止其在回归社会以后再次实施相应的违法犯罪行为。三是防止社会再次受到违法犯罪行为的侵害是基于对已经实施了违法犯罪行为的行为人而言,同时使其能够再社会化,而不是针对犯罪行为人以外的其他人进行的。四是为了进一步强化违法犯罪行为人回归社会,相关部门采取的是增强违法犯罪行为人的社会责任感和个人责任感来实现的,即帮助其树立正确的价值观。五是这些刑罚必须是建立在我们对犯罪现象和犯罪人的人格有科学的理解方面。强制医疗程序的建立正是在此社会防卫理论的基础之上建立起来的。④

个人、群体的自由是人类社会不断追究的价值目标,但如上文所述,这种自由本身是"不自由"的,要受到法律规范的约束。当我们成为社会的一员时,就"已经领受了我们(法律)的正义和治理,已经在事实上同意接受我

---

① 邱兴隆:《关于惩罚的哲学:刑罚根据论》,法律出版社 2000 年版,第 159 页。
② 何显兵:《个别预防论的立场及其价值分析》,《西南科技大学学报(哲学社会科学版)》2008年第 2 期。
③ 杜雪晶:《论安塞尔新社会防卫思想的理论内核》,《河北法学》2009 年第 8 期。
④ 吴宗宪:《西方犯罪学史》,警官教育出版社 1997 年版;[法]马克·安塞尔:《新刑法理论》,卢建平译,香港天地图书有限公司 1990 年版,第 124 页。

们(法律)的约束;不守法的公民在三种意义上是不正当的;他伤害了作为他的父母、教育者的法律,也违背了他要遵守法律的契约"。①

二、社会防卫理论下的强制医疗程序

将针对犯罪人个别情况的个别预防纳入刑罚目标体系,不但丰富了刑罚目的论的内容,促使刑罚目的走向多元化,而且还直接促成了目的论刑法思想的形成。正是因为行为人实施行为具有一定目的,故应当承担相应的责任,但我们在适用相应责任时应当充分考虑个性化问题。而精神病人实施违法犯罪问题就是我们首先应当考量的,精神病人的刑事司法处遇理念经历了从惩戒到治疗、从控制到保护的变迁,这一嬗变过程无疑体现了时代文明的进步与人性化治理手段的运用。②

精神病人实施的违法犯罪行为,因其主观欠缺辨认和控制能力,根据刑法规定,精神病人并不需要为此承担相应的刑事责任,传统的刑罚手段已经不能对其适用。也正是因为此,如果采取同精神状态正常的人一样的刑罚手段,不仅无法使患有精神病的行为人认识自身行为的错误,防止以后再犯,甚至对于社会其他公众而言,对该等行为人的刑事处罚也失去了相应的教育和威慑意义。由于精神病人实施行为并不是在有目的的情形下实施的,因此刑罚也就丧失了其适用的空间,但是如果不对精神病人采取任何其他措施,该精神病人可能在进入社会之后再次实施相应的违法犯罪行为,社会防卫的目的不能实现。对于社会公众安全而言,依然是不稳定的因素。因此,我们应逐步完善精神病收治制度。其中最为重要的原因是防止精神病再次进入社会实施违法犯罪行为,对他人造成侵害。2010 年,我国民间公益组织发布了《中国精神病收治制度法律分析报告》,其通过对 100 多起真实案件、300 多篇新闻报道进行分析,对我国现实中存在的"该收治的不收治、不该收治的却被收治"的乱象进行了全方位的分析,《报告》指出:"该收治的不收治"的情形大多是由于精神病人家庭经济原因,从而造成精神病人家属自行对精神病人予以长期禁锢,进行所谓的"治疗",而这也常常成为其他人甚至精神病人家属的安全隐患。可见,精神病收治制度不完善和资源配置

---

① [古希腊]柏拉图:《游叙弗伦　苏格拉底的申辩　克力同》,严群译,商务印书馆 2003 年版,第 55 页。

② 贺小军:《精神病人刑事司法处遇机制研究》,北京大学出版社 2016 年版,第 21 页。

的错位,使公众随时面临双重风险和威胁。①

随着我国法治进程的不断推进,刑事诉讼程序的不断完善,为有效解决上述问题,强制医疗程序得以确立。强制医疗的正当性基础不在于惩罚和制裁精神病人已经实施的严重危害社会的不法行为,而在于通过监管和治疗预防其再次实施违法行为。② 强制医疗实施的目的是缓解病人病情直至其彻底治愈,在符合其健康需要的同时,虽然其实施需要在一定程度上通过限制病人的自由来实现,但可以使社会公众免受精神病人可能造成的危险,给整个社会的安定带来积极效益。从对精神病人简单粗暴的收容隔离到兼具治疗的回归社会目的的强制医疗程序的发展,不仅是法治进步、保障人权的体现,而且也是重隔离、轻治疗局面转变的体现,更是政府维护公共安全和利益的社会防卫价值的体现。新《刑诉法》将实施暴力的精神病人的强制医疗程序纳入司法轨道,在一定程度上可以有效解决精神病人的"收治乱象"。强制医疗程序使得被强制医疗人的人身自由受到一定的限制或剥夺,既是基于被强制医疗的精神病人的人身危险性,出于社会防卫、维护公众人身安全的考虑,也是出于有利于被强制医疗人健康恢复的角度考虑。实施"犯罪行为"的精神病人,往往具有极大的攻击性和人身危险性,如果不对其采取有效的措施,可能会继续实施侵害他人人身、财产安全的行为。根据精神病人的现实社会危害性来判定指向未来的人身危险性是一个极为复杂的问题。作为强制医疗程序基础的人身危险性是对未来的预测,未必能够客观地加以判断,故其本质上有侵犯他人权利的风险。强制医疗程序将人身危险性的判断职权赋予人民法院,通过法定程序来判断精神病人是否需要进行强制医疗,并在必要的前提下决定对其进行强制医疗,从而平衡社会安全与个人人权之间的关系,将有利于强制医疗程序社会防卫功能的有效发挥。

"只有用刑罚的目的观念来彻底约束刑罚权力才是刑罚主义的理想……目的观念在刑法中具体的开展是走向实质的合理化的先声。"③随着社会防卫理论的不断发展使得我们更加清晰地认识,我们对于行为人行为的惩处应当充分考虑其实施犯罪行为的个别化和一般化原因,从而选择更为有

---

① 王俊秀、陈磊:《我国精神病收治乱象亟待整治》,《中国青年报》2010 年 10 月 11 日。
② 王军炜:《我国刑事强制医疗程序研究》,社会科学文献出版社 2018 年版,第 33 页。
③ 〔日〕庄子邦雄:《刑罚理论与实践》,康树华译,《国外法学》1979 年第 4 期。

效的方式来进行处置。强制医疗程序就是在充分考虑上述各项因素之后,对实施了违法犯罪行为的不负刑事责任的精神病人进行处置的最恰当、最有效的诉讼程序。

第二节　权利保障理论

作为社会组成的一部分,任何个人可以自由地行使其想行使的行为,但这种自由本身就是不自由的。"人生而自由,却无往不在枷锁中"。① 在"枷锁"中,行为人自由行使行为,同时免受其他人的侵害,这就是其享有的权利,也是"社会生活的一部分……如果要有人类社会生活,享有权利是任何形式的人类必须有的。"②因此,从自然法角度出发,每个个体之间是相互平等和独立的,并且每个个体相互之间不得去侵害他人的权利,这种权利范畴包括生命、健康、自由或者财产。③ 但同时,又如同《世界人权宣言》在序言中所指出的,为了防止上述这些权利被无故侵犯,就有必要用法治形式来保障每个个体的人权。

一、成为共识的权利保障理论

尽管有关人权的各种学说之间存在不同程度的差异、分歧与争论,人权的具体内容也随着其发展不断地丰富,但时至今日,对人权基本理论内涵已取得共识,即人权就是人之所以作为人而应享有的基本权利,包括生命权、自由权、平等权等内容。1948 年 12 月 10 日通过的《世界人权宣言》以及1996 年 12 月 16 日通过的《公民权利和政治权利国际公约》和《经济、社会、文化权利国际公约》,都体现了人权的共同标准和所有主权国家保障人权、改善人权状况的责任,例如《公民权利和政治权利国际公约》第 2 条规定:"本公约每一缔约国承担尊重和保证在其领土内和受其管辖的一切个人享有本公约所承认的权利,不分种族、肤色、性别、语言、宗教、政治或其他见解、国

---

① 卢梭:《社会契约论》,何兆武译,商务印书馆 2005 年版,第 4 页。
② 〔英〕A. J. M. 米尔恩:《人的权利与人的多样性——人权哲学》,夏勇等译,中国大百科全书出版社 1995 年版,第 143 页。
③ 〔英〕约翰·洛克:《政府论(下篇)》,叶启芳、瞿菊农译,商务印书馆 2005 年版,第 3—4 页。

籍或社会出身、财产、出生或其他身份等任何区别。"

首先,作为社会生活的个体,其有按照自身意图去自由行使任何行为的权利,但行为人在自由行使权利时,需要受到法律的限制,当然法律限制以行为人不会对他人的自由产生侵犯为限。[①] 换言之,作为个体的行为人须在法律框架内行使相应权利,其目的是不对社会其他公众的权利造成侵犯,最终形成"对全体公民个人权利的保障"[②]局面。因此,在社会实践中,我们对某些理论或者观点形成了基本共识,即法律对每一个个体都应不区分他的背景、实施过的行为、性别等各种因素,而毫无差别、平等的保障他们的权利不被侵犯。[③]

其次,在社会公众的生活中,人与人之间的权利界限和范畴有相应的法律来予以界定,当行为人实施了侵犯他人权利的行为时,法律要对相应的行为人进行惩处。惩处的方式是由具有强大资源的国家机器来对实施了相应行为的个体进行追诉,即由公权力来对私权利进行干预。在这个干预过程中,极有可能出现的情况是,公权力对私权利进行不当干预,从而产生新的权利被侵犯的情形。而且,与私权利侵犯私权利不同的是,公权利对私权利的侵犯,其造成的后果更为严重。因此,从国家角度来看,由国家机关对实施违法犯罪行为的行为人进行追诉,不仅需要对其进行惩处以保护国家和被害人的利益,还需要对犯罪行为人的权利进行保障,防止司法权的滥用。[④]

最后,在权利保障理论中,即使对于那些实施了违法犯罪行为的行为人,我们也应当充分尊重他们的权利,防止他们的权利被公权力侵犯。正如德国联邦宪法法院所宣称的那样:"基本权利主要在于确保个人的自由领域免于遭受公权力的干预,基本权利是人民对抗国家的防御权。"因此,各国对于犯罪嫌疑人、被告人、犯罪行为人等权利保障也都予以了明确规定。虽然在法律条文上,立法者对于上述权利明确规定了相应的保障措施,但是这些仅仅是停留在纸面上的权利,在实践中,这些权利依然有被侵犯的可能和现实危险。[⑤] 这也就促使我们在设定相关法律制度时,需要以

① 胡志强:《中国国际人权公约集》,中国对外翻译出版公司 2004 年版,第 255 页。
② 陈兴良:《刑法的价值构造》,中国人民大学出版社 1998 年版,第 142 页。
③ 陈光中:《刑事诉讼(修正)实务全书》,中国检察出版社 1997 年版,第 46 页。
④ [德]拉德布鲁赫:《法学导论》,米健译,中国大百科全书出版社 1997 年版,第 96 页。
⑤ 左卫军、周长军:《刑事诉讼法的理念》,法律出版社 1999 年版,第 203 页。

更加完备的法律体系来对国家公权力进行限定,同时对其适用的强制手段进行限缩。

综上所述,权利保障理论的目标是多方面的,其不仅保障私权利与私权利之间的关系,还更加注重保障公权力与私权利之间的关系。可见,刑法不仅能够有效地对社会起到保障的功能,还能对社会个体的权利进行保障。[①]因此,在法律设定各方面,尤其是在刑事法律设定方面,我们应当注重将权利保障原则贯穿于整个体系、整个程序。

二、权利保障下的强制医疗程序

任何一个法治社会,权利保障永远是其追求的价值目标之一,尤其是在刑事诉讼中,因为其不仅直接涉及当事人是否有罪、罪轻罪重等重大事项,而且对行为人的人身自由、生命等权利将产生最为直接的影响。刑事诉讼的目的不仅在于打击犯罪、维护社会治安,更在于在追究犯罪的过程中保护诉讼参与人,尤其是被追人的诉讼权利。在刑事诉讼中,对犯罪嫌疑人、被告人进行追诉的,往往是侦查机关、检察机关等具有国家强制力保障的国家机关。而犯罪嫌疑人、被告人往往是自然人。在诉讼手段、诉讼资源等方面,与侦查机关、检察机关等国家机关相比,犯罪嫌疑人、被告人处于绝对的劣势地位。因此,控辩双方对抗的实力差距直接决定了对犯罪嫌疑人、被告人等个体权利进行保障的必要。从另外一方面来看,这实际上也是对社会公众权利保障的必要。因为每一个社会公众都有可能成为犯罪嫌疑人、被告人,都有可能受到同样的追诉。因此,我们必须认真对待,并且构建完善的权利保障体系。[②] 在刑事诉讼中,权利保障是其永恒的主题。在每一刑事诉讼环节中,各方当事人的权利保障也贯穿于程序。

在我国,随着法治进程的不断推进,无论是在理论研究还是在立法、司法实践中,我国对于当事人权利的保护愈发重视,这首先体现在立法上坚持以人为本。当然,立法上的以人为本,不仅是一个法律技术问题,而且是一个观念变革问题,其理论基础是人性尊严理念。我国 2004 年《宪法修正案》中,第 33 条明确规定了"国家尊重和保障人权"。自此,在任何一项社会活动

---

① 储槐植:《罪刑矛盾与刑法改革》,《中国法学》1994 年第 5 期。
② 闵春雷:《〈刑事诉讼法修正案(草案)〉完善的基本方向——以人权保障为重心》,《政法论坛》2012 年第 1 期。

中,我国都将充分的"尊重"并且严格"保障"人权。这在《刑诉法》第2条中得以再次明确:"尊重和保障人权,保护公民的人身权利、财产权利、民主权利和其他权利"。并且,《刑诉法》是将尊重和保障人权作为一项特定的任务来对待的,即在刑事诉讼程序中,侦查机关、检察机关、审判机关、执行机关等都应当严格履行自身的职责,将尊重和保障人权体现在各项诉讼活动中。相对于精神状态正常的普通人而言,精神病人由于缺乏相应的能力,在诉讼程序中,其权利更可能受到侵害。因此,相关部门更应当对其精神病人的权利保障予以充分的重视。

精神病人首先是人,有其人格的尊严。作为社会的一分子,他们和社会其他公民一样,享有同等的基本权利,对其权利进行限制和剥夺的同时,同样需要构建有力的保障机制。此外,精神病人在实践中是缺乏辨认和控制能力的人,这和普通社会公众存在显著区别。其自身在权利行使和权利保障过程中会存在一定障碍。因此,立法对于精神病人的权利保障有必要构建更加完善的体系,要在权利保障、权利恢复,以及刑事处置方面寻找一个平衡点。

在此背景下,针对实施了违法犯罪行为的精神病人,许多国家设定了强制医疗程序,以保障其权利。例如,在英国强制医疗特别强调的是对精神疾病患者的权利保障和对社会公众安全的保障,分别存在两套体系:一是以《精神健康法案》(Mental Health Act 1983)为核心,以保障社会公共安全为基本的出发点,于2007年进行过一次修订;二是以《意思能力法案》(Mental Capacity Act 2005)为核心,以保障精神疾病患者私人利益为出发点。英国对行为人进行强制医疗规定了较为严格的条件限制,特别是规定对行为人采取强制医疗措施是为被强制医疗人"最佳利益"方面进行充分考量后作出的最佳决定,即综合精神障碍行为人全部情况,决定机关对其采取强制医疗是最符合精神疾病患者最佳利益的。

事实上,强制医疗程序不仅直接涉及公民的人身自由,而且关系公民的名誉权和人格权。因此,强制医疗程序的一个重要意义表现为对公民和精神病人权利的尊重和保护。对于不符合《刑诉法》所规定的强制医疗程序适用条件的行为人,公安机关不得按照强制医疗程序移送检察机关,检察机关也不得向法院提出适用强制医疗程序的申请,法官在综合全案证据材料以后也不得作出适用强制医疗的决定。最后,对于正在被强制医疗的行为人,经过执行机构的治疗后,发现其不再需要强制医疗的,有权机关应当及时解除强制医疗程序,使其尽快恢复自由、回归社会。

将对精神病人的强制医疗纳入诉讼程序,改变强制医疗以往浓厚的行政色彩,我们可以有效实现强制医疗程序的法治化和程序化,能够有效防止公权力对精神病人私权利进行侵犯的可能。因此,在强制医疗程序中,权利保障贯穿于强制医疗程序的每一个阶段。例如,在强制医疗的适用条件中,我们应当严格遵守必要性原则,优先考虑由家属或监护人看管和医疗;法定代理人到场和法律援助权的双重设置能够帮助维护受审力缺乏的被申请人的权利;应当保护被强制医疗人及其近亲属的复议权、申请解除权以及向检察机关提出申诉的权利;检察机关应当对强制医疗程序的启动、决定、执行和解除等进行全过程、全方位的动态监督等,这些都是权利保障价值在强制医疗程序中的体现。

综上所述,随着社会的发展,权利保障理论的内涵在不断丰富,权利保障的内容和方式也在不断完善。作为对精神病人进行处置的强制医疗程序,在程序设计上,相比行政化的精神病人收治等更能体现《宪法》《刑诉法》对精神病人权利的尊重和保障,这也是我国强制医疗程序建立、完善的基础和出发点。

第三节　国家父权主义理论

在传统刑事法理念中,对于实施了违法犯罪行为的行为人,我们主要采用惩罚的措施,使行为人受到相应的惩罚。然而随着社会的发展,我们发现,如果仅用惩罚措施往往难以达到我们预期的效果。同时,随着刑法理念的不断更新,刑罚谦抑性等理论也在不断发展。当然,这些都主要针对精神状态正常的行为人。理论界对于精神状态不正常的精神病人的违法犯罪行为逐渐形成了国家父权主义理论。

一、多维体系下的国家父权主义

美国哲学家杰拉尔德·德沃金(Gerald Dworkin)曾经给出有关父权主义的定义:父权主义是"干预一个人自由的行动,理由是为了这个人的福利、善、快乐、需求、利益或价值"。① 在家庭生活中,人们往往将这种行为视为正常的规制方式,体现了一种尽责任的亲情之爱,在社会生活中,国家、社会或某些主体在很多时候也会承当起这种家长式的角色,通过立法、社会管理制度或具体行为等来干预某些个体的自损行为,就有了社会科学意义上的父权主义。② 国家父权主义理论的核心内涵是国家与社会公众的关系,就如同有责任心和爱心的家长对待自己的孩子一样。③ 当然,国家父权主义主要是针对行为能力有欠缺的人。因此,秉持国家父权主义的学者认为,对于行为能力有欠缺的社会公众,即使其实施了一定的违法犯罪行为,国家有必要对其采取相应的措施,但同时也应当作为其监护人,以确保该行为能力欠缺的人的权利能够得到充分保障。④ 换言之,正是因为行为人能力有所欠缺,在行使权利以及在权利受到损害后的救济方面存在不足。从国家层面而言,对其公民,就应当像负责任的父亲对待自己子女一样,为他们在权利行使、权利救济等方面履行相应的职责。

国家应当充分地运用和行使其权力来保障公民的权利,尤其对作为弱势群体的公民要更主动、更积极,⑤特别是对于那些依法不负刑事责任的精神病人要予以特别对待。由于精神病人已经丧失了辨认和控制能力,其不仅可能会实施危害社会公众的人身、财产安全的行为,而且还可能实施危害自身人身、财产安全的行为。因此,这就要求政府部门对待精神病人应当依照国家父权主义理论的内涵行事,并对精神病人采取同其他正常人一样的态度,这主要是从三方面因素对其进行考量的:一是从行为能力欠缺的精神病人角度来看,如果不采取某种特定的方式对其权利进行充分保障,则其可能实施危害自身权利的行为。二是精神病人除了会实施上述危害自身权利的行为以外,还可能会实施危害社会其他公众权利的行为,因此出于公共安全的考量,我们也应当对精神病人予以特别对待。三是这也是政府自身职责范畴之内的事情。⑥

① Gerald Dworkin. Paternalism. *The Monist*, Vol. 56, No. 1, January 1972, p. 65.
② 刘月树:《医疗中的善意强制及其可能——医学父权主义的实践合理性解析》,《社会科学战线》2019 年第 5 期。
③ 孙笑侠、郭春镇:《法律父爱主义在中国的适用》,《中国社会科学》2006 年第 1 期。
④ 杨惠雯:《从美国法论我国高龄监护法制》,台湾政治大学硕士学位论文,2003 年。
⑤ 李娜玲:《刑事强制医疗程序研究》,中国检察出版社 2011 年版,第 109 页。
⑥ 曾日红:《"被精神病"问题背后的父权主义》,《南京医科大学学报》(社会科学版)2013 年第 3 期。

另外,在立法实践上,我国精神卫生方面的第一部地方性法规《上海市精神卫生条例》于 2001 年年底通过,这一条例促进了精神障碍患者的合法权益的基本保障。随着 2012 年我国《精神卫生法》的颁布,我国精神卫生工作的法治化进程得到了有效推进,进入了新的发展时期,促进了精神卫生服务水平得到了明显提升。可见,对实施了违法犯罪行为的精神病人进行救治,不仅是国家给予精神病人自身权利保障的要求,也是从社会公众的安全以及政府自身职责方面进行考量,而这也是国家父权主义思想的核心理念。

二、国家父权主义下的强制医疗程序

国家父权主义为强制医疗精神病人提供了合理性依据。在刑事诉讼程序中,被害人与犯罪嫌疑人、被告人往往是相互对立的。但是相关机关在诉讼中应当平等对待双方的权利,不偏不倚地保护,①尤其是作为实施了违法犯罪行为的精神病人一方,因为其辨认能力和控制能力的缺失,使得其对自身权利保障存在较大障碍。对于患有精神病的行为人,国家显然有义务对其予以特别的"照料"。也正是在此背景下,针对实施了违法犯罪行为的精神病人,《刑诉法》确立了强制医疗程序。强制医疗本着为病人健康谋利的宗旨,由国家出面为其治疗,正是法律通过其父亲形象对弱小的子女给予关爱的题中之义。②

目前我国《刑诉法》有关强制医疗程序的规定始终贯彻了国家父权主义的理念。例如在强制医疗的庭审程序中,为了充分保障被申请人的合法权益,《刑诉法》明确规定了强制辩护制度,即在庭审中,法庭应当通知被申请人的法定代理人到场,如果没有法定代理人也没有委托诉讼代理人的,法庭应当指派律师为其提供法律援助。又如,被强制医疗人及其近亲属有权向相应部门提出解除强制医疗的申请,等等。但通过目前有关刑事立法,我们也可以看到,目前强制医疗有关程序的规定并不能完全体现国家父权主义的内涵。例如,在法庭是否做出强制医疗的裁决时,《刑诉法》规定的是"决定",这对于精神病人后续救济方式会产生严重影响;在强制医疗执行程序中,对于被强制医疗人的会见权、解除权等的规定也不尽合理,甚至在确定

---

① 陈光中:《加强司法人权保障的新篇章》,《政法论坛》1996 年第 4 期。
② 参见潘侠:《精神病人强制医疗法治化研究——从中美两国对话展开》,中国政法大学出版社 2015 年版,第 76 页。

是否需要解除时,法庭用"批准"的形式来处理,不仅不能体现国家父权主义思想,甚至使得强制医疗程序具有浓厚的行政色彩。而这些,正是我们需要在强制医疗程序中予以完善的内容。

综上所述,刑罚的价值取向是在不断转变的。刑事法律的目的是在不断变化的。从最初单纯的处罚到后来的权利保障,再到家长式的保护,经历了一个相当长的时间,但针对精神病人实施了违法犯罪行为的情形,我们逐渐形成的共识是:要对其有合理的耐心和家长式的关怀。在强制医疗程序的全过程中,贯彻国家父权主义,以充分体现国家对精神病人的"照料义务",这同时也可以增加该程序的正当性。

第四节　程序正义理论

有关实体正义、程序正义孰轻孰重的争论,目前已经逐步达成了共识,即实体正义和程序正义都是我们所追求的目标,并且需要通过程序正义来实现实体正义。如果我们通过不正义的程序来实现实体正义,则该实体正义本身就是不正义的。强制医疗程序作为诉讼的一种特殊程序也是程序正义理论价值的体现,反过来,其也应当始终贯彻程序正义理论的核心观念。

一、前进中的程序正义理论

正如哈特所表述的,司法者和我们普通社会公众一样都是普通的人,并不是超越人而像神一样的存在,因此在司法实践中,司法者不可能平等地对待每一个人。因此,我们有必要通过一套合理的程序性规则来对司法者实施实体法规的行为进行限定。[1]

对于实体正义的内核,在理论界已经有较为成熟的认识。至于程序正义的具体内涵,根据《布莱克法律辞典》的释义,程序正义是指,"任何权益受判决结果影响的当事人有权获得法庭审判的机会,并且应被告知控诉的性质和理由。"另外,还有学者对此进行了概括,并指出程序正义的核心要求为"程序的参与性"。围绕这一核心内容,又提出了七个方面的具体要求,主要

---

[1]　郑成良:《论程序公正的价值优先性》,《人民法院报》2002年11月15日。

包括程序的中立性、对等性、合理性、自治性、及时性、终结性、人道性。① 这七个方面因素是有机统一的,任何一个因素被侵害都会使得程序正义的价值受到侵蚀。程序正义是刑事诉讼、民事诉讼、行政诉讼都应当严格遵守的基础理论,然而由于刑事诉讼涉及当事人人身自由、生命健康权利的特殊性,程序正义似乎在刑事诉讼中得到了更多的关注。如同美国《联邦宪法》所指出的:"未经正当程序,不得剥夺任何人之生命、自由或财产。"

刑事诉讼所要解决的就是行为人是否有罪、罪重罪轻的问题,从而最终认定其刑事责任。刑事责任的承担形式有多种,但其中最为重要的就是对行为人的人身自由进行限制或剥夺,甚至剥夺行为人的生命权。刑罚措施一旦被误用将产生难以弥补的后果,甚至对整个司法公正造成严重影响。虽然该种被误用是不可避免的,但我们应当尽量减少这种不正义的情形出现,同时还需要通过正当的程序来确保或者减少这种不正义的情形给诉讼各方和社会公众带来的不适感。②

在实体正义与程序正义之间,程序正义相对更容易实现,且可将诉讼各方争论降低到最低程度。因此,在诉讼体系中,我们追求程序正义,要以"看得见"的形式来实现实体正义。而这种"看得见"的正义就是程序正义,即我们应当通过程序正义的内容来确保实体正义的实现,同时通过程序正义来防止国家强制力的异化行使。③ 当然,程序正义的最低限度是诉讼各方对于其权利义务有决定性影响的诉讼有绝对的参与权、发表意见权等,诉讼各方的行为能够对裁判最终结果产生影响。④ 由于在刑事诉讼进程中,控辩双方在司法资源、社会力量等方面存在显著差别,一方是个人,一方是公权力机关,因此,要实现真正的程序正义就需要在具体的诉讼程序中,在资源配置方面向处于弱势地位的辩护方予以倾斜。处于弱势地位的一方当事人有权利获得律师的帮助,这就是程序正义中要求的有效参与原则。"参与不仅有助制定高质量的法律、调查案件的事实真相、正确适用法律,更重要的是,它体现了个人的意思自治与尊严,从而抚慰人心"。⑤

---

① 陈瑞华:《论程序正义价值的独立性》,《法商研究》1998 年第 2 期。
② 陈瑞华:《刑事审判原理论》,北京大学出版社 2003 年版,第 52 页。
③ 张文显:《法理学》,高等教育出版社、北京大学出版社 1999 年版,第 343 页。
④ 张文显:《法理学》,高等教育出版社、北京大学出版社 2007 年版,第 182 页。
⑤ 陈端洪:《法律程序价值观》,《中外法学》1997 年第 6 期。

显而易见,程序正义理论已经在理论和实务界形成共识,并且是我们不断追求的价值目标,刑事诉讼更是应当将程序正义放在诉讼利益之首。当然,对于实施了违法犯罪行为的行为人予以医学治疗的强制医疗程序也是程序正义的产物。随着研究的进行和深入,程序正义理论也将不断走向完善。

二、程序正义理论下的强制医疗程序

世界各国都十分注重精神病人实体和程序方面权利的保障,相较于实体权利,有些国家更强调对精神疾病患者程序权利的维护,以及通过程序的公正、公开来促使实体权利的维护。在我国刑诉法确立强制医疗程序之前,我国也有关于精神病人收治的内容,包括强制医疗。但正如上文所述,我国除强制医疗程序以外,其他包括强制医疗在内的精神病人收治都具有较强的行政色彩。精神病人及其利害关系人的权利得不到有效保障,从而经常出现"该收治的不收治、不该收治的却被收治"的现象,这不仅没有发挥制度应有的功能,相反,还会对当事人的权利造成侵犯。

为了防止精神病人再次实施危害社会的行为,同时在对精神病人采取某种措施时,能够充分保障精神病人及利害关系人的合法权益,就应当有能够充分体现正义的程序来予以保障相应措施的有效实施。早在 1997 年我国《刑法》第 18 条第 1 款就规定了对精神病人强制医疗的内容:"精神病人在不能辨认或者不能控制自己行为的时候造成危害结果,经法定程序鉴定确认的,不负刑事责任,但是应当责令他的家属或者监护人严加看管和医疗;在必要的时候,由政府强制医疗。"2012 年我国《刑诉法》增设了强制医疗程序,实现了与实体法关于精神病人强制医疗规定的有效衔接,将精神病人的医学收治纳入诉讼法体系下。刑诉法对强制医疗的启动、运行、审理、救济、执行等方面都进行了严格的程序设定,规定办案机关必须严格依据相关程序运行。例如,办案机关发现犯罪嫌疑人、被告人可能为不负刑事责任的精神病人的,必须委托进行鉴定;在庭审中,法庭必须组成合议庭进行审理;法庭必须在一个月的期限内对案件审理完毕,并作出相应的裁决;对于法庭的裁决不服的,相关利害关系人还可以向上级法院申请救济。等等。一方面,无论是在精神病司法鉴定程序中,还是决定是否应当对病人采取强制医疗措施,精神病人都有权作为利益相关者,积极且富有意义地参与其中。另一方面,裁判者应当确保各方能公平行使其法定权利,同时兼听公权力方和精神病人方向法庭提出的意见、主张和证据,不偏不倚。① 可见,强制医疗程序的适用,从其启动至终结都充分体现了程序正义的基本要求,是程序正义的产物。然而由于各方面的原因,我国强制医疗程序还存在一定缺陷,例如审前程序的强制医疗程序与普通程序的转换问题;庭审过程中的普通程序与强制医疗程序的转换问题;庭审程序之后的裁决形式问题;利害关系人的权利救济问题;等等,这些都与正当程序理念存在一定程度上的差距。

综上所述,虽然我国是首次在法律中设立强制医疗程序,但是该程序的设立,无论是强制医疗程序的适用对象,还是在强制医疗程序的启动、审理、执行、解除、监督等过程中,都充分体现了社会防卫理论、权利保障理论、国家父权主义理论、程序正义理论等核心价值。当然,这并不意味着我国强制医疗程序已经十分完善。相反,通过对现行强制医疗程序的相关规定进行解析,可以发现,目前该程序在立法和司法实务中都存在一定的问题,影响了该程序功能的充分发挥,也可能对相关利害关系人的权利保障产生阻碍。正如罗尔斯在《正义论》中所指出的:"正义是社会制度的首要价值,正像真理是思想体系的首要价值一样。一种理论,无论它是多么精致和简洁,只要它不真实,就必须加以拒绝或修正;同样,某些法律和制度,不管它们是如何有条理,只要它不正义,就必须加以改造或废除。"②这也促使笔者对强制医疗程序进行重新解构并提出相应完善措施,从而为形成一个程序合理、控辩平等、裁判中立、有效参与的强制医疗程序提供参考。

---

① 潘侠:《精神病人强制医疗法治化研究——从中美两国对话展开》,中国政法大学出版社2015年版,第109页。
② [美]约翰·罗尔斯:《正义论》(修订版),何怀宏等译,中国社会科学出版社2009年版。

第四章　强制医疗的适用条件

我国现行《刑诉法》在特别程序中明确规定了强制医疗程序,并在第302—307条对强制医疗程序的适用对象、审理、审限等予以规定,对于强制医疗程序的运行具有一定的指导意义。当然这些规定还存在一定问题,需要我们进行研究。但在研究强制医疗程序之前,我们有必要对强制医疗的适用条件及其存在的问题进行分析。因为整个强制医疗程序的运行,包括法庭做出最终裁决都是围绕被申请人是否符合强制医疗的条件进行的。研究强制医疗的适用条件,或者说被申请人在满足何等条件下,相关部门才可以对其进行强制医疗是我们研究强制医疗程序的前提和基础。

根据我国《刑诉法》第302条规定,[①]办案机关对行为人适用强制医疗,行为人必须同时满足三项条件:第一,行为要件。行为人必须实施了暴力行为,并且该暴力行为对公共安全造成了危害,或者对公民人身安全造成了严重危害。第二,责任能力要件。行为人必须是不负刑事责任的精神病人,并且必须经过法定程序的鉴定和认定。第三,人身危险性要件。相应机关根据现有情形判定如果不对精神病人进行强制医疗,该精神病人可能会再次实施"危害社会"的行为。只有在被申请人同时满足上述三项条件的情况下,法庭才可裁决被申请人应当被强制医疗。然而笔者认为,上述有关强制医疗适用条件的规定范围还较窄,在一定程度上恐怕无法充分发挥强制医疗的应有功能。据此,我们有必要对强制医疗的适用条件予以再明确,从而为后续研究提供相应基础,同时也可界定研究的范畴。

本章结构见图4-1所示。

---

① 第302条规定:"实施暴力行为,危害公共安全或者严重危害公民人身安全,经法定程序鉴定依法不负刑事责任的精神病人,有继续危害社会可能的,可以予以强制医疗。"

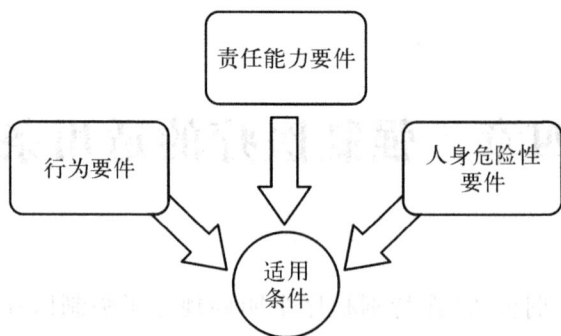

图 4-1　本章结构图

第一节　广度扩增的行为要件

相应机关对精神病人进行强制医疗,其目的是多元的,但最终可以归纳为"社会防卫、医疗救治和保障人权"。① 既然强制医疗是为了实现上述目的,我们就有必要为其限定一个合理范畴,防止强制医疗的对象过广,导致不该强制医疗的被强制医疗,同时也要防止强制医疗的对象过窄,导致应当强制医疗的没有被强制医疗,从而影响强制功能的充分发挥。由此,如何限定强制医疗的范围广度就显得尤为重要。

一、立法与实务探析

对于适用强制医疗的行为要件的研究,我们可以从现行立法规定和司法实务的具体运作等方面予以充分考察。

（一）行为要件"暴力行为"的限定

根据我国《刑诉法》对强制医疗行为要件的限定,能够予以强制医疗的精神病人必须是实施了暴力行为的人,并且该暴力行为对公共安全造成的损害程度必须达到"危害",或者该暴力行为对公民的人身安全造成的损害程度必须达到"严重危害",这是有关行为要件最为直接的规定。据此,我们可以从两个方面进行理解:第一,行为人实施了暴力行为;第二,行为人实施

---

① 宋英辉、茹艳红:《刑事诉讼特别程序立法释评》,《苏州大学学报(哲学社会科学版)》2012年第2期。

的暴力行为造成了一定的危害。这种危害又分两种情形：一是暴力行为对公共安全造成了危害；二是暴力行为对公民人身安全造成了严重危害。

首先，对于"暴力行为"的理解。目前比较权威的解释认为，"暴力行为"是指以人身、财产等为侵害目标，采取暴力手段，对被害人的身心健康和生命财产安全造成极大的损害，直接危及人的生命、健康及公共安全的行为，例如放火、爆炸等。①

其次，对于危害后果的理解。对于上述刑诉法条文中规定的危害后果的理解，在理论和实务界没有太大争议。"危害公共安全"是指侵害多数人或不特定人的生命、自由、健康或者重大公私财产的安全以及扰乱公共生活的安宁与秩序。②"严重危害公民人身安全"是指行为对其他社会公众的人身安全造成的危害必须达到"严重"程度。

另外，需要指出的是，对于该危害后果是否需要实际产生，还是只要有产生的危险即可。笔者认为，只要行为人实施了上述暴力行为，并且该暴力行为属于已经实施的状态，然而由于各种原因没有造成危害后果的，也应当认定为符合强制医疗的行为要件。例如，在"李某某强制医疗"一案中，③因为公安民警和群众的及时制止，被申请人李某某放火未遂，没有造成严重后果，但法庭最终依然裁决对其进行强制医疗。笔者对此持肯定意见。因为行为人已经实施的行为已经严重危害了公共安全，虽然该公共安全的实际后果没有产生。但是，如果不对其进行强制医疗，其依然会在很大程度上再次实施该危害行为。因此，法庭的上述做法符合强制医疗的最终目的。

最后，根据《刑诉法》和《最高人民法院关于适用〈中华人民共和国刑事诉讼法〉的司法解释》第524条④的规定，行为人实施的"暴力行为"无论是对公众安全还是对公民人身安全造成侵害，其都必须是"达到犯罪程度"。如果精神病人实施的行为没有达到犯罪程度，也就不存在"不负刑事责任"这一说法，以及是否符合强制医疗的条件的情形。

---

① 郎胜：《中华人民共和国刑事诉讼法释义》，法律出版社2012年版，第627页；孙谦：《新刑事诉讼法条文精解与案例适用》，中国检察出版社2012年版，第410页。
② 张明楷：《刑法学》，法律出版社2011年版，第601—603页。
③ 参见广东省广宁县人民法院(2019)粤1223刑医1号刑事决定书。
④ 《最高人民法院关于适用〈中华人民共和国刑事诉讼法〉的司法解释》第524条规定："实施暴力行为，危害公共安全或者严重危害公民人身安全，社会危害性已经达到犯罪程度，但经法定程序鉴定依法不负刑事责任的精神病人，有继续危害社会可能的，可以予以强制医疗。"

（二）较为集中的司法实务表现

精神病人实施的犯罪行为主要表现有：故意伤害、故意杀人，也有放火、抢劫、寻衅滋事、破坏财物、危险驾驶等，这与相关学者的统计结果相类似。① 在行为后果方面，精神病人实施的行为往往会造成一定的人员伤亡，危害后果没有发生或者仅造成财物损失的情形较少。例如，截至 2016 年，吉林省法院受理的依法不负刑事责任的精神病人申请被强制医疗类案件，共计 146件。被申请人的行为大都属于暴力行为，其中涉及故意杀人罪和故意伤害罪的案件数量达 91 件，占 62.33%。被申请人的违法行为直接或间接造成被害人死亡结果的有 51 起，造成重伤结果的有 16 起。② 同样，在山东省检察机关审查公安机关移送强制医疗案件中，向法院提出申请的有 196 件，其中故意杀人、故意伤害案件有 176 件，占 89.7%。可见，在强制医疗案件中，暴力性犯罪数量较多，犯罪手段残忍，突发性强。③ 造成财物损失的案例在现实中出现的较少。例如，在"许某某强制医疗"案件中，④行为人的放火行为造成房屋损失 1 131.43 元，着火面积达 120 平方米。

在法庭已经判处被申请人强制医疗的案件中，暴力行为主要集中在杀人、故意伤害等方面，主要是对公民个人的人身安全造成伤害，而诸如放火、爆炸等危害公共人身安全的行为的案件却较少。笔者认为，这在一定程度上与精神病人的精神状态相关。通常精神病人所实施的暴力行为造成的危害结果较为严重，发生被害人死亡、重伤的情形比重很大。例如，在浙江省法院 2013 年审结的 35 起强制医疗案件中，杀人或者故意伤害致死人命的13 件，致人重伤的 8 件，致人轻伤的 6 件，其他如放火、持刀抢劫、伤害并妨害公务的 8 件。⑤ 在山西省 2013 年 1 月至 2013 年 9 月审理的 31 起强制医疗案件中，故意杀人案件 13 起，故意伤害 13 起，强奸案件 2 起，抢劫、爆炸、放火案件各 1 件。在这 31 起精神病人强制医疗案件中，共造成 19 人死亡、15 人受伤，其中多为重伤。⑥

综上，我们不难发现，在强制医疗案件中，精神病人实施的违法犯罪行

---

① 周峰、祝二军、李加玺：《强制医疗程序适用情况调研报告》，《人民司法》2016 年第 7 期。
② 邢咏等：《加强权利保障 维护社会秩序》，《人民法院报》2017 年 12 月 28 日，第 8 版。
③ 王荣华、宋远胜：《强制医疗执行监督工作实证研究》，《中国检察官》2017 年第 5 期。
④ 参见安徽省黄山市屯溪区人民法院(2018)皖 1002 刑医 1 号强制医疗刑事决定书。
⑤ 余建华、孟焕良：《浙江审结 35 起"武疯子"强制医疗案》，《人民法院报》2013 年 12 月 23 日。
⑥ 李哲：《对精神病人强制医疗案件法律监督的调查》，《人民检察》2014 年第 6 期。

为的性质相对较为集中,且危害后果类似。

二、行为要件广度有限

通过上述对立法和司法实务层面的分析,笔者认为,我们在对强制医疗案件的行为要件的确立和把握方面还存在一定的不足,这可能会对强制医疗的功能发挥产生了一定的影响,这主要表现在强制医疗行为要件的广度较为有限。

(一)对行为"暴力"的限定过于狭窄

根据我国《刑诉法》规定,强制医疗的适用条件是,精神病人必须实施了暴力行为,且该暴力行为产生了一定的危害后果。即使精神病人对公共安全或公民人身安全造成了损害,但并不是由于行为人的暴力行为所致,法庭最终也不得对精神病人做出强制医疗的裁决。关于"暴力性"的理解应当至少考虑以下三点内涵:第一,强制医疗中的"暴力行为"应该考虑行为主体为无刑事责任能力这一特征;第二,在强制医疗语境下,暴力行为的对象是否包括对物的暴力、对精神病人自身的暴力等;第三,对于暴力行为的判断,应当结合行为性质以及可能后果等予以综合判断。

虽然法律明确必须为"暴力"行为,但我们需要反思的是,强制医疗的功能是什么,其设立初衷又为何? 根据上文分析,强制医疗的目的是社会防卫,同时对精神病人进行医学救治。以社会防卫功能而言,强制医疗是防止行为人再次实施危害社会的行为,而之所以要防止社会被危害,是因为精神病人之前已经实施了暴力行为,但这是否意味着精神病人如果实施的不是暴力行为,就不会产生相应的后果呢? 对此,笔者持否定观点。随着社会经济的不断发展,各种新型犯罪,尤其是高智商犯罪愈发增多。这种犯罪的危害后果相比于暴力犯罪而言,其危害结果可能更为严重,尤其是当今一些网络犯罪等对公共安全造成的影响,比传统暴力行为的影响可能更大。也许有人会指出,精神病人不会实施这种犯罪,但是笔者需要指出的是,虽然行为人是精神病人,但是这并不意味着精神病人的智商就低,两者之间并没有必然的联系。相反,高智商的精神病人所实施犯罪行为的后果可能更加严重。据此,笔者认为,如果我们仅仅针对实施了"暴力行为"的精神病人进行强制医疗,恐怕难以充分发挥强制医疗的应有功能。

（二）侵害自身权利行为是否属于行为要件范围争论不清

根据现行有关规定，我们不难看出，法律明确精神病人实施的行为必须是对"其他公民"的人身安全造成了侵害，而对于精神病人实施的危害自身的行为没有纳入行为要件范畴之内，这与我国《刑法》没有将行为人侵犯自身的人身、财产权利的行为纳入犯罪的情况相同。在此方面，强制医疗与《精神卫生法》确立的精神病人非自愿性住院治疗持相同看法。但是《精神卫生法》确立的自愿性住院治疗，则是针对精神病人实施的危害自身行为的情形。

对于强制医疗的适用条件没有将精神病人对自身的伤害情形纳入，部分学者有不同看法，认为精神病人一旦实施了侵害自身人身安全的行为，就表明其具有一定的攻击性。如果不对其采取相应措施的话，则其很有可能再次实施危害公共安全或者其他公民安全的行为。毕竟精神病人的思维模式处于丧失辨认和控制能力的状态，我们很难判断其行为的下一个目标是什么。如果将精神病人行为对象仅指向他人，而不包括精神病人自身的话，则范围有些狭窄。同时，这也很有可能造成精神病人会再次实施危害社会公众或者他人安全的行为。

此外，国外有关法律也将精神病人对自身权利造成侵犯的情形作为适用强制医疗的情形之一。例如，英国在考虑行为人"危险性"方面也是从行为人是否可能对社会公众安全或者精神病人自身安全等造成危险进行考虑。

（三）危害公民财产安全是否属于行为要件范畴模糊

目前，在强制医疗的适用条件中，精神病人行为的指向对象是"公共安全"以及"公民人身安全"。对于"公共安全"应当包括不特定人的生命、健康等，也包括重大公私财产安全。对于"公民人身安全"的规定则显然是将精神病人侵害对象限定在自然人的生命权、身体健康权等方面，并不包括对公民财产安全造成的侵犯。通过对现行强制医疗案件的司法运行进行分析，我们不难发现，目前强制医疗的适用对象就是"严重危害公民人身安全"的行为，真正实施了"危害公共安全"的行为并不多。但笔者认为，精神病人丧失了辨认和控制能力，其如果实施的仅仅是侵害其他公民财产安全的行为，则也有可能进一步实施侵害他人人身安全的行为。因此，在强制医疗案件中，如果仅仅将精神病人对他人实施的侵害行为限定在"人身安全"方面，显然可能使得强制医疗的功能难以得到充分发挥。

综上所述,虽然我国《刑诉法》对强制医疗的行为要件进行了规定,但是在考虑强制医疗"社会防卫""精神病人权利保障"等功能后,如果将强制医疗适用的行为要件限定在现有法律框架下,其范围有些过于狭窄,强制医疗的功能也无法更为有效地实现。

三、行为要件广度的有限扩展

强制医疗的适用情形有两种:一是精神病人实施了暴力行为,并且危害公共安全;二是精神病人实施了暴力行为,并且严重危害公民人身安全。我国强制医疗在功能上与保安处分有类似之处,即国家为预防犯罪、保卫社会安全,避免和消除对社会的危险因素,对符合法定条件的行为人所采取的各种治疗、监护、感化、矫正和教育等。[1] 为充分发挥强制医疗的应有功能,笔者认为,我国强制医疗程序设置的初衷和目的完成方面还有一定的差距,可以从以下几方面加以拓展。

（一）扩大"暴力行为"的范畴

在法律层面,行为人的行为可分为暴力行为和非暴力行为。据此,行为人实施的违法犯罪行为也可分为暴力犯罪和非暴力犯罪。暴力犯罪,例如故意伤害、故意杀人、抢劫、防火、爆炸等;非暴力犯罪,例如诈骗、盗窃等。强制医疗的适用条件之一必须是"实施暴力行为"的精神病人,强调了精神病人行为的暴力性。鉴于上述对该问题的分析及其可能带来的危害,笔者认为,我们应当放宽强制医疗适用条件中的"暴力行为"的界定,甚至可以突破"暴力行为"的范畴。

首先,从强制医疗的功能来看,强制医疗机构通过对被强制医疗人进行医学治疗的方式来使其恢复精神状态,从而达到防卫社会、保障公众安全的目的。虽然大部分精神病人实施的是暴力行为,但是正如上文所述,我们并不能因此排除其使用非暴力手段侵犯社会公众或他人合法权益的行为发生。虽然目前在司法实践中,有相当一部分的精神病人实施的违法犯罪行为不具有暴力性,但是依然会对公共安全造成危害。例如,网络犯罪。

---

[1]　赵春玲:《刑事强制医疗程序研究》,中国人民公安大学出版社 2014 年版,第 14 页。

　　其次,从域外对强制医疗适用条件的规定来看,也没有要求精神病人必须实施一定的暴力行为,而仅要求行为人对社会或者他人的安全造成一定侵害或者有侵害的风险。例如,《俄罗斯联邦刑法典》对刑事强制医疗适用范围的规定比较宽泛,其第 97 条第 1 款规定,强制医疗可以适用的情形包括:"① 在无刑事责任能力状态下实施本分则规定的行为的;② 在犯罪之后发生精神病的;③ 实施犯罪并被认定需要进行醒酒或解毒治疗的。"①英国对行为人进行强制医疗主要考虑三方面因素:行为人的"危险性"因素;对行为人采取强制医疗是否从被申请人的"最佳利益"考虑;是否"没有替代治疗方案"。法庭在充分考虑这三方面因素之后,才根据案件情况决定是否对被控行为人进行强制医疗。

　　最后,不是所有的精神病人都通过暴力手段实施犯罪。强制医疗的目的在于对精神病人进行治愈以及对社会进行防卫。并且,即使从我国现行《刑诉法》对强制医疗的规定来看,行为的暴力性和结果的危害性两个方面应当是不可分的。在通常情况下,暴力行为都导致了危害结果的发生,但是结果的危害性或者严重危害性并不都是由暴力行为产生的,这是一个显而易见的逻辑问题。据此,笔者认为,从充分发挥强制医疗社会防卫功能角度出发,我们应当尽可能地在更广范围内保障该功能的充分发挥。只要法官根据现有证据材料认为,精神病人实施的行为已经造成危害且达到法定程度,而无论该行为是否为暴力行为,并且该行为人是否还有继续实施危害社会行为的危险,都可以裁决将其予以强制医疗。

　　(二)对精神病人自身权利造成侵害的不应纳入要件范畴

　　在理论界,对于强制医疗是否应当将精神病人侵犯自身权利的行为纳入范畴之内存在一定的争论。笔者对此持否定态度。

　　首先,对于强制医疗适用条件而言,无论是从立法原意还是从司法解释来看,都明确行为人实施的行为必须已经达到"犯罪程度"。然而我国《刑法》目前尚未将行为人伤害自身的行为纳入犯罪,因此,行为人伤害自身的行为并不在法定"犯罪"范畴之内,也就不符合强制医疗的适用条件。

　　其次,我们应当对其他有关法律对精神病人侵犯自身权利的行为态度进行考察,而与此类似的就是《精神卫生法》规定的非自愿性住院治疗。《精

---

　　① 周国君:《试论我国刑事强制医疗措施的司法化》,《山东警察学院学报》2009 年第 6 期。

神卫生法》第30条对精神病人的住院治疗进行了规定。①《精神卫生法》对于非自愿性住院治疗限定为危害他人安全的行为。对于精神病人实施的伤害自身的行为,则限定在"自愿性住院治疗"的范畴,即对于精神病人实施了危害自身权利的行为,医疗机构应当对其实施住院治疗,但医疗机构必须取得监护人的同意。这实际上再次表明,我国法律对于精神病人实施的危害自身的行为,如果需要采取相应治疗措施的,必须经过特定人员同意,不能采取强制手段。对于精神病人实施的伤害自身权利的行为,相关部门不能以强制手段对其进行相应的处置。

最后,我国刑事诉讼中的强制医疗程序仅仅是在2013年开始运行,还是处于起步阶段,相关程序、配套措施还不是很健全。如果将范围扩大至伤害自身行为的范畴,难免会加重强制医疗程序运行的负担,导致程序不堪重负,最终使强制医疗的功能难以实现。

基于上述原因,笔者认为,从我国目前司法资源和法律体系的完整性视角,没有必要将强制医疗的适用条件放宽至精神病人伤害自身权利的情形。

(三)危害公民财产安全行为应纳入要件范畴

对于精神病人严重危害公民财产安全的行为,法庭是否可以裁决对其进行强制医疗,在理论和实务界存在一定的争议。但基于强制医疗的设立初衷,笔者认为,应当将精神病人危害公民财产安全的行为作为强制医疗的适用情形之一。

第一,精神病人在其意识状态模糊时实施的行为,无论是暴力行为还是非暴力行为,不仅可能对社会公众的人身权利造成侵犯,还可能对社会公众的财产权利造成侵犯,这在强制医疗的司法实务中已经有所表现。虽然人身权利和财产权利两者在性质上存在一定的差别,但是在法益同等保障的前提下,并不存在一项权利高于另一项权利的情形,而应该同等保护。我们并不能因为精神病人侵害的是人身权利而否定精神病人实施的侵害财产权利的行为就不会对社会秩序造成严重损害,不会侵害法律所保障的特定关系。

第二,将危害公民财产安全的行为纳入强制医疗的适用范畴,在其他国

---

① 《精神卫生法》第30条第1款规定:"精神障碍的住院治疗实行自愿原则。"第2款规定:"诊断结论、病情评估表明,就诊者为严重精神障碍患者并有下列情形之一的,应当对其实施住院治疗:(一)已经发生伤害自身的行为,或者有伤害自身的危险的;(二)已经发生危害他人安全的行为,或者有危害他人安全的危险的。"

家也有类似的做法。例如,《俄罗斯刑诉法典》对强制医疗的适用范围并没有做出太多限制,只是要求精神病人构成了危险或者可能造成重大损害,但对于损害的法律关系并没有将其限制在人身权利方面。另外,德国也做了类似规定,①同样没有将精神病人对财产权利的侵犯排除在强制医疗程序之外。

综上所述,笔者认为,我国目前《刑诉法》规定的强制医疗的行为要件范围相对较窄,并不利于强制医疗功能的充分发挥。我们没有必要将精神病人实施的行为限定为"暴力行为"的范畴,对于精神病人实施的危害公民财产安全的行为同样应当纳入强制医疗的范畴;但是对于精神病人实施的侵犯自身权利的行为,不应当纳入强制医疗的范畴,否则会使得该程序不堪重负。

第二节　宽度扩增的责任能力要件

根据我国《刑诉法》的规定,我们可以判定,强制医疗的适用对象首先是精神病人,而且该精神病人是依法不负刑事责任的精神病人。如果精神病人为限制刑事责任能力人,则其同样应当承担相应的刑事责任。只有精神病人为完全不负刑事责任时实施了违法犯罪行为,法庭最终才可裁决对其适用强制医疗。同时,最为重要的一点是,因控辩双方和法庭对行为人是否为精神病人往往不具有专业判断的能力,所以《刑诉法》明确规定,对于行为人是否为不负刑事责任的精神病人必须"经法定程序鉴定",然而我国该鉴定程序存在一定缺陷。同时,对于可以予以强制医疗的精神病人是何时成为"依法不负刑事责任的精神病人",在立法规定中也不明确。

一、法定的责任能力确定方式

我国对被申请人是否为不负刑事责任的精神病人,须经法定的司法鉴定程序,甚至在部分案件中,须经过两次以上的司法鉴定程序。例如,在"薛

---

① 《德国刑事诉讼法典》,李昌珂译,中国政法大学出版社 1995 年版,第 156 页。

某某强制医疗"案中,①裁判文书中明确指出:"经河南省精神病医院、司法鉴定科学技术研究所司法鉴定中心鉴定。"又如在"田某某强制医疗"案中,②裁判文书同样明确指出:对被申请人田某某进行了两次精神鉴定。具体为何需要对被申请人进行两次鉴定,原因不明,但可以明确的是,在强制医疗诉讼程序之中,鉴定意见是必备的证据形式,也是各方对被申请人精神状态进行判定的必备证据方法。

　　当然,由于精神疾病并不是法官凭借其法律知识就能界定的,因此,通过科学证据或者通过专家的帮助来确定被申请人是否为不负刑事责任的精神病人,在国际上也是常态。例如,美国联邦最高法院于 2003 年明确对于被告人进行强制医疗必须同时满足三个条件:一是在医学上对患有精神疾病的被告人是适当的;二是不会对审判公正造成负面的影响;三是符合比例原则,即没有比该治疗方式对行为人权利侵犯更小的措施。③ 通过第一项条件,我们不难看出,对被申请人进行强制医疗,首先必须有医学专业人士的确认。此外,美国各州无论是采取住院式强制医疗还是附条件释放式强制医疗都会对行为人的人身自由予以限制或剥夺,如何确保精神病人在强制医疗裁决程序中的权利得到保障,如何防止没有精神病的普通公众"被精神病"而被采取强制医疗等,也就成为摆在裁判者面前的一个重要问题。对此,美国精神疾病诊断标准 DSM-IV 对精神病进行了界定,④即精神疾病是一种临床上的持续性显症,并不是某个人正常的矛盾冲突,行为偏离是一种无意识状态下的疾病,故需要借助专业人士进行鉴定,并同时明确,被申请人是否符合该标准必须由专业的医生进行鉴定。例如,美国佛罗里达州《精神卫生法》规定:特定的人员可以对疑似精神疾病患者进行相应的排查,这些特定的人员包括警察、医生、精神健康专家等,当然,该检查具有时间限制,最长不得持续超过 72 小时。此外,佛罗里达州还明确对于法庭决定强制医疗的,规定了定期复核制度,复核的时间间隔为 6 个月,以便确保在强制医疗期间的行为人的精神疾病没有痊愈,一旦发现其不再符合对其采取强制

---

① 参见河南省修武县人民法院(2013)修刑初字第 139 号强制医疗决定书。
② 参见陕西省西安市中级人民法院(2013)西刑一初字第 00028 号刑事附带民事判决书。
③ Sell v. United States, 539, U. S. 166.
④ "DSM-IV 美国精神疾病诊断标准", http://3y. uu456. com/bp_8ipo9598tv9pugm7q9wo_1. html,最后访问日期:2017 年 6 月 12 日。

医疗条件的,应当立即解除强制医疗程序,而转为采取其他措施。此外,美国《模范刑法典》也有类似的规定,即如果被告人明确将以被告人患有精神疾病作为辩护理由时,法院就应当委托具有特定资质的精神疾病专家对行为人的精神状态进行科学鉴定。[①]

英国历来重视诉讼中专家对解决专业问题的重要作用,在强制医疗中也特别强调精神科医生在确定行为人是否患有"精神疾病"的功能。

加拿大也十分注重精神科医生在行为人精神疾病判定中的作用,其比较明显的一个特征是对行为人强制医疗并不采取司法审查前置程序,司法审查作为一种对强制医疗的救济措施,之前则由专业医生进行鉴定。

在大陆法系国家中,《德国刑事诉讼法》第 81 条规定:对于被申请人是否属于精神状态异常,同样需要进行精神疾病司法鉴定鉴定,法院为了做该鉴定,可以将被鉴定人送往精神病医院进行观察。[②] 第 415 条规定:法院应当赋予鉴定人在庭审之前对被申请强制医疗人进行检查的机会,同时应当在庭审中就被申请人的有关状况向鉴定人进行咨询,即在法院决定是否应当对被指控人采取强制医疗措施之前,需要对被指控人的精神状态进行司法鉴定,从专业人士角度判定行为人的精神状态是否正常,是否需要接受住院式治疗。为避免诉讼处于无限期的不确定状态,法官还需与鉴定人约定鉴定的期限,鉴定人必须在约定的期限内完成鉴定。当然,在已经有鉴定人的情况下,法官根据案件具体情况,在特殊时期,可以另外选择其他的鉴定人,但这种情况是十分少见的。[③] 为保障对被申请人精神状态的确定能够有效实施,法律明确规定了强制鉴定制度。

在法国,对于行政首长或警察首长决定的强制医疗,在作出决定前,需要评价一位精神病专家出具的行为人是否精神疾病的专家意见书,以此为依据,对行为人作出是否强制医疗的决定。而对于第三人申请的强制医疗,则由精神疾病患者可能入院治疗的医院以外的医生出具专家意见,并且要由两个专家医生出具意见,且两个医生的意见必须一致。

---

① 赖早兴:《精神病辩护制度研究——基于美国精神病辩护制度的思考》,《中国法学》2008 年第 6 期。

② 参见王戬:《略论"鉴定留置"——由邓玉娇案说起》,《中国司法鉴定》2009 年第 6 期。

③ 《德国刑事诉讼法典》第 73 条规定:"法官决定需要聘请的鉴定人及其人数,法官应与鉴定人约定鉴定期限;特定鉴定工作已经有公共鉴定人的,只能在特殊情况需要时,另选其他人员。"参见《德国刑事诉讼法典》,李昌珂译,中国政法大学出版社 1995 年版,第 21 页。

通过司法鉴定对被申请人的精神状态进行认定的做法,在日本、俄罗斯等国都得到了确认。正如日本学者武井满所说:"即使是精神障碍患者也区分为一般精神医疗可以处理和无法处理的,不先行评估该人的治疗可能性与危险性,即全部送入精神病院的做法,不仅无法给予有效的治疗照护,更会扰乱精神病院秩序,阻碍开放治疗、社会复归的脚步。"[①]

可见,通过法定鉴定程序来确认被申请人是否符合强制医疗的条件是各国通行和非常有效、科学的方式。我国《刑诉法》对此也做了明确规定,但是需要指出的是,包括精神疾病司法鉴定在内的司法鉴定制度还存在很多缺陷。例如,鉴定资格准入、鉴定标准制定、强制鉴定、鉴定意见审查认证等都存在非常多的问题,需要从整个司法鉴定制度层面进行完善。限于研究篇幅和研究主题的原因,在此不做过多赘述,但是由于司法鉴定在强制医疗程序的特殊地位,笔者会对与强制医疗程序有密切关联的鉴定人出庭、鉴定意见审查等问题在后续相应章节中进行简单阐述。

二、拓展丧失责任能力的时间宽度

根据《刑诉法》的规定,我国强制医疗的适用条件之一是被申请人是经过专家确定的精神病人,并且被申请人在实施该犯罪行为时处于精神病发病状态,为完全无刑事责任能力人。

(一)精神病人发病时间限定狭窄

以行为人实施违法犯罪时间与行为人发病时间的先后顺序进行区分,我们可以将其分为四种不同的状态:

第一,行为人在实施某种行为前为精神病发病状态,但在实施行为时精神状态正常。

第二,行为人在实施违法行为时为精神病发病状态,且该状态持续存在。

第三,行为人在实施违法行为时为精神病发病状态,但在实施行为后精神病已经好转,精神状态正常。

第四,行为人在实施行为时精神状态正常,但在实施该行为后,行为人

---

① 参见林思苹:《强制治疗与监护处分——对精神障碍者之社会控制》,台湾大学法律学院法律研究所硕士论文,2009 年。

患精神病,没有受审能力或执行刑罚的能力。

目前,我国《刑诉法》仅将强制医疗的适用条件或者说适用对象限定在第二种情况的精神病人。那么,对于第一、三、四种情况的精神病人,是否需要接受强制医疗,对此,相关法律规定没有明确。这在理论和实务界也存在一定的争议。

强制医疗的目的之一是"社会防卫",同时又需要对被强制医疗人的人身自由进行限制,并同时对其进行医学治疗,因此在确认强制医疗适用条件时,我们应当尤为审慎,防止适用范围过大,造成程序的累赘。此外,我们也应当防止适用范围过窄,使得强制医疗应有的社会防卫、权利保障功能不能充分发挥。我们应当在两者之间找到平衡点。

对于上述第二种情形的精神病人,立法应当将其纳入强制医疗的范畴,对此,理论和实务界没有争论,但是对于其他三种情形是否也应当纳入强制医疗范畴,理论界存在一定争论。从刑诉法目前规定的强制医疗适用条件来看,其并不包含上述另外三种情形。但实际上,行为人在行为时精神状态正常,而在普通诉讼程序运行过程中出现精神状态异常的情形,从可能性方面而言,其依然具有实施危害社会的现实可能。无论是当事人权利还是社会公共安全、其他公民安全都可能因此而遭受侵害。如果判处其一定的刑罚,显然不能发挥刑罚的功能,同时在执行上也会存在一定困难。从此方面来看,如果将该行为人予以释放,我们不仅不能充分发挥强制医疗的应有功能,还会对社会造成一定的威胁。笔者认为,目前强制医疗对于精神病人不负刑事责任的时间起算范围还过于狭窄,对于行为人在其他时间段成为精神病人的,只要其符合强制医疗的其他条件,法庭也可以做出裁决,对其进行强制医疗。

（二）精神病人发病时间宽度的拓展

如上文所述,行为人精神病发病状态与其实施行为的时间存在四种情形,其中第二种情形是刑诉法规定的强制医疗的适用条件。这里对另外三种情形是否应当纳入强制医疗的范畴进行阐述。

第一,在实施行为前行为人为精神病发病状态,而在实施行为时行为人精神状态正常。精神病实际为一种临床疾病,可以痊愈,即行为人患精神病后,并不意味着行为人就一直处于精神病发病状态,其也可以痊愈,从而从完全无刑事责任能力人转为完全刑事责任能力人或限制刑事责任能力人。

因此,行为人如果在精神病未发病状态实施了违法犯罪行为,其应当对其实施的行为承担相应的法律责任,不能因为其先前患有精神病而免除其责任。故针对该情形,笔者认为,对于触犯刑事法律的行为人应当按照普通程序,而不是强制医疗程序追究其相应的法律责任。

第二,行为人在实施违法行为时为精神病发病状态,但在实施行为后精神病已经好转,精神状态正常。首先需要明确的是,行为人在实施违法行为时处于精神病发病状态,其为无刑事责任能力,无须承担刑事责任。此外,行为实施后,行为人的精神病已经好转,这实际上就意味着该行为人精神状态正常,其与普通自然人无异,已经不会因为精神状态异常而继续实施危害社会的行为。因此,对于此类行为人也不应当作为强制医疗程序的适用对象。

第三,行为人在实施行为时,精神状态正常,但在实施该行为后,行为人患精神病,没有受审能力或执行刑罚能力。针对此种情形,办案机关是否可以对行为人进行强制医疗,笔者持肯定态度。首先,从强制医疗的目的来看,对精神病人进行强制医疗是为了保障精神病人权利,同时防止其继续实施危害社会的行为。如果行为人在实施违法犯罪行为之时,是处于完全刑事责任能力或者限制刑事责任能力的状态,那么其应当对当时所实施的违法行为承担相应的法律责任。如果行为人在实施违法犯罪行为以后又犯有精神病。此时,行为人可能已经失去了受审能力或者刑事责任能力。但是在此种情形下,行为人实际上具有一定的危险性,在犯病的情况下,行为人再次实施危害违法行为的可能性较高。基于国家父权主义的精神,[①]笔者认为,我们依然需要对该犯有精神病的行为人进行强制医疗。

此外,从国外立法体例来看,行为人在实施违法行为后又犯精神病的也应在强制医疗的适用范畴之内。例如,根据《俄罗斯刑事诉讼法》的规定,适用强制医疗的对象不仅包括行为时处于无责任能力的精神病人,还包括有责任能力的精神病人,包括在法院作出刑事判决以前患上精神病、失去辨认或者控制自己行为的能力的人,以及在服刑期间患了精神病,失去辨认或控制自己行为能力的被判刑的人。[②] 这实际上对于最大限度地发挥强制医疗

---

① 孙笑侠、郭春镇:《法律父爱主义在中国的适用》,《中国社会科学》2006 年第 1 期。
② 卞建林、刘玫:《外国行事诉讼法》,人民法院出版社、中国社会科学出版社 2002 年版,第 82 页;《俄罗斯联邦刑事诉讼法典》,黄道秀译,中国人民公安大学出版社 2006 年版,第 351 页。

的社会防卫功能和对精神病人的医治功能具有重要的意义。

综上所述,笔者认为,从强制医疗的具体功能、设立初衷和行为人的具体实际情况来看,对于行为人之前患有精神病,后在实施违法犯罪行为时其精神状态良好的,应当按照普通诉讼程序追究行为人相应的刑事责任。对于行为人在实施违法犯罪行为时精神状态良好,但实施行为之后患有精神病,无法参与庭审或者缺乏执行刑罚可能的,办案机关应当根据强制医疗程序对其是否应当强制医疗作出相应的裁判。

第三节　指向明确的人身危险性要件

强制医疗的适用必须同时满足行为要件、责任能力要件和人身危险性要件等三个条件,缺一不可。世界上许多国家在设置强制医疗程序时均将人身危险性作为强制医疗程序的必要条件,例如,美国《堪萨斯州刑事诉讼法典》第 3428 条规定,人身危险性是对精神病行为人进行强制医疗的必备条件,如果患有精神疾病的行为人已经不具有人身危险性,就不应当限制精神疾病患者,而应当予以释放;再如,英国法律规定相关部门要对行为人进行强制医疗必须评估的依据就是行为人的"危险性",即如果不对精神障碍行为人采取强制医疗措施,则可能对社会公众安全或者精神疾病患者本人的人身安全造成十分严重的危险。上文已经对行为要件和责任能力要件进行了详细的分析。本节将主要对人身危险性要件的内容进行阐释。所谓人身危险性要件,根据《刑诉法》的规定,是指如果不对被申请人进行强制医疗,则该被申请人"有继续危害社会可能"。由此可见,"人身危险性"就是一个抽象的概念,会受到各种评估因素的影响,例如,评估机构的独立性、评估人员的专业性、评估标准的明确性、评估方法的严谨性、评估程序的透明性等,稍有疏漏,难免对人身危险性程度的评判操作的随意性。[①] 因此,我们首先有必要对"人身危险性"的内涵以及该"人身危险性"要达到什么程度,法庭才可以确认其符合强制医疗条件进行研究。至于法庭如何判断行为人是否具有"人身危险性"则属于法庭的审判判断范畴。

---

① 陈伟:《认真对待人身危险性评估》,《比较法研究》2015 年第 5 期。

一、"人身危险性"的表征指向

有学者认为,对于"人身危险性"的内涵,是指根据已经发生的事实、行为或者迹象,认定行为人的人身状态有再次实施一定的犯罪行为所具有的倾向性、或然性和可能性。[①] 还有学者指出,应当将其界定为犯罪人的再犯可能性。精神病人的人身危险性是指已经实施了危害行为的精神疾病人再次实施危害行为的可能性。[②] 当然,根据《刑诉法》的规定,被申请人具有"人身危险性"源于被申请人的精神状态。在具体强制医疗案件中,法庭对于"人身危险性"的认定也往往较为简单,仅在裁判文书中表明:"有继续危害社会的可能"[③](基本上是统一格式),符合强制医疗条件。然而为什么有继续危害社会可能,我们从裁判文书中无法得出答案。由于被申请人的人身危险性与精神病之间存在密切的联系,所以我们应当从医学和法学两个角度对"人身危险性"进行理解。由于精神病人对自己的行为存在认知和控制障碍,这种障碍会导致精神病人比正常人更容易实施具有暴力性的危险行为。从医学角度对"人身危险性"进行理解,我们需要结合行为人的精神状况、疾病类型等因素进行综合判定。而从法律角度对"人身危险性"进行理解,我们就应当综合精神病人所实施的行为的暴力性程度、危害结果的严重性以及危险的类型等因素。具体而言,笔者认为,我们可以从危害行为的表征与对象两方面对精神病人的"人身危险性"进行理解。

首先,危害行为的表征。在对"人身危险性"进行考量的时候,应该关注危害行为,即明确何种性质的行为可以被认为是符合人身危险性的表征。有学者指出,危害行为应限于暴力行为。当然,这种暴力行为的对象既包括人身,也包括物。[④] 因此,构成人身危险性表征的危害行为应满足以下条件:限于暴力行为、限于危害他人人身和财产安全的行为、危害行为的严重性。[⑤]

---

① 宋英辉、李忠诚:《刑事程序法功能研究》,中国人民公安大学出版社 2004 年版,第 553 页。
② 卢建平:《中国精神疾病患者强制医疗研究》,载王牧:《犯罪学论丛》(第 6 卷),中国检察出版社 2008 年版。
③ 参见贵州省毕节市七星关区人民法院(2017)黔 0502 刑医 3 号刑事决定书;云南省墨江哈尼族自治县人民法院(2019)云 0822 刑医 3 号强制医疗刑事决定书。
④ 范德繁:《论我国刑法中暴力行为的特征》,《人民检察》2007 年第 11 期。
⑤ 陈绍辉:《论刑事强制医疗程序中人身危险性的判定》,《东方法学》2016 年第 5 期。

对此,笔者持有不同观点。随着社会的高速发展,被申请人实施的非暴力犯罪行为也可能对社会公共安全或者他人的人身、财产安全造成非常严重的影响。因此,笔者认为,对于"人身危险性"的危害行为的表征不一定限于暴力行为。

其次,危害行为的对象限于危害公共安全或者他人的人身、财产安全的行为。我国《刑法》仅将危害他人人身安全的行为进行规制,而对于行为人自杀、自残的行为并不包括在内。因此,对于精神病人有自杀、自残行为或者倾向的,应当根据《精神卫生法》的非自愿性或自愿性住院治疗的方式进行治疗。[①] 这是由强制医疗的社会防卫和消除精神病人人身危险性的目的和价值决定的。

最后,这种危害行为具有现实性。在此需要予以特别说明的是,《刑诉法》明确规定,被申请人"有继续危害社会"的可能,这种可能并不是停留在理论层面,而是根据精神病人的精神状态、家庭环境、已经实施的行为情况等进行综合判定,这种可能具有现实性,即如果不对行为人进行强制医疗,则其有可能再次实施危害社会的行为。当然,对于被申请人是否具有这种现实危险性还需要法庭综合全案证据情况予以判断(需要审查的内容及判断标准,将在庭审程序一章中予以阐释)。

可见,被申请人"人身危险性"表现为其会对公共安全或者他人的人身、财产安全产生一定侵害,而侵害行为不一定表现为暴力行为。

二、"人身危险性"的程度指向

《最高法刑诉解释》第524条仅对被申请人已经实施行为的危害程度作出了明确规定,要求暴力行为的社会危害性必须"已经达到犯罪程度",但是,对于"有继续危害社会可能的"行为的危害程度并没有明确,即精神病人继续危害社会的行为是否需要达到犯罪程度,相关法律并没有明确。笔者认为,我们应当对此问题加以考虑,否则会不适当地扩大或者减少强制医疗的适用范围,影响程序的运行。

国外对强制医疗的预期行为的性质做了更为明确的规定。例如,根据

---

① 参见汪冬泉:《强制医疗程序执行阶段的立法缺失与完善》,《江西警察学院学报》2013年第4期。

《德国刑法典》[1]的规定,在强制医疗程序中,法庭要对精神病人及其所实施的行为进行全面的评估,已经实施的行为必须达到犯罪程度,而预期将要实施的行为相对于已经实施的行为而言更为严重。也就是说,在德国强制医疗程序中,对于精神病人预期实施的行为必须达到具有再次实施"犯罪"行为的可能。瑞士也对此做出过相应的规定。[2] 在我国强制医疗中,我们对于精神病人预期实施行为的危害程度该如何设定? 是同国外一样,该预期行为必须达到"犯罪程度",还是只要有危险就可以? 对此,相关部门应当予以考量。笔者认为,尽管我国没有对"有继续危害社会可能的"行为性质予以明确,但是"有继续危害社会可能的"程度必须要达到"犯罪程度"。

首先,从法律体系解释角度来看,根据相关规定,我国强制医疗的适用条件之一就是精神病人所实施的行为必须达到"犯罪程度"。而强制医疗是一种预防治疗行为,通过对精神病人进行强制医疗可以消除其人身危险性,防止其再次实施同样的行为,给他人及自身造成危害,所以从法律解释的体系性角度来看,精神病人预期将会实施的侵害行为必须达到"犯罪程度"。

其次,如果不区分行为人预期危害社会的行为是否达到犯罪程度,那么有可能会导致该强制医疗程序的适用范围过于宽泛,从而会引发其他问题。首当其冲的就是精神病人被强制医疗的可能性加大,从而导致强制医疗执行机构不堪重负。另外,还有可能无限扩大办案机关人员的自由裁量权,难免会出现个别办案机关人员为了某些不正当利益而随意对强制医疗的条件进行解读,致使出现应该强制医疗的不强制医疗,不应该强制医疗的被强制医疗等情形。

最后,如果不对精神病人预期会实施的危害社会行为限定为"犯罪",则意味着精神病人预期实施的行为可以不达到犯罪程度。精神病人如果预期实施的行为不能达到犯罪程度,即使该可能性成为现实性,那么也并不属于《刑法》所调整的范围,更不应适用刑事诉讼程序。

笔者对强制医疗的行为条件、责任能力条件、人身危险性条件三方面进行了详细阐述。有学者还指出,对被申请人进行强制医疗,除了要满足上述三项条件以外,还要满足比例性原则的要求,即对被申请人采取强制医疗必

---

① 何迪迪、崔晓燕:《刑事强制医疗程序适用条件的反思——以比较法为视角》,《金陵法律评论》2015 年第 1 期。

② 《瑞士联邦刑法典》,徐久生译,中国方正出版社 2004 年版。

须是在采取对其权利侵犯最小的措施都无法达到相同效果时才能适用。1975 年美国联邦法院曾明确提出，"仅仅认定患有精神疾病并不能正当地将一个人违背其意愿以拘禁，并将其无限期地给予监护性拘禁……州不能合宪地拘禁一个没有危险性且能够依靠本人或在亲友的帮助下自由生活的人。"①联邦法院通过案例明确各州只有在精神病人在不能够依靠本人和亲友帮助下自由生活的时候，才能对其采取强制医疗措施，②这就是比例原则的要求。英国也有类似规定。那是否有必要在我国也重申必要性原则呢? 对此，笔者持否定意见。因为我国《刑诉法》目前确定的"有继续危害社会可能"的危险性要件，实际上已经意味着通过家属等其他方式对精神病人进行看护无法达到消除危险的目的。强制医疗是最后的手段。因此，笔者认为，比例原则的内容已经被包含在人身危险性的条件之中，没必要再单列必要性原则。

　　笔者认为，基于国外有关立法经验和我国司法实践情况，对于强制医疗的适用条件，有必要予以进一步厘清。一是强制医疗范畴的精神病人实施的行为不一定需要"暴力行为"；对于精神病人侵害自身权利的行为在《精神卫生法》规定自愿性住院治疗的前提下，没必要纳入《刑诉法》规定的强制医疗范畴；对于精神病人实施的危害公共财产安全的行为应当被纳入强制医疗范畴。二是对于行为人在实施犯罪行为时精神状态正常，在实施行为前犯有精神病的，应当根据《刑诉法》规定的普通程序处理；对于行为人在实施犯罪行为时精神状态正常，在实施行为后犯有精神病的，导致庭审无法进行或者无法执行刑罚的，应当予以强制医疗。三是对于被申请人"有继续危害社会可能的"认定应当满足以下三个条件：危害行为不一定是暴力行为，但必须危害了公共安全、公民人身财产安全；这种预期行为应当达到犯罪程度；"继续危害社会可能"具有现实性。通过对上述强制医疗的三个要件进行全面分析，可以为后续我们对强制医疗程序的研究提供坚实的基础，毕竟所有的强制医疗程序都是由具体的办案机关和诉讼参与人围绕被申请人是否符合强制医疗的条件来进行的。

---

① O'C onnor v. Donaldson, 422 U. S. 563(1975).

② Brian J. Pollock, Kansas v. Hendricks: A Workable Standard for "Mental Illness" or a Push Down the Slippery Slope toward Abuse of Civil. 40 Ariz. L. Rev. 319.

第五章　强制医疗审前程序

在强制医疗具体程序的运行过程中,我们可以将其分为审前程序、庭审程序、救济程序、执行程序等。其中法庭的庭审程序是整个程序的核心,直接决定着被申请人是否需要接受强制医疗,然而庭审程序要以审前程序中适格主体对精神病人提出强制医疗为前提。我国《刑诉法》第303条以及相关司法解释对于强制医疗的审前程序进行了规定,但是通过对上述有关法律规定和司法解释的分析,我们发现,目前强制医疗审前程序中还存在较多问题,可能会对程序的顺利运行和庭审程序的顺利启动造成阻碍。

在审前程序中,首先需明确侦查机关、检察机关或者精神病人、近亲属等,谁有权利启动强制医疗程序。此外,如果相应机关在侦查阶段和审查起诉阶段,在普通诉讼程序或者强制医疗程序运行过程中发现新情况,则原程序不能继续进行,而需要按照强制医疗程序或者普通诉讼程序运行的,如何实现两者之间的顺利转换,并保障诉讼各方的权利也是我们应当要关注的重点。此外,对于法庭还没有明确是否对被申请人进行强制医疗的情况下,被申请人可能继续实施违法犯罪行为,侵害公共安全或者其他社会公众安全的情形,公安机关可以对被申请人采取临时性的保护性约束措施,然而措施的性质、具体操作如何,目前在立法和实务中都规定的不明确。对此,我们在审前程序中同样有必要予以完善。强制医疗程序的启动、审前程序中的普通程序与强制医疗程序的转换、临时保护性约束措施等三项问题是本章的主要研究内容。

本章结构见图5-1所示。

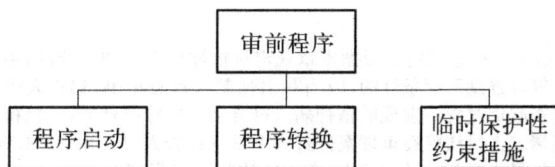

图 5-1　本章结构图

第一节　强制医疗启动程序

强制医疗程序的启动是强制医疗程序开启的重要标志,也是强制医疗审前程序中的必经程序,因此,对于强制医疗审前程序的研究,必须要对强制医疗程序启动的主体、启动的方式以及具体操作和监督等方面的立法规定与司法实务进行考察。本节将通过对目前强制医疗启动程序的现状进行梳理,总结当前强制医疗程序中存在的问题,并针对相应立法与实践中的缺陷提出完善强制医疗启动的建议。

一、立法与实务探析

我国有关强制医疗启动程序的规定相对简单、粗疏,虽然在法律层面上为强制医疗的启动提供了最基础的法律依据,但无论从鉴定启动权的配置以及当事人权利保护等方面仍然存在许多空白,故为司法实践带来一定困难,亟待对其中的立法与实践缺陷进行深入的研究,分析存在的问题,并提出相应的完善措施。

（一）立法考察

我国关于强制医疗程序的规定,是在 2012 年《刑诉法》中"特别程序"一编中设置了强制医疗程序,并分别从强制医疗的对象、启动程序、审理程序以及解除和检查监督等角度对强制医疗程序进行了规定。2018 年《刑诉法》再次修订,强制医疗程序的内容并无新的变化。具体内容包括以下三个方面。

第一,强制医疗程序的启动方式。根据《刑诉法》第 303 条第 1 款的规定,[①]我国强制医疗的启动主要有依申请启动和依职权启动。对于依申请启动强制医疗程序的主要包括两种方式:第一种方式是,公安机关在侦查案件过程中,发现犯罪嫌疑人可能符合强制医疗的适用条件,而向检察机关移送

[①] 《刑事诉讼法》第 303 条规定:"根据本章规定对精神病人强制医疗的,由人民法院决定。公安机关发现精神病人符合强制医疗条件的,应当写出强制医疗意见书,移送人民检察院。对于公安机关移送的或者在审查起诉过程中发现的精神病人符合强制医疗条件的,人民检察院应当向人民法院提出强制医疗的申请。人民法院在审理案件过程中发现被告人符合强制医疗条件的,可以作出强制医疗的决定。对实施暴力行为的精神病人,在人民法院决定强制医疗前,公安机关可以采取临时的保护性约束措施。"

强制医疗意见书,由检察机关向法庭提出强制医疗申请,我们将其称为公安机关启动模式。公安机关启动强制医疗程序的,应当向检察机关移送强制医疗意见书,并载明精神病人基本情况、违法犯罪情况、采取临时保护性约束措施情况等,由检察机关决定是否申请强制医疗。第二种方式是,公安机关按照普通诉讼程序对案件进行侦查终结后移送检察机关审查起诉,而检察机关在审查过程中发现犯罪嫌疑人符合强制医疗条件的,而直接向法庭提出强制医疗申请,我们将其称为检察机关启动模式。对于此种模式,检察机关应首先就公安机关移送审查起诉的情况做出不起诉的决定,然后向法庭提出申请。

依职权启动强制医疗程序,是指法庭在审理普通公诉案件过程中,发现被告人可能符合强制医疗条件的,而径直转为强制医疗程序进行审理,而不需要将该案再退回人民检察院重新启动强制医疗申请。因为该启动方式实际上是检察机关已经按照普通诉讼程序向法庭进行了公诉,法院在庭审过程中直接将普通程序转为强制医疗程序,这虽然是强制医疗程序启动问题,但实际上已经脱离了"审前",而成为"庭审程序转换"问题。

第二,强制医疗程序启动的主体。对于审前程序来说,启动的主体主要是公安机关和检察机关。需要说明的是,按照现行《刑诉法》的规定,尽管公安机关只能出具强制医疗申请意见书,然后移送给检察机关,由检察机关进行申请,公安机关这一系列的程序看似并不属于启动程序,启动强制医疗程序的主体似乎并不包括公安机关,但是最高检察院在 2018 年发布的《人民检察院强制医疗决定程序监督工作规定》[①]第 5 条中规定了检察机关对公安机关启动强制医疗程序的监督职责,在其中采用了"公安机关应当启动强制医疗程序而不启动"这样的措辞。可见,公安机关实际上是被立法认可了强制医疗程序启动主体地位的。此外,检察机关除了是强制医疗程序的启动主体之外,还是强制医疗程序的监督主体。强制医疗程序的启动应当要保证启动的主体是合法的,启动的流程也应当是规范的,检察机关在强制医疗程序中既要对公安机关的启动活动及鉴定结果等进行监督,还要对人民法院

---

①　《人民检察院强制医疗决定程序监督工作规定》第 5 条规定:"人民检察院发现公安机关应当启动强制医疗程序而不启动的,可以要求公安机关在七日以内书面说明不启动的理由。经审查,认为公安机关不启动理由不能成立的,应当通知公安机关启动强制医疗程序。公安机关收到启动强制医疗程序通知书后,未按要求启动强制医疗程序的,人民检察院应当向公安机关提出纠正意见。"

审理过程和执行活动履行监督职责。①

第三,关键证据的获取。在强制医疗程序中,最为重要的是要确认被申请人是否是不负刑事责任的精神病人,其中最为关键的证据就是鉴定意见。根据刑诉法等法律法规的规定,我国司法鉴定启动权由侦查机关、检察机关、审判机关行使。当事人等仅有重新鉴定申请权。我国《刑诉法》将"鉴定"这一节写入第二编第二章"侦查"中,将其与讯问犯罪嫌疑人、搜查等侦查手段并列。其中,根据《刑诉法》第 146 条规定,②对于诸如行为人是否患有精神疾病等专业问题需要进行专门性判断的,应当由侦查机关委托鉴定。而对于与案件有利害关系的当事人,如果对鉴定结果不服的,可以申请对其进行补充鉴定或者重新鉴定,但最终是否允许还须得到侦查机关的认可。此外,在审查起诉阶段,鉴定启动权则归属于审查起诉机关。在庭审阶段,鉴定启动权归属于审判机关。根据《刑诉法》第 196 条的规定,③法院在审判阶段为了查明案件事实,可以进行司法鉴定。另外,《最高法刑诉解释》对此也予以进一步的明确。此外,作为规范司法鉴定机构和鉴定人司法鉴定程序的《司法鉴定程序通则》同样明确规定,司法鉴定机构应当统一受理"办案机关"的司法鉴定委托,不得接受个人委托从事司法鉴定活动。通过上述法律法规,我们不难发现,对于解决案件专门性问题的技术手段——司法鉴定,其最终的启动权归为公检法等办案机关,对于与鉴定结果有密切联系的当事人仅仅有重新鉴定申请权。

综上可知,目前强制医疗启动程序法律法规已经有相应规定,但是一些内容较为简单,实践操作指导性不强。

(二)实务探析

强制医疗案件往往是审前阶段依据公安机关和检察机关的申请启动,法院依职权径行启动的较少。这一现状产生的原因,一方面是因为实施了暴力犯罪行为的行为人一般经过侦查机关侦查和检察机关的审查起诉。在

---

① 《人民检察院强制医疗决定程序监督工作规定》第 9 条规定:"人民法院对强制医疗案件开庭审理的,人民检察院应当派员出席法庭,审查人民法院作出的强制医疗决定、驳回强制医疗申请的决定、宣告被告人依法不负刑事责任的判决是否符合法律规定。"

② 《刑事诉讼法》第 146 条规定:"为了查明案情,需要解决案件中某些专门性问题的时候,应当指派、聘请有专门知识的人进行鉴定。"

③ 《刑事诉讼法》第 196 条规定:"法庭审理过程中,合议庭对证据有疑问的,可以宣布休庭,对证据进行调查核实。人民法院调查核实证据,可以进行勘验、检查、查封、扣押、鉴定和查询、冻结。"

这两个程序中,办案机关要做到案件事实清楚、证据确实充分的证明标准,首先就需要判定行为人的精神状态是否正常,这对于是否符合强制医疗条件就有一个初步的认定,至于经过侦查和审查起诉以后还未发现行为人为精神病人的情况较少。另一方面,法院作为控辩双方的居中裁判人员,多处于被动、中立的地位,除非特别情况,一般很少会主动就案件中的某项事实去自行调查,故法院阶段也很少会主动启动强制医疗程序。

第一,侦查机关启动强制医疗程序的操作。实践中,公安机关在侦查活动中发现犯罪嫌疑人在作案时有可能属于不负刑事责任的精神病人,需要通过鉴定对犯罪嫌疑人的精神状态予以确认。如经鉴定证明犯罪嫌疑人在作案时确实属于不负刑事责任人,那么公安机关将启动强制医疗程序,制作《强制医疗意见书》,并移送给检察机关,由检察机关决定是否向法庭提出强制医疗申请。例如2017年的"向甲某强制医疗案"中,被申请人向甲某因涉嫌犯故意杀人罪,被利川市公安局于2016年9月25日刑事拘留,随后利川市公安局于2016年9月28日请恩施州优抚医院对其进行精神病鉴定和刑事责任能力鉴定。经该院司法鉴定,向甲某患有精神分裂症,在本案中无刑事责任能力。随后利川市公安局向利川市人民检察院移交强制医疗意见书。利川市人民检察院以利检公诉医申(2016)3号强制医疗申请书向人民法院申请强制医疗。①

第二,检察机关启动强制医疗程序的操作。公安机关在侦查阶段并没有启动强制医疗程序,而是依照普通程序将案件移送至检察机关审查起诉,检察机关发现犯罪嫌疑人符合强制医疗条件的,径行向法庭提出强制医疗申请。在这种情形下,检察机关一般会将案件退回公安机关要求补充侦查,经过委托鉴定认为犯罪嫌疑人的确符合强制医疗条件的,要求公安机关作出撤销案件处理,并启动强制医疗程序,向法院提出强制医疗申请。例如最高人民检察院发布的7起检察机关以案释法典型案事例中的"曹某某强制医疗案",涉案精神病人曹某某在山东省菏泽市定陶区自己家中,以残忍手段致包括其妻子、儿女在内3人全部死亡,后自杀未果。检察机关审查起诉期间发现,曹某某无犯罪动机,且在案发前曾有自残行为;其本人供述称自己作案时产生幻觉,怀疑有人要迫害其家人,其亲属亦反映曹某某平时精神不

① 参见湖北省利川市人民法院(2017)鄂2802刑医1号强制医疗刑事决定书。

正常。根据案情及讯问时曹某某的表现,检察机关认为有必要对其精神状况作出鉴定,遂将案件退回侦查机关补充侦查,要求委托专业机构对曹某某精神问题进行鉴定。后经鉴定,犯罪嫌疑人属于无刑事责任能力人。检察机关建议公安机关撤销案件,并对曹某某变更强制措施后,向法院提出强制医疗申请。

由上述案例可见,在司法实践中,公安机关和检察机关都可以启动强制医疗程序,但如果公安机关在移送案件时是以普通刑事案件程序移送的,而检察机关在审查起诉期间发现犯罪嫌疑人符合强制医疗条件的,一般会建议公安机关补充侦查或建议直接撤销案件,再启动强制医疗程序。

二、启动权保障的偏失

通过对上述立法和实务分析,我们可以发现目前强制医疗启动程序依然存在一定的问题,制约着强制医疗程序的启动。我们只有在厘清这些问题后,方能针对这些问题提出相应的完善思路。

（一）关键证据获取影响强制医疗启动权的保障

如上所述,被申请人是否为不负刑事责任的精神病人,必须经过法定程序进行鉴定。可见,精神疾病司法鉴定程序是我国强制医疗程序中十分重要和关键的环节。然而,我国司法鉴定在鉴定管理、鉴定意见形成、鉴定意见采信等方面都存在诸多问题,对于诉讼各方权利保障、鉴定意见的科学客观,甚至诉讼公正等都会造成一系列影响。因此,正如陈瑞华教授所言,"2012年刑诉法仅对强制医疗程序中的决定程序进行改革,而没有触及鉴定程序,这对于建立一个公正的强制医疗程序是一个重大问题。在鉴定程序没有改革,公安检察机关依然垄断精神病鉴定活动的情况下……对决定程序的改革能有多大意义呢?"[①]可见,在强制医疗程序中,司法鉴定在一定程度上已经成为制约强制医疗程序有效运行的一个障碍。从此方面来看,在强制医疗程序中,相关利益方只要能及时启动精神疾病司法鉴定程序,则其在一定程度上就能对强制医疗程序的启动与否产生一定的影响。换而言之,鉴定意见这一关键性证据的获取将会对强制医疗程序的启动产生决定

---

① 陈瑞华等:《法律程序改革的突破与限度——2012年刑事诉讼法修改述评》,中国法制出版社2012年版,第289页。

性影响,进而对相关主体的启动权保障也产生相应影响。

　　强制医疗程序中的精神疾病司法鉴定启动权问题在司法实践中十分敏感。首先,从被申请人角度来看,启动精神疾病司法鉴定既有利也有弊。对于实施了暴力行为、构成犯罪的行为人,如果精神疾病司法鉴定结果肯定其为无刑事责任能力人,则应免除其相应的刑事责任。当然,一旦相关办案部门启动精神疾病司法鉴定,并不意味着都具有精神病,相反可以证明行为人确有刑事责任能力,但无论鉴定结果如何,其都会被贴上“精神病”的标签。即使结果表明被申请人不具有精神病,或者是精神病已经治好,该标签也难以被撕下,对行为人将来的生活、工作、学习等都将造成影响。从被申请人的角度来看,有的希望通过精神疾病司法鉴定来逃避刑事责任,而有的则情愿通过普通诉讼程序证明自己无罪。此外,如果仅仅赋予被申请人重新鉴定的申请权,而没有启动决定权,这对于被申请人而言就意味着其无法通过有效的证据收集方式来对裁判结果产生影响。更何况,在强制医疗程序中,鉴定意见对于法庭最终的裁决具有决定性影响。

　　其次,基于各种原因,部分办案人员不愿意启动鉴定,尤其是在一些行为人实施的犯罪行为对被害人权利造成严重损害的情况下。一旦办案机关启动精神疾病司法鉴定,被害人乃至社会公众就可能对公安司法机关的裁决不服,甚至认为两者相互勾结而产生缠诉、闹诉等现象。在一些大案、要案中,公安机关和司法机关承受的压力较大。

　　最后,从被害人角度看,在刑事诉讼中,被害人对犯罪嫌疑人、被告人的追诉愿望较强,传统“以牙还牙”“血债血偿”的思想根深蒂固。一旦法院裁判,或者侦查机关、检察机关处理结果没有达到被害人的预期,被害人很可能就会实施闹诉、闹访等行为,尤其是在暴力犯罪案件中,这种现象更为明显。在诉讼过程中,一旦办案机关启动精神疾病司法鉴定,就意味着行为人很可能不会受到刑事处罚,而这种诉讼不利益的风险是被害人不愿承担的。例如在陕西省安康市中级人民法院审理的“刘某某故意伤害罪及附带民事赔偿案”中,[①]附带民事赔偿的原告,也就是被害人的近亲属,对公安机关委托的西安交通大学法医学司法鉴定中心做出的鉴定意见表示质疑,并申请重新鉴定。尽管最终法院并没有支持附带民事赔偿原告重新鉴定的申请,

──────────

① 参见陕西省安康市中级人民法院(2018)陕 09 刑初 15 号刑事决定书。

但本案依然反映出了作为启动强制医疗程序的前置程序,即精神病司法鉴定这一环节中存在的问题。

综上所述,在强制医疗程序中,精神疾病司法鉴定启动权可能造成"应当启动不启动,不应当启动随意启动"的局面。同时,对于被申请强制医疗人的权利保障等也会产生一定的阻碍。在此背景下,如何合理分配、规制鉴定启动权也就成为我们亟须研究的议题。这在一定程度上也直接决定着强制医疗程序能否正常启动。

（二）被害人权利保障缺失

在强制医疗程序当中,实施了违法犯罪行为的人很可能因为被强制医疗而无须承担刑事责任,然而被害人一方由于心理和情感上的原因,更希望看到被申请人能够接受法律的制裁,不相信被申请人属于不负刑事责任的人,故导致被害人及其近亲属的不断申诉,造成诉讼资源的浪费。以甘肃省高级人民法院于 2018 年 2 月二审的"陈某某犯故意杀人罪一案"为例。① 原审中,法院认定被告人陈某某以残忍手段将被害人陈某杀害的事实,并经甘肃天泰司法精神病鉴定所和司法鉴定科学技术研究所司法鉴定中心鉴定,被鉴定人陈某某患有精神分裂症,涉案时处于发病期。一审裁决被申请人应当予以被强制医疗。宣判后,在法定期限内,检察机关未抗诉,原审被告人也未上诉,原审附带民事诉讼原告人,也就是被害人的妻子及子女提出上诉。其主要上诉理由是：陈某某作案前没有精神病史,作案后关押期间也没有服过治疗精神病的药物,司法机构鉴定时间与陈某某作案时间差距大,司法鉴定科学技术研究所司法鉴定中心鉴定人员的资质存在瑕疵,故一审法院认定陈某某系无刑事责任能力人的证据存在瑕疵,请求撤销一审判决,追究被上诉人的刑事责任。虽然案件最终以二审法院裁定："驳回上诉,维持原判"而结束,但这一案件中反映出了一个重要的问题,就是涉案当事人,尤其是被害人在强制医疗程序中的权利应该如何保障。

此外,新修订的刑诉法仅规定了被害人一方对强制医疗决定不服的有申请复议的权利,但对被害人的其他诉讼权利,例如在庭审程序中能否出庭参与庭审,在审前程序中能否对强制医疗程序的启动提出异议等都没有加以明确。在司法实践中,强制医疗程序中被害人诉讼权利的严重缺失,打破

---

① 参见甘肃省高级人民法院(2018)甘刑终 57 号刑事裁定书。

了当事人之间诉讼权利的平衡性和对抗性,不利于被害人权益的平等保护。

三、启动权保障的完善

强制医疗程序的启动是整个强制医疗程序的首道关口,对于案件性质的转变以及裁决结论的得出具有至关重要的作用。因此,针对前述强制医疗程序中存在的问题,可以从打破鉴定启动权垄断现象以及强化被害人权利保障等角度加以完善。

（一）明确鉴定启动权以完善强制医疗程序启动权

在强制医疗程序中,司法鉴定启动权对于强制医疗能否启动会产生最为直接的影响。一旦决定对犯罪嫌疑人进行精神疾病司法鉴定,而鉴定结果又认定其为不负刑事责任的精神病人,则原程序就应当终止,办案机关应当适用强制医疗程序或者作出其他决定。鉴于精神疾病司法鉴定的特殊性,诉讼各方对精神疾病司法鉴定的启动都可能存在自身的利益考量,在特定情形下,都有启动或者不启动精神疾病司法鉴定的意愿,但是在强制医疗程序中,根据《刑诉法》的规定,对于被申请人精神状态的判定必须要经过严格的法定司法鉴定程序。例如,根据英国《精神健康法案》的规定,强制医疗程序的启动必须由精神疾病专家予以确认。[1] 美国《模范刑法典》也做出了类似的规定,即如果被告人明确将以被告人患有精神疾病作为辩护理由时,法院就应当委托具有特定资质的精神疾病专家对行为人的精神状态进行科学判定。[2]

在德国刑事诉讼中,对案件中的专业性问题需要委托鉴定的,鉴定的启动权归属于法官和检察官,辩护方仅有鉴定申请权。[3] 同时,根据其刑诉法的规定,必须进行司法鉴定的情形包括以下四大类:① 对行为人精神状态、责任能力进行判定;② 对尸体进行检验或者解剖;③ 中毒案件中对可疑物质的检测;④ 在伪造货币或有价证券的案件中,对真伪进行鉴定。[4] 可见,虽然鉴定启动权归属于法官和检察官,但是在对行为人精神状态、责任能力进

---

① 叶肖华、李语轩:《论我国精神病人处遇的救济制度》,《法治研究》2012 年第 12 期。

② 赖早兴:《精神病辩护制度研究——基于美国精神病辩护制度的思考》,《中国法学》2008 年第 6 期。

③ [德]托马斯·魏根特:《德国刑事诉讼程序》,岳礼玲、闻小洁译,中国政法大学出版社 2004 年版,第 139 页。

④ [德]克劳思·罗科信:《刑事诉讼法》,吴丽琪译,法律出版社 2003 年版,第 263—264 页。

行判定时,则法官、检察官没有选择权,只能委托司法鉴定。

在我国强制医疗程序中,必须通过鉴定意见来判定被申请人是否为"不负刑事责任的精神病人",但限于我国目前鉴定启动权存在的诸多困境,笔者认为,我们有必要在借鉴国外有益经验的基础之上,对精神疾病司法鉴定的启动权予以重构。基本思路为:当事人有鉴定启动申请权,除了被申请人明显具有完全刑事责任能力的以外,办案机关应当启动精神疾病司法鉴定;不启动精神疾病司法鉴定的,应当书面说明理由,当事人不同意的,有权申请复议;办案机关发现犯罪嫌疑人、被告人可能患有精神疾病的,应当启动精神疾病司法鉴定。换而言之,"对诉讼中涉及的此类问题,司法机关并不享有自由裁量权,只要被追诉人及其辩护律师、近亲属提出申请,司法机关就必须委托鉴定机构进行鉴定"。[①]

笔者认为,办案机关作为国家权力机关应当严格依法进行诉讼,而不应当屈从于诉讼程序之外的其他压力。因此,对于发现犯罪嫌疑人、被告人有可能是精神病的,应当依据职权进行鉴定。此外,对于当事人,尤其是辩护方提出精神疾病司法鉴定申请的,办案机关应当予以同意,但并不是当事人提出精神疾病司法鉴定申请都不加审查,一律进行鉴定,对于明显不具有精神病的行为人应当拒绝。另外,当事人提出司法鉴定申请还应当附有证明犯罪嫌疑人、被告人可能患有精神病的材料,包括:精神病家族病史、平时的异常表现等。[②] 当然这种证明无须达到确认其为精神病人的程度,只要使办案机关工作人员怀疑其有精神病即可。

通过赋予当事人申请对犯罪嫌疑人进行精神疾病司法鉴定启动权的方式,来保障案件中诉讼各方能够对犯罪嫌疑人的精神状态及时发现,从而能够对强制医疗程序的启动产生决定性影响,这也就能够充分解决司法实务中对利害关系人强制医疗启动权的保障问题。

(二)补足被害人救济权利的缺失

被害人可以就强制医疗决定申请复议,但是这仅是在强制医疗决定已经做出的情况下。在侦查和审查起诉阶段,对于公安机关和检察机关做出的强制医疗启动决定,还应当赋予被害人一定的救济权利。例如在侦查阶

---

① 参见韩旭:《改革我国刑事鉴定启动权的思考——以被追诉人取证权的实现为切入》,《法治研究》2009 年第 2 期。

② 郭志媛:《刑事诉讼中精神病鉴定的程序保障实证调研报告》,《证据科学》2012 年第 6 期。

段,对于公安机关作出的强制医疗启动决定,被害人可以向上一级公安机关申请复议。上级机关应当在一定期限内及时作出决定：如果经审查对原公安机关作出的启动决定无异议,则公安机关应当继续进行侦查,并在侦查结束后,将强制医疗申请一并移送给检察机关。如果上一级公安机关经审查后认为,强制医疗程序的启动的确存在问题,或者不应启动,那么就应当予以撤销,并要求原公安机关按照普通程序继续侦查。若公安机关已将案件移送检察机关审查,在检察机关审查期间,同样应当赋予被害人复议权和申请权,使被害人有权对强制医疗申请复议。① 作出不起诉决定和提出强制医疗申请是具有关联性的,也是关系被害人利益的重要环节。因此,如被害人对检察机关的决定不服,应当规定被害人享有向上一级检察机关申请复议的权利;上一级检察机关对不起诉决定或强制医疗申请,应当立即进行审查,并作出予以维持或纠正的决定。②

综上所述,公安机关、检察机关、法院是强制医疗程序启动的主体。对于法院启动强制医疗程序的问题,实际上是庭审中的程序转换问题。对强制医疗程序起到至关重要作用的"精神病司法鉴定"的启动权配置,将对强制医疗程序的启动产生最直接的影响。因此,有效、合理配置精神疾病司法鉴定启动权也就成为强制医疗审前程序中启动权配置的重要问题。同时,在强制医疗启动程序中,我们还应当重点关注被害人的权利保障问题,尤其是被害人对强制医疗启动程序的异议问题。

第二节　审前程序中程序的合理转换

在普通刑事诉讼程序中,如果办案机关发现犯罪嫌疑人、被告人为不负刑事责任的精神病人,符合强制医疗条件的,则需要将普通诉讼程序转为强制医疗程序,或者在强制医疗程序中,经审查,被申请人为具有刑事责任能力人,那么也就意味着强制医疗程序需要向普通刑事诉讼程序进行转换。因为普通诉讼程序和强制医疗程序在性质、当事人权利保障以及程序运行

---

① 何雪艳、李智才:《强制医疗案件中被害人权利亟待保障》,《检察日报》2015年5月29日,第3版。

② 屈玉霞、常祯:《强制医疗程序中被害人缺失权利的补位》,《人民检察》2014年第3期。

等方面都存在显著区别。这就要求我们必须对两种程序之间的程序转换问题进行探讨，以切实保障诉讼各方的权利和诉讼程序的良性运行。本节将主要就审前程序中，强制医疗程序与普通刑事诉讼程序的转换问题，从立法和司法实务层面进行分析，厘清在程序转换过程中存在的问题，并在此基础之上提出完善的建议。

一、立法与司法实务探析

（一）立法规定

我国对于普通刑事诉讼程序的运行和强制医疗程序的运行分别进行了明确规定。但是，对于普通刑事诉讼程序与强制医疗程序之间相互转换的问题，在立法上却没有过多予以明确。立法上的不明确，并不代表在司法实务中并不存在。现实中，强制医疗程序与普通刑事诉讼程序相互之间的转换，在实务中屡见不鲜。

（二）程序转换的实务运行

在司法实务中，侦查机关和检察机关中都可能处理普通刑事诉讼程序与强制医疗程序的相互转换。通过对司法实务的具体分析，我们可以发现其中存在的问题。

第一，侦查机关处理的程序转换问题。在行为人实施违法犯罪行为以后，侦查机关首先按照普通程序对案件进行处理。如果侦查机关发现犯罪嫌疑人符合强制医疗条件的，如何实现普通程序与强制医疗程序的相互转换，法律并无明确规定。

在实践操作中，公安机关会先作出撤销案件的处理，之后再重新启动强制医疗程序。普通程序与强制医疗程序的转换以"撤销案件、重新启动"为衔接。例如，2014 年"谭某某强制医疗案"，[①]公安机关就是先撤销故意伤害案，再启动强制医疗程序。可见，在司法实务中，撤销案件是启动强制医疗程序的前提，因此可以看出，实践中，两个程序之间是不能直接转换的，必须要先结束普通案件，回到原点之后再重新启动强制医疗程序。

第二，检察机关处理的程序转换问题。侦查机关侦查终结后，可能按照普通诉讼程序移送检察机关审查起诉，也可能按照强制医疗程序移送检察机

---

① 参见湖北省当阳市人民法院(2014)鄂当阳刑初字第 4 号强制医疗决定书。

关。对此,在审查起诉环节依然存在强制医疗与普通程序相互转换的问题。

首先,侦查机关按照普通程序移送审查起诉的案件。侦查机关经过侦查之后,将所有证据资料连同案件有关材料移送检察机关,如果侦查机关按照普通程序移送检察机关审查起诉,检察机关认为犯罪嫌疑人可能为不负刑事责任的精神病人,符合强制医疗条件的,检察机关可以退回补充侦查,也可以自行根据法定程序对犯罪嫌疑人进行精神疾病司法鉴定。对于检察机关退回侦查机关补充侦查的,侦查机关应撤销之前的刑事立案,按照强制医疗程序移送检察机关。以前文所述最高人民检察院发布的典型案事例中的"曹某某强制医疗案",在案发后,公安机关以普通刑事案件移送检察机关审查起诉,而检察机关在审查起诉期间发现,曹某某的精神状态异常,有必要对其精神状况作出鉴定,于是将案件退回侦查机关补充侦查,要求委托专业机构对曹某某精神问题进行鉴定。经鉴定,其确实无刑事责任能力,因此,检察机关建议公安机关撤销案件,并对曹某某变更强制措施后,向法院提出强制医疗申请。

其次,侦查机关按照强制医疗程序移送的案件。侦查机关按照强制医疗程序移送检察机关申请强制医疗的,如果检察机关认为被申请人不符合强制医疗条件的,可以做出不予强制医疗的决定,认为需要补充证据的,可以要求公安机关补充或者自行补充。实践中,侦查机关补充侦查后,如果认为应当按照普通诉讼程序移送检察机关的,必须收集所有证据资料,作出撤销案件或者移送检察机关审查起诉的决定。对于侦查机关补充侦查后,侦查机关仍然认为应当对犯罪嫌疑人进行强制医疗,并移送检察机关的,检察机关可以自行收集相关证据、调查事实。检察机关也可以不经退回补充侦查,而径直自行收集相关证据、调查事实,根据收集后的证据和事实决定是向法院申请强制医疗,还是提起公诉。以广东省河源市中级人民法院于2017年审理的一起刑事案件为例。① 被告人陈某某因故意杀人,于2016年10月21日被刑事拘留,同年11月28日和平县公安局向和平县人民检察院提出强制医疗申请,2017年2月23日,经和平县人民检察院委托鉴定机构鉴定后认为陈某某在作案时不属于不负刑事责任人,遂决定不提出强制医疗申请,并提供了相应的证据予以证明,应以故意杀人罪追究被告人陈某某

---

① 参见广东省河源市中级人民法院(2017)粤16刑初21号刑事判决书。

的刑事责任。本案,和平县人民检察院对于公安机关移送的强制医疗申请作出了"不申请决定",终结了强制医疗程序,而后通过再次对被告人的精神状态进行鉴定和调查后,以普通程序向法院提起了公诉。

通过上述对强制医疗审前程序的转换问题的分析中,我们不难发现,虽然立法没有明确强制医疗与普通程序之间的转换问题,但是在实践中该类问题依然存在,且经常出现。当然,上述从司法实务进行的分析并不能涵盖所有可能出现的情况。

二、规则缺失,影响程序转换

从强制医疗程序的启动、申请到最后法院作出决定,可能会经历多种情况的程序转换,普通程序可能转换为强制医疗程序,强制医疗程序也可能转换为普通程序。我国《刑诉法》及其司法解释并没有对强制医疗程序与普通程序的转换作出明确规定,只有一些零星的相关规定。因此,对于两个诉讼程序之间的关系和衔接问题,刑诉法的理论与实践并没有给出很好的答案,存在一些问题亟待解决。实践中,强制医疗程序与普通程序由于没有转换和衔接的程序,故一旦需要进行程序之间的相互转换,办案机关往往会因为无法可依,但是又为避免程序上的瑕疵,就会使程序返回上一环节,而上一环节的办案机关往往采取更换相应的法律文书之后又将其直接移送下个环节。①

此外,除了普通程序可以转换为强制医疗程序以外,在实务中也可能出现实务机关将强制医疗程序转为普通程序的可能。办案机关在适用强制医疗程序中,对相关事实和证据进行审查后,认为被申请人不符合强制医疗条件,而应当承担相应刑事责任的时候,办案机关就应当转为普通刑事诉讼程序。在强制医疗程序中,公安机关可能根据规定对被申请人采取临时保护性约束措施,然而在公安机关采取保护性约束措施以后,一旦法庭最终认定其需要承担相应的刑事责任,那么临时保护性约束措施的执行期限是否可以折抵羁押期限,这些问题在现行立法中都没有明确,势必会影响强制医疗审前程序的具体运行。

通过上述对强制医疗程序与普通程序转换的困境进行分析,我们不难发现,目前制约程序转换顺利运行的最为主要的困境就是缺乏法律条文的

---

① 王志坤:《刑事强制医疗的程序转换》,《国家检察官学院学报》2016年第5期。

明确、具体的规定,从而无法确保强制医疗程序与普通程序之间有效、便捷地转换。

三、程序转换规则的具体完善

强制医疗程序和普通刑事诉讼程序是既独立又联系的两个诉讼程序。为了保证程序转换的顺利进行,两者之间的关系有必要进一步厘清。应当明确的是,在普通程序和强制医疗程序之间,可以通过公安机关的"撤销案件"和检察机关的"不起诉决定",以及法院的"不负刑事责任"判决加以衔接。按照相关法律规定,如果在普通诉讼程序或者强制医疗程序进行过程中,被告人或申请人属于"不负刑事责任的精神病人",则法律认定须重新回到待确认的状态,并面临着程序转换的问题,需要明确的是,强制医疗程序和普通诉讼程序是两个完全独立的刑事诉讼程序,尽管二者有联系和相似之处,但绝对不能混为一谈,因为强制医疗程序与普通诉讼程序设置的目的具有较大差别。两种程序在进行转换的过程中,应当秉持这一原则进行完善和规则构建。

(一)侦查机关处理的程序转换

在违法犯罪行为发生后,侦查机关应当根据有关法律对案件进行侦查并收集相关证据,并根据证据做出相应的处理。对于已经移送检察机关处理的,还可能被检察机关退回补充侦查。在不同程序的处理过程中可能存在侦查机关在强制医疗程序与普通程序之间的相互转换问题。

在行为人实施违法犯罪行为以后,侦查机关必然首先按照普通程序对案件进行处理。如果公安机关工作人员现犯罪嫌疑人精神状态不正常,可能患有精神病,可以启动精神疾病司法鉴定程序。经过法定司法鉴定程序进行鉴定之后,犯罪嫌疑人被确定为不负刑事责任的精神病人后,普通程序就需要转换为强制医疗程序。对于按照普通程序立案侦查的案件,在侦查过程中,有证据表明犯罪嫌疑人符合强制医疗条件应当予以强制医疗的,侦查机关应当以《撤销案件决定书》的形式终结先前开始的普通刑事诉讼,并采取临时约束措施,制作《强制医疗意见书》,经批准后,同相关证据材料和精神病鉴定意见一并移送同级检察机关审查。[①]

---

① 胡剑锋:《强制医疗程序适用与检察监督》,中国检察出版社 2017 年版,第 200 页。

需要进一步明确的是,侦查机关侦查终结并移送检察机关审查起诉后,如果检察机关发现案件证据资料不足,或者应当按照强制医疗程序处理的,可以退回公安机关补充侦查。对于检察院退回补充侦查,尤其是可能按照强制医疗程序处理的,侦查机关应当予以补充侦查,并依照法定程序启动精神疾病司法鉴定程序。如果犯罪嫌疑人确实符合强制医疗条件的,侦查机关应当撤销之前的刑事立案,按照强制医疗程序移送检察机关审查。如果侦查机关依然认为行为人未满足强制医疗条件,应当按照普通程序追究其相应责任的,可以按照普通程序移送检察机关,由检察机关决定是依据普通程序向法院提起公诉,还是按照强制医疗程序向法院申请强制医疗。

(二)检察机关处理的程序转换

侦查机关侦查终结后,可能按照普通诉讼程序移送检察院审查起诉,也可能按照强制医疗程序移送检察机关。对此,在检察机关审查起诉环节依然存在强制医疗与普通程序相互转换的问题。

第一,针对侦查机关按照普通程序移送审查起诉的案件。侦查机关经过侦查之后,应当将所有证据资料连同案件有关材料移送检察机关。如果侦查机关按照普通程序移送检察机关审查起诉,检察机关认为犯罪嫌疑人可能为不负刑事责任的精神病人的,检察机关可以退回补充侦查,也可以自行根据法定程序对犯罪嫌疑人进行精神疾病司法鉴定。对于检察机关退回侦查机关补充侦查的,侦查机关应撤销之前的刑事立案,按照强制医疗程序移送检察机关。对于侦查机关经过补充侦查后依然按照普通程序移送检察机关审查起诉的,检察机关可以自行组织对行为人进行精神疾病司法鉴定。如果检察机关认为行为人符合强制医疗条件的,可以向法庭申请作出强制医疗的决定。

第二,针对侦查机关按照强制医疗程序移送的案件。侦查机关制作《强制医疗意见书》移送检察机关,如果检察机关认为犯罪嫌疑人不符合强制医疗条件的,检察机关是径行向法庭申请强制医疗,还是根据普通诉讼程序向法院进行移送是我们应当予以特别关注的又一重要问题。因为根据普通诉讼程序对案件的处理规定,对于犯罪嫌疑人权利的保障、侦查措施的决定、证据收集等都与强制医疗程序存在显著差别。对于检察机关认为侦查机关不应当按照强制医疗程序移送申请的,检察机关可以退回侦查机关进行补充侦查。

　　第三,针对审查起诉期间犯罪嫌疑人患有严重疾病的案件。这种情形是指犯罪嫌疑人在实施犯罪行为时是具有刑事责任能力的人,但是在公安机关按照普通程序移送至检察机关进行审查起诉时,又患有严重精神疾病,丧失诉讼行为能力不能接受讯问。① 2013 年 12 月 27 日,最高人民检察院《关于审查起诉期间犯罪嫌疑人脱逃或者患有严重疾病的应当如何处理的批复》规定,审查起诉过程中,如果发现犯罪嫌疑人患有精神病,丧失诉讼行为能力不能接受讯问的,检察机关可以先商请公安机关变更强制措施,之后根据犯罪嫌疑人刑事责任能力的确认情况,或作出不起诉决定并申请强制医疗,或依法提起公诉,或退回公安机关补充侦查。② 这种情况下涉及的程序转换主要是普通程序转强制医疗程序。在审查起诉阶段,公安机关移送的案件是按照普通诉讼程序移送的,被告人(或被申请人)在实施行为时也的确属于具有刑事责任能力的人,但是在审查起诉阶段又成为无受审能力的人,此时经鉴定后如果确实符合强制医疗条件,检察院应当以不起诉决定终结普通诉讼程序,并向人民法院提出强制医疗申请。

　　强制医疗程序是刑诉法规定的特别程序。在法院最终没有裁决是否对行为人进行强制医疗以前,都可能发现被申请人并不符合强制医疗的规定,而应当根据普通诉讼程序进行刑事诉讼的各个程序。办案机关在根据普通诉讼程序追究行为人刑事责任的过程中,发现应当对其进行强制医疗的,就应当及时转为强制医疗程序进行相关诉讼活动,故在强制医疗程序和刑事诉讼普通程序之间往往是一种动态关系。这种动态发展关系不仅体现了两种诉讼程序的相对独立性及密切相关性,而且体现了各自的诉讼价值。③ 当前我国强制医疗程序与普通刑事诉讼程序的转换并没有相关法律进行规

① 之所以将此批复认为是针对犯罪嫌疑人在审查起诉阶段患病,而非在行为时属于精神病人的情形,是因为如果犯罪嫌疑人在行为时就经鉴定属于不负刑事责任人,那么,检察院应该直接按照 2012 年《人民检察院刑事诉讼规则》第 543 条作出不起诉决定,并提出强制医疗申请,无须向最高检请示批复。
② 最高人民检察院《关于审查起诉期间犯罪嫌疑人脱逃或者患有严重疾病的应当如何处理的批复》第 4 点指出:"犯罪嫌疑人患有精神病或者其他严重疾病丧失诉讼行为能力不能接受讯问的,人民检察院可以依法变更强制措施。对实施暴力行为的精神病人,人民检察院可以商请公安机关采取临时的保护性约束措施。经审查,应当按照下列情形分别处理:(一)经鉴定系依法不负刑事责任的精神病人,人民检察院应当作出不起诉决定。符合条件的,可以向人民法院提出强制医疗的申请;(二)有证据证明患有精神病的犯罪嫌疑人尚未完全丧失辨认或者控制自己行为的能力,或者患有间歇性精神病的犯罪嫌疑人实施犯罪行为时精神正常,符合起诉条件的,可以依法提起公诉;(三)案件事实不清、证据不足的,可以……退回侦查机关补充侦查。"
③ 赵春玲:《刑事强制医疗程序研究》,中国人民公安大学出版社 2014 年版,第 29 页。

定,都是办案机关自行进行程序转换,这势必对两程序的相互衔接问题产生一定的阻碍。据此,笔者认为,首先需要做的就是从实体与程序等方面进行相关立法,明确普通诉讼程序与强制医疗程序之间的关系,完善强制医疗程序与普通刑事诉讼程序之间的相互转换。

第三节 临时保护性约束措施的完善

临时保护性约束措施是在法庭决定对被申请人进行强制医疗以前,为防止该被申请人继续实施危害社会的行为,而对其人身自由进行一定限制的措施。然而由于立法和实践对临时保护性约束措施这一新生事物的回应并不充分。粗疏的法条给实践中的操作带来了极大的挑战,无论是作为实施主体的公安机关,还是作为监督主体的检察机关,都遭遇到了实践中的困难,例如,对于该措施的启动程序、适用条件、约束手段、监督方式等问题都没有明确。临时保护性约束措施作为一种限制人身自由的措施,应当在设计理念上兼顾权利保障与管控的有机统一。因此,进一步探索立法与实务中的问题,逐渐推动形成具有操作性的规则,对于强制医疗程序中临时保护性约束措施的完善具有非常重要的意义。

一、立法与实务探析

由于在立法层面上,目前我国刑诉法等相关法律对于临时保护性约束措施的概念、性质、具体操作等都没有作出完善的规定,致使办案机关在司法实务中常常出现无法可依的局面。

(一)立法规定

2012年《刑诉法》和2018年《刑诉法》都对临时保护性约束措施作出了规定。①《人民检察院刑事诉讼规则(试行)》(以下简称《最高检刑诉规则》)及《人民检察院强制医疗执行检察办法(试行)》(以下简称《执行检察办法》)中都明确规定,公安机关可以对涉案的精神病人采取临时保护性约束措

---

① 2018年修订的《刑事诉讼法》第303条规定:"对实施暴力行为的精神病人,在人民法院决定强制医疗前,公安机关可以采取临时的保护性约束措施"。

施,^①甚至对于公安机关采取的临时保护性约束措施有违法情形的,检察机关还可以进行纠正。^② 2013 年 12 月 27 日,最高人民检察院《关于审查起诉期间犯罪嫌疑人脱逃或者患有严重疾病的应当如何处理的批复》中同样明确规定,对于精神病人,如果其实施的行为是暴力行为的,在特定情形下,检察机关可以商情公安机关对其采取临时保护性约束措施。2018 年 2 月,最高人民检察院在《关于印发〈人民检察院强制医疗决定程序监督工作规定〉的通知》中,更加明确和具体地列举出了公安机关不当采取临时保护性约束措施的情形。^③《公安机关办理刑事案件程序规定》第 344 条,对实施暴力行为的精神病人,可以采取临时保护性约束措施。

通过对相关法律规范的梳理可以看出,我国《刑诉法》及其司法解释没有对临时保护性约束措施的性质、概念以及具体实施方式等进行规定。《最高检刑诉规则》及《公安刑事程序规定》虽对此措施略有涉及,但条文数量不多,只是散见于公安机关和检察机关各自颁布的规则中,更多的是对检察机关提出了事后监督的要求,且规定并不完善,法律位阶也不高。而作为实施临时保护性约束措施主体的公安机关在公安刑事程序规定中仅用了两个法条对实施程序进行了粗略的规定,执行场所、执行期限等其他具体事项都没有被提及。

(二)司法实务探索

在司法实践过程中,由于刑诉法及相关司法解释对于临时保护性约束措施没有加以明确,致使公安机关在具体操作过程中会产生一定的问题。

第一,具体的实施方式方面。当前公安机关主要形成了以下三种做法:一是公安机关在立案侦查之后立即采取临时保护性约束措施,例如陕西省西安市长安区人民法院在 2017 年审理的一起强制医疗案件中,^④被申请人

---

① 参见《人民检察院强制医疗执行检察办法(试行)》第 29 条。
② 如发现公安机关对涉案精神病人采取临时保护性约束措施时有体罚、虐待等违法情形的,或公安机关应当采取临时保护性约束措施而尚未采取的,人民检察院应当建议公安机关采取临时保护性约束措施。参见《人民检察院刑事诉讼规则(试行)》第 542 条。
③ 具体情形包括:不应当采取而采取临时保护性约束措施的;采取临时保护性约束措施的方式、方法和力度不当,超过避免和防止危害他人和精神病人自身安全的必要限度的;对已无继续危害社会可能,解除约束措施后不致发生社会危害性的涉案精神病人,未及时解除保护约束措施的;其他违反法律规定的情形。参见最高人民检察院《关于印发〈人民检察院强制医疗决定程序监督工作规定〉的通知》第 7 条。
④ 参见陕西省西安市长安区人民法院(2017)陕 0116 刑初 210 号刑事决定书。

刘某某于 2017 年 1 月 19 日因涉嫌犯故意伤害罪被西安市公安局长安分局立案侦查,同日被采取临时保护性约束措施。二是公安机关对患有精神疾病的犯罪嫌疑人进行拘留,临时的保护性约束措施相当于审前的羁押,例如四川省成都市武侯区人民法院在 2016 年审理的一起强制医疗案中,①被申请人何某因涉嫌故意伤害罪,于 2016 年 4 月 10 日被成都市公安局武侯区分局刑事拘留,同年 6 月 7 日经四川华西法医学鉴定中心鉴定何某为无刑事责任能力人,同日何某被释放,变更采取临时保护性约束措施,转入成都市公安局强制医疗所。三是先行羁押,然后经过特批,接着采取取保候审或监视居住的方式变更刑事强制措施,将犯罪嫌疑人转入精神病院,②例如山东省鄄城县人民法院在 2017 年审理的一起强制医疗案③中就采取了这种做法。2015 年 5 月 9 日,被强制医疗人黄某因涉嫌杀人被公安机关监视居住,次日被送至济宁市精神病防治院治疗,经鉴定其为无刑事责任能力后,转至菏泽市第三人民医院采取临时保护性约束措施。

　　第二,执行场所方面。实践中,公安机关并无统一的指定场所,有的在当地的公立或私立医院实施,有的在精神卫生中心或精神病院实施,例如在重庆市永川区精神卫生中心,④也有在当地强制医疗所实施的。另外,还有转送不同机构的情形。如在 2014 年山西省阳泉市平定县人民法院审理的一起强制医疗案件中,⑤平定县公安局对被申请人采取临时保护性约束措施,先是将任某某送至阳泉市精神病院后,又转入阳煤集团第二人民医院精神病科,但大部分精神病人是被送往当地公安机关安康医院的,⑥其名称一般为"××公安局安康医院"或"××省或市安康医院",例如隶属于北京市公安局的北京市安康医院和隶属于西安市公安局的安康医院等。

　　第三,实施效果方面。由于立法的缺失,公安机关为了避免不必要的麻烦,甚至会回避实施临时保护性约束措施,导致在一些案例中,公安机关原本应当采取措施而未采取措施,致使精神病人再次实施危害社会的行为,给

---

①　参见四川省成都市武侯区人民法院(2016)川 0107 刑医 1 号刑事判决书。
②　参见李铭:《办理强制医疗案件的现实困难与对策》,《人民检察》2014 年第 17 期。
③　参见山东省鄄城县人民法院(2017)鲁 1726 刑医解 1 号刑事决定书。
④　参见重庆市永川区人民法院(2017)渝 0118 刑医 1 号刑事判决书。
⑤　参见山西省平定县人民法院(2014)平刑强医字第 1 号强制医疗决定书。
⑥　郭镨:《论强制医疗程序中"临时保护性约束措施"立法完善——以大陆法系地区为借鉴》,《河南师范大学学报》(哲学社会科学版)2016 年第 6 期。

社会安全带来了极大隐患。例如,在 2013 年辽宁省丹东市犯罪嫌疑人陈某患有精神分裂症一案中,陈某在数年间实施暴力危害社会的犯罪行为近 10次,由于法律既没有明确何时"可以"采取临时保护性约束措施,也没有明确具体如何采取这一措施。因此,当地公安机关一直回避采取临时保护性拘束措施,直至 2013 年 1 月,陈某再次实施暴力行为,公安机关将该案移送丹东市振兴区人民检察院后,振兴区检察院经审查后认为,公安机关应当采取临时保护性约束措施,如果不采取措施致使精神病人再次实施危害社会安全的行为造成严重后果的,公安机关应当承担法律责任。① 从上述案件可以看出,尽管检察机关在危害结果发生后对公安机关行使了监督职能,但危害结果已经发生,损失也无法挽回,由于公安机关在实践中无法可依,不仅导致精神病人和被害人的权益无法得到保障,而且更容易造成更严重的社会危害。

二、运行中的困境

目前只有《刑诉法》对临时保护性约束措施进行了一般规定。另有《最高检刑诉规则》和《公安刑事程序规定》对此措施略有涉及,但条文数量不多,规定得也并不完善,且法律位阶不高,给司法实践带来很多操作上的不便。

(一)性质不明确

临时保护性约束措施的性质存在不明的情况。有学者认为,临时保护性约束措施应是一种特殊的强制措施。② 还有学者认为,刑诉法授权公安机关采取的措施既不是惩罚性措施,也不是强制措施,而是保护性约束措施。③作为一项限制人身自由的措施,尽管是临时性的,但其与拘留、逮捕等刑事强制措施以及行政法中的"保护性约束措施"性质的区别在哪里? 当最终法院决定驳回强制医疗申请,而检察机关又以普通诉讼程序追究行为人刑事责任时,约束期限是否可以折抵刑期? 相关法律并没有做出回应,这无异于给司法实践带来很多操作上的不便。一方面,导致实施机关对其理解存在一定偏差;另一方面,也极易导致限制人身自由的权利被滥用。

---

① 赵春玲:《刑事强制医疗程序研究》,中国人民公安大学出版社 2014 年版,第 108 页。
② 刘绍军:《临时保护性约束措施可折抵刑期》,《检察日报》2014 年 8 月 13 日,第 3 版。
③ 覃祖文:《刑事诉讼法原理与实务》,广西人民出版社 2015 年版,第 437 页。

（二）具体实施程序的缺失

我国法律仅对临时保护性约束措施进行了原则性规定,具体如适用条件、启动程序、救济程序、执行期限、执行场所等均无明确规定。临时保护性约束措施作为强制医疗程序中的一项重要约束性措施,能够有效防止精神病人在没有被最终裁决是否强制医疗以前再次实施相应的危害社会的行为。然而由于法律条文中具体规则的缺失,导致办案机关在应当采取相应措施的情形下不采取相应措施,不应当采取相应措施的情形下乱采取相应措施。而办案机关在采取相应措施的时候又因为无可遵循的规则,致使其无法采取该措施,或者乱采取措施,这也是目前该临时保护性约束措施面临的最为主要的困境。

（三）实施期限不明

由于相关法律并没有就临时保护性约束措施的具体执行期限作出规定,故办案机关可以在多长时间内对精神病人采取临时保护性约束措施并不明确。公安机关认为精神病人可能符合强制医疗条件的,需要对精神病人的精神状态进行司法鉴定,并移交检察机关,这一鉴定的过程需要一定的时间(理论上可以约定鉴定期限,也可以延长鉴定期限)。之后按照《公安刑事程序规定》第 343 条的规定,在 7 日内将强制医疗意见书等相关证据材料移送检察机关。检察机关根据《最高检刑诉规则》的规定,在收到意见书以后 30 日以内作出是否提出强制医疗申请的决定。在审查期间,检察机关还可以要求公安机关补充侦查或补充证据。至法庭裁决阶段,法庭应当在 1 个月内做出裁决。经过这一系列的程序之后,被申请人被采取的临时保护性约束措施是否还具有"临时性"? 有学者在对相关法律规定梳理后甚至得出了这一过程在理论上可以无限期的结论。[1]

（四）执行场所不明确

虽然法律对临时保护性约束措施进行了规定,但是对于具体在哪里执行该措施并没有进一步说明。而实践中,公安机关主要是在安康医院、看守所或者精神病院对精神病人采取相应的约束措施。看守所或拘留所具有约束人身自由和看管的性质,而被申请人本身是不负刑事责任的行为人,对其

---

[1]　郭错:《论强制医疗程序中"临时保护性约束措施"立法完善——以大陆法系地区为借鉴》,《河南师范大学学报》(哲学社会科学版)2016 年第 6 期。

进行处罚性质的约束有悖于这一制度设立的"保护"之初衷,而且看守所或拘留所缺乏精神疾病方面的专业的医疗知识,无法对精神病人起到很好的保护作用,故精神病院不是保护性约束措施的适合的执行场所。我国精神卫生服务资源本身就十分短缺且分布不均,精神障碍社区康复体系也尚未建立。① 在精神卫生服务资源如此不发达的背景下,将精神病院作为实施临时的保护性措施的场所存在现实上的困难。

通过上述对临时保护性约束措施进行分析,我们发现,由于相关法律对临时保护性约束措施规定的缺失,致使临时保护性约束措施在具体运行过程中会存在诸多问题,集中表现在临时保护性约束措施的具体实施程序、执行场所和执行期限等方面。

三、具体运行的再完善

临时保护性约束措施虽然有"临时"二字,但对实施了违法犯罪的精神病人的人身自由仍然需处以一段时期的限制。立法的缺失使得临时保护性约束措施的实施无法可依,不仅可能侵犯精神病人合法权益,而且在一定程度上也会对强制医疗程序的权威性、公正性产生影响。

（一）临时保护性约束措施性质的明确

对于临时保护性约束措施,笔者认为,其实就是一种特殊的保护性约束措施。首先,强制医疗程序中临时保护性措施的法理基础就是刑诉法,所以应认定为刑事强制措施而非行政强制措施,而且其与行政强制措施的定义也根本完全不符。② 其次,与刑事诉讼中规定的其他强制措施的目的不同,临时保护性约束措施更多的是为了保障精神病人的安全以及社会公众的安全不受侵犯。此外,对于精神病人的精神状态来说,也不适合采用刑诉法规定的拘留、逮捕等强制措施。最后,临时保护性约束措施的性质应当是一种特殊的保护性措施。这种特殊性与强制医疗程序的特殊性具有一定的关联,其更多的是保护,而不是约束。况且,这一措施本身不仅在时间上具有

---

① 全国共有精神卫生专业机构 1 650 家,精神科床位 22.8 万张,精神科医师 2 万多名,主要分布在省级和地市级。参见"《国务院办公厅关于转发卫生计生委等部门全国精神卫生工作规划(2015—2020 年)的通知》(国办发〔2015〕44 号)",http://www.gov.cn/zhengce/content/2015 - 06/18/content_9860.htm,最后访问日期:2019 年 7 月 25 日。

② 郭锴:《论强制医疗程序中"临时保护性约束措施"立法完善——以大陆法系地区为借鉴》,《河南师范大学学报》(哲学社会科学版)2016 年第 6 期。

临时性,在执行场所和对象方面也具有特殊性。因此,笔者认为,临时保护性约束措施并不是一种处罚措施,而是为了保障精神病人和社会公众安全而采取的一种带有保护性的特殊的约束措施,既要对行为人实施控制,又要对其进行保护,在必要的时候还应当进行一定的治疗。①

(二)具体实施程序的完善

第一,明确临时性保护措施适用的基本原则。一是保障人权原则,即意味着需要考量精神病人的权利,防止其受到公权力的过度侵害,甚至不法侵害。这不仅能提高司法机关在刑事诉讼过程中的威信,形成当事人满意的裁判,而且能进一步契合我国强制医疗程序的设置目的和初衷。二是比例原则。法律赋予司法机关以公权力的形式采取临时保护性约束措施,但从防止当事人权利被侵犯角度来看,我们应当限制司法机关的自由裁量权,防止权力被滥用,以促使公权力采取对精神病人权利侵犯最小的方式来达到诉讼目的。三是平衡原则,即平衡当事人权益及诉讼效率。完善临时保护性约束措施是为了保障强制医疗程序的顺利进行,符合诉讼效率的要求,同时也要注重保障当事人的合法权益,以追求两者平衡的最优化。笔者认为,上述三项原则将有助于临时保护性约束措施的有效运行,防止其被肆意使用,对精神病人权利造成侵犯。

第二,临时性保护措施的适用条件。临时性保护措施的适用时间是在法院作出强制医疗决定之前。办案机关根据案件的具体情况,认为应当对精神病人采取临时保护措施,否则将会产生其他不利诉讼后果。但是否要明确被采取措施的精神病人将来一定会被强制医疗? 对此,笔者持否定态度。笔者认为,只要公安司法机关适用强制医疗程序处理的案件,而无论被申请人最终是否被决定采取强制医疗,只要办案机关根据现有证据资料判定,如果不对该被申请人采取临时保护性约束措施,被申请人可能继续实施危害社会行为的,办案机关就可以采取相应措施。

第三,临时保护性约束措施的启动。我国的临时保护性约束措施与大陆法系的"留置观察"和"鉴定留置"十分相似,其相关规定也可以为我国临时保护性措施的构建提供一定借鉴。根据德国《刑事诉讼法》第 81 条的规定,办案机关可以在公立的精神病院对被告人的精神状态进行司法鉴定,但

---

① 朗胜:《中华人民共和国刑事诉讼法释义》,法律出版社 2012 年版,第 632 页。

是为了防止该项权力被滥用,从而对被申请人的权利造成侵犯,该措施应当只能由有决定权的法院发出命令而且必须听取鉴定人、辩护人的意见。[①] 日本《刑事诉讼法》也有明确规定,为对被告人进行精神疾病司法鉴定,可以将被申请人关押在医院等特定场所,但是需取得法院的令状。[②] 而在我国的实践中,在法庭作出是否强制医疗决定前,公安机关就可以对精神病人采取临时保护性约束措施。这一措施的决定者和实施者为同一机关,公安机关既扮演裁判者,又扮演着运动员,这一启动设置存在一定的不合理性。据此,笔者建议,我们应当将临时保护性约束措施的启动程序与决定程序分开。具体可以参照逮捕的有关规定。立法明确规定公安机关为临时保护性约束措施的执行机关,检察机关和审判机关为临时保护性约束措施的决定机关。通过将临时保护性约束措施的决定和执行机关分开,一方面有利于执行。毕竟,逮捕在我国运行时间已经很长,办案机关可以直接将逮捕的一系列规定和操作规范运行到临时保护性约束措施之中。另一方面,这对于应当被采取临时保护性约束措施的精神病人而言也有利于其权利的保障,防止权利被任意剥夺和限制人身自由。

第四,明确救济程序。由于精神病的认定需要较长时间的观察,且精神病专家的主观判断受制于其自身的能力和学识。因此,我们应当保障精神病人及其法定代理人、近亲属等救济权利。笔者认为,公安机关采取临时保护性约束措施后,除无法通知的情形之外,应当在 24 小时内,以书面形式通知其法定代理人或监护人、近亲属等。如果对采取临时保护性约束措施有异议的,法定代理人、监护人、近亲属等应当在收到书面通知之日起 5 日内向决定机关的上一级机关申请复议。上一级机关在收到复议申请后,应当在 7 日内进行审查,并作出决定。检察申诉部门应当在 7 日内作出是否复查的决定,如果决定复查的,应当在 15 日内将复查结果通知申请人。[③] 通过赋予精神病人及其法定代理人、监护人、近亲属等相应的救济权利,可以有效防止精神病人被不适当地采取"临时保护性约束措施"。

（三）明确执行期限

我国现行法律并没有明确规定临时保护性约束措施的执行期限。对

---

① ［德］克劳思·罗科信:《刑事诉讼法》,吴丽琪译,法律出版社 2003 年版,第 316—317 页。
② ［日］田口守一:《刑事诉讼法》,张凌、于秀峰译,中国政法大学出版社 2010 年版,第 93 页。
③ 王天娇:《强制医疗程序前临时保护性约束措施研究》,《江西警察学院学报》2014 年第 4 期。

此,笔者认为,临时保护性约束措施的目的在于,保护精神病人自身安全不被侵犯的同时,也是对社会公众等其他人的权利进行保护的有效手段。如果在临时保护性约束措施执行期间,精神病人显然已经不会再实施危害社会行为的,执行机关应当及时解除临时保护性约束措施,并将其予以释放。当然,对于是否已经不具备该措施的条件,应当由执行机关或者被采取措施的精神病人及其法定代理人、监护人、近亲属、诉讼代理人等向决定机关提出。对于决定机关作出的决定不服的,可以向决定机关的上一级机关申请复议。笔者认为,限于临时保护性约束措施的对象的特殊性,从社会防卫和权利保障角度来看,我们无须给予其明确的执行期限。

（四）明确执行场所

临时保护性约束措施的目的主要侧重于"保护性",且适用对象是具有人身危险性的精神病人,由公安机关负责具体的执行,同时需要对其进行必要的医学性治疗,但实践中有将场所设置于看守所,这显然与该措施侧重的"保护性"目标不符。同时,看守所并不具有齐备的医疗措施,基于技术和场地限制,多人同住一间的情况已是常态,很容易造成看守所人员间的交叉感染,不利于对精神病人的看护和康复。另有一种做法是将场所设置于安康医院。① 诚然,该做法是有一定依据的,毕竟安康医院是专门收治精神病人的医院,但是其隶属于公安机关,监督与制约只能依靠检察机关的派驻检察或者巡回检察。② 另外,由于财力、物力、人力等因素的限制,安康医院的设置集中于省会等核心城市,而强制医疗程序又是由基层法院管辖。因此,将精神病人在安康医院采取临时保护性约束措施,在具体实践操作中可能会存在一定的困难。因此,笔者认为,从可操作性方面出发,我们可以尝试在普通精神病院内设置保护性约束区,协调公安机关与医疗机构、安保机构之间的关系,以减轻安康医院或看守所的压力,同时也有助于对精神病人的关押和医学性治疗。

临时保护性约束措施是刑事强制医疗程序的前提,是强制医疗程序的重要内容,但是关于临时保护性约束措施的性质、场所、期限、具体实施规则等方面目前是一片空白,这样的立法现状也导致在实践中公安机关实施临

---

① 王天娇:《强制医疗程序前临时保护性约束措施研究》,《江西警察学院学报》2014年第4期。

② 《人民检察院强制医疗执行检察办法(试行)》第6条和第29条。

时保护性约束措施时的困惑。本章通过梳理我国目前临时保护性约束措施实施的现状以及存在的困境,并在对域外经验加以借鉴的基础上,对我国临时保护性约束措施的完善提出建议,以期保障该措施在实践运行中真正发挥其应有功能。

第六章　强制医疗的庭审程序

随着以庭审为中心的刑事诉讼制度改革的不断推进,庭审在整个诉讼程序中发挥着决定性作用。法官必须根据控辩双方在庭审时提供的证据以及质证等情况,在法庭之上对犯罪嫌疑人、被告人有罪无罪、罪重罪轻等形成相应的裁决。作为刑事诉讼的一项特殊程序,强制医疗程序也应当严格按照以庭审为中心的原则来运行。我国《刑诉法》第303条明确规定,由人民法院决定是否对精神病人进行强制医疗;第304—305条规定,法院必须组成合议庭,并应当在一个月内做出是否强制医疗的决定,这都在一定程度上体现了强制医疗程序是以审判为中心在运行,意味着,庭审程序是整个强制医疗程序的核心。

强制医疗庭审程序的有关规定主要体现在刑诉法和最高法院的司法解释中。《刑诉法》第304—305条对强制医疗庭审程序和审限等进行了规定。《最高法刑诉解释》第525—534条对强制医疗庭审程序的具体操作做了更为详细的规定,包括明确强制医疗程序由实施暴力行为所在地的基层人民法院管辖、法院庭前审查内容及处理、法律援助、开庭审理程序、处理结果等方面,这对于强制医疗程序的具体运行具有重要的指导意义。然而纵观立法和司法实践,我们不难发现,强制医疗的庭审程序还存在许多不足,甚至在一定程度上会制约强制医疗程序的有效运行以及功能的充分发挥,甚至可能会对相关利害关系人,尤其是精神病人的合法权益造成侵害。这就要求我们对强制医疗的庭审程序进行充分研究,发现其存在的问题,并提出相应的完善措施。

针对强制医疗庭审程序的特殊性以及司法实务中存在的问题,首先应当对强制医疗程序的庭审方式进行研究,明确是以公开开庭审理为原则,还是以不公开开庭审理为原则。在此基础之上,我们应当就法庭对证据的审查判断在强制医疗程序中的特殊性进行研究,尤其是认定被申请人是否符合强制医疗条件的关键证据,完善其审查机制。同时,我们应当合理化强制医疗程序中的证据审查认证的主体,保障最终裁决是建立在科学、客观的证据基础之上。当然,对于已经开始的庭审程序也可能存在强制医疗程序与普通诉讼程序进行相互转换的问题,对此,我们也有必要理顺程序转换的机理,从而确保程序的有效运行。

本章结构见图 6-1 所示。

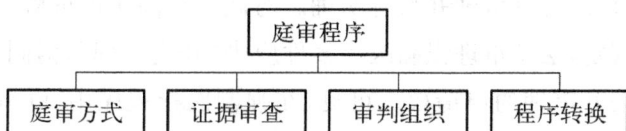

图 6-1　本章结构图

第一节　庭审方式的转变

庭审程序是整个强制医疗程序的核心,然而从目前立法和司法的实践情形来看,强制医疗庭审程序还存在诸多不完善之处,对于程序的具体运行造成了一定的阻碍,对于程序功能的充分发挥产生不利影响。其中最为主要就是庭审方式的确认。在强制医疗程序中,如果庭审方式符合程序的实际需求,则可以充分发挥强制医疗程序的功能,同时可以对被申请人等利害关系人的权利保障发挥重要的作用。

一、立法与实务探析

对强制医疗程序中的庭审方式进行研究,我们首先可以从立法和司法实务层面进行分析。

（一）立法相关规定

要保障裁判结果的正确,除了要有正当的诉讼程序予以保障以外,还须有一系列制度保障裁判结果的准确,其中有一项非常重要的制度就是庭审公开制度,即法庭在公开的庭审程序中进行法庭调查,双方在公开的庭审程序中进行辩论等。公开审理不仅能方便社会公众、新闻媒体等监督,还能起到法律的一般预防和教育的功能,防止社会其他公众实施违法犯罪行为。在一些特定案件中,因为可能会涉及不宜公开的国家秘密、个人隐私的案件,则根据法律规定,应当"不公开审理"。另外,对于涉及商业秘密的案件,当事人也可以提出不公开审理的申请,这在《刑诉法》第188条中有明确规定。

强制医疗程序作为刑事诉讼的一种特殊程序,应当按照刑事诉讼的一般规则来运行,在庭审方面也不例外。然而我国刑诉法对于法庭是应当"公开"还是"不公开"开庭审理并没有明确。对此,《最高法刑诉解释》第529条进行了相应规定,法院审理强制医疗案件应当"开庭审理",但同时又赋予了被申请方不公开审理的申请权。可见,在强制医疗程序中,庭审方式以"公开开庭审理"为原则,以"不公开审理"为例外。

（二）司法实务上的具体操作

通过对目前强制医疗程序的实务进行分析,我们不难发现,在实践中强制医疗程序有公开审理也有不公开审理的情形。但是在实践中,法庭以公开开庭审理强制医疗程序为主。笔者通过无讼案例网收集相应的案件,以"强制医疗＋刑事＋不公开"为检索条件,除强制医疗解除案件以外,共检索到174件案件,占所有适用强制医疗程序案件的6%,不公开开庭审理的案件数量较少,甚至个别地区全年适用强制医疗程序的案件,法庭都是公开开庭审理。例如,2016年广东省共审理20件强制医疗案件,均组成合议庭公开开庭进行审理。

在法庭不公开开庭审理的强制医疗程序中,至于不公开的原因,根据案例统计,目前主要有两类:一类是涉及当事人隐私,[①]另一类是法定代理人从被申请人权利保障等角度出发,请求不公开开庭审理。[②] 对于涉及当事人隐私,法庭不公开开庭审理案件的,具体是由法定代理人提出还是由申请方提出,抑或是法庭决定,根据现有裁判文书,我们难以判断。例如,在"甘某一审刑事决定书"中,[③]法庭在裁判文书中直接列明"因涉及个人隐私,不公开开庭审理了本案"。至于谁提出、谁申请的则不明。另外,对于法定代理人申请不公开开庭审理的强制医疗程序,法定代理人是基于何种原因申请不公开的,通过裁判文书,我们也不明确。例如,在"吴某某强制医疗一审案"

---

① 参见浙江省宁波市镇海区人民法院(2015)甬镇刑医字第1号刑事决定书。
② 参见四川省大英县人民法院(2017)川0923刑医1号刑事决定书。
③ 参见浙江省宁波市镇海区人民法院(2015)甬镇刑医字第1号刑事决定书。

中，①法庭在裁判文书中只明确"经吴某某的法定代理人吴某某请求不公开开庭审理了本案"。

二、公开开庭审理的内在逻辑矛盾

对于强制医疗程序的审理，我国目前是以开庭审理为原则，以不开庭审理为例外。强制医疗程序不开庭审理必须是由被申请人、被告人的法定代理人提出请求，并且获得法院的同意。由于不公开审理的案件占所有强制医疗案件的6％，而庭审过程又往往流于形式，导致被申请人的诉讼权利无法得到充分保障，即使被申请人到庭，但由于其精神状况较差，也无法为自己进行实质性辩护。对此，笔者认为，强制医疗程序的这种庭审方式存在一定的问题。

首先，公开审理可能会对被申请人的权利造成一定的影响。在强制医疗程序中，诉讼各方要解决的是被申请人是否符合强制医疗的条件，并由法官最终做出相应的裁决。然而被申请人是否患有精神病，应当属于其个人隐私范畴，一旦采取公开庭审的形式进行审理，则就必然将其隐私公之于众。同时，无论强制医疗程序的最终结果如何，都可能使得被申请人被贴上"精神病"的标签。一旦行为人被贴上"精神病"的标签，这就势必会使其遭受来自社会各方的非议，从而对其工作、生活等造成严重影响，与之有着密切联系的近亲属、法定代理人等都会因此遭受到他人的"闲言碎语"，对工作、生活产生不利的影响。撇开近亲属、法定代理人等利害关系人，就被申请人自身而言，一旦被贴上"精神病"的标签，其就很难再顺利回归社会。而来自工作、生活等方面的压力，又可能加剧其病情，或者使得其病情复发，从而使其再次实施危害社会的行为。这与强制医疗程序设立的初衷相冲突。

其次，不公开庭审的情形不明确，实践中难以掌握。《最高法刑诉解释》第529条明确规定，被申请人、被告人的法定代理人请求不开庭审理的，法院审查后可以不公开审理。但是司法解释并没有明确法院审查的内容有哪些；审查的程序如何；在法院没有同意申请人的申请时，申请人可以采取何种救济；等等，这就可能使得强制医疗程序被申请方和法官难以适从，最终造成该条规定沦为一纸空文，无法得到有效实施。

---

① 参见四川省大英县人民法院(2017)川0923刑医1号刑事决定书。

再次,公开审理的刑罚一般预防作用无法得到实现。如上文所述,公开开庭审理的目的就是能够发挥刑罚的一般预防作用,教育社会公众严格按照法律规定行事,然而预防目的是通过对违法犯罪行为人的刑事责任进行追究的过程予以实现的,其前提是行为人是精神状态正常的人,然而强制医疗程序的目的并不是追究行为人的刑事责任,而是判明其是否符合相应的条件,并在符合条件的情形下对其进行医学治疗,防止其再次实施危害社会的行为,因此,强制医疗程序通过公开开庭审理的方式进行审理,显然无法实现一般预防作用。

目前立法和司法实务中对于强制医疗程序庭审方式主要采取公开开庭审理的方式进行,但该种方式在强制医疗程序中可能与法律本身的原则相冲突,对于当事人权利保障也存在障碍。因此,我们有必要对强制医疗程序的庭审方式予以进一步改进。

三、"不公开开庭"的庭审方式

强制医疗程序适用的前提是被申请人是精神病人,而无论法庭最终是否判决被申请人强制医疗,其都可能被贴上"精神病"的标签,从而对其工作、生活等产生影响,引发一系列的问题。此外,即使法庭公开审理强制医疗案件也无法达到公开审理的效果。同时,被申请人是否为"精神病人"属于个人隐私范畴。根据《刑诉法》第188条的规定,有关个人隐私的案件应当"不公开审理",这再次印证了法庭在审理强制医疗程序时,应当坚持不公开审理的庭审方式。因此,笔者认为,法庭在强制医疗程序中,应当坚持不公开开庭审理的方式进行审理。对于具体的运作程序,相关法律规定已经较为完善。

笔者需要指出的是,在庭审方式中,我们除了庭审形式以外,还有强制辩护等内容需要予以特别关注。例如,强制医疗程序作为刑事诉讼的特别程序,所要解决的问题是被申请人是否符合强制医疗程序的条件,法庭是否应当决定强制医疗。因为在强制医疗程序中,被申请人很可能就是精神病人,其控制和辨认能力已完全丧失,无保障其自身合法权益的能力。强制医疗程序作为对被申请人人身自由进行限制,同时又要进行医学治疗的特定方式,对被申请人权利的影响较大。在此情况下,刑诉法同样明确规定了在强制医疗程序中,法庭应当为其提供法院援助,并通知特定人员到场。例如,《刑诉法》第304条明确规定,法院应当通知被申请人或者被告人的法定代理人到场。同时,被申请人或者被告人没有委托诉讼代理人的,法院还应当指派特定的律师为其提供相应的法律援助。最高人民法院《关于适用〈中华人民共和国刑事诉讼法〉的解释》第528条对此予以肯定,并作出了同样的规定。在强制医疗案件受理后,法庭将告知被申请人的法定代理人有权委托诉讼代理人,但是法定代理人大多以被申请人无经济能力,或对被申请人强制医疗无异议为由,未提出委托诉讼代理人的要求。因此,大多数法院在征得被申请人或其法定代理人同意的情况下,通过法律援助中心为被申请人指定诉讼代理人,为其提供法律援助。例如上海法院在2013—2015年共受理强制医疗案件109件,90％以上案件是由法院指定诉讼代理人。

第二节　证据审查的虚化及有效认证

随着以庭审为中心的诉讼体制改革的不断推进,庭审已经成为诉讼的中心。控辩双方和法庭均是在庭审中对案件事实进行质证、辩论,并形成自己的判断,然而由于对于案件事实的认定必须是基于相应的证据基础之上,因此,在刑事诉讼中,诉讼各方对证据的质证、辩论、认证是整个庭审的中心。虽然强制医疗程序是对被申请人是否需要被强制医疗进行的认定,但也依然需要通过证据来对被申请人是否符合强制医疗的条件进行判断。目前在强制医疗程序中,诉讼各方对证据的审查已经出现虚化、流于形式的问题,亟须我们予以厘清。

一、立法与实务探析

对强制医疗庭审程序中有关证据审查问题进行研究,首先有必要对相关法律规定和司法实务进行分析。

（一）法律条文上的必备证据

根据我国《刑诉法》第302条的规定,强制医疗的适用必须同时满足三个条件:一是精神病人实施的行为必须具有暴力性,并且造成了严重的危害结果;二是行为人必须是不负刑事责任的精神病人;三是如果不对行为人进行强制医疗,精神病人还可能会继续实施相应的危害行为。只有同时满足上述三个要件,法院方可作出强制医疗的决定。然而根据《刑诉法》规定,对于行为人是否为不负刑事责任的精神病人,必须经过"法定程序鉴定",即在强制医疗程序中,对于行为人精神状态的判定以及刑事责任的判定必须有鉴定意见支撑。当然,对于强制医疗其他两方面的要件,办案机关也需要收集相应的证据予以证明。

此外,强制医疗适用的另一个关键条件是精神病人有"继续危害社会的可能"。如果实施了暴力行为的精神病人,通过现有证据显示,其已经没有危害社会的可能,法院不能作出强制医疗的决定。不可否认的是,对"人身危险性"的判断和确认本来就是司法难题,但是,我们也应该在实践中积累经验。对于行为人是否有"人身危险性"往往只是一种可能,而这种可能存在转为现实的可能,也存在不转为现实的可能。因此,对于该可能性的审查往往仅停留在形式层面。《刑诉法》第302条对强制医疗的条件进行了规定,但没有明确何种情况可以认定为精神病人具有"人身危险性"。那么,对于"人身危险性"这一要件的判断标准在司法实践中如何把握?精神疾病司法鉴定专家是否可以进行专家鉴定?还是仅仅依赖法官的个人经验抑或是猜测?[1] 这些在刑诉法和有关司法解释中都没有作出相应规定。

(二)实务中对证据的高度认可

我国证据制度历经神示证据、口供证据、物证证据等阶段,现在物证证据又在朝着以科学证据为核心的客观物质证据方向发展。科学证据中的典型代表就是"鉴定意见"。在三大诉讼法中,鉴定意见也是法定证据形式之一。在实践中,鉴定意见在诉讼中的作用越来越大,甚至在有的案件中发挥着决定性作用。在强制医疗程序中,因为鉴定意见是程序中的必备证据,因此该问题更为明显。在强制医疗程序中,鉴定意见这一科学证据对于法官来说,可以概括为"成也萧何,败也萧何"。法官对鉴定人作出的精神疾病司法鉴定意见一般表现出完全采信的态度,例如有研究显示,"司法精神病学鉴定结论的采信率几乎为100%"。[2]

鉴定意见一般是对被鉴定人的精神状态进行认定,但是通过对强制医

---

① 陈卫东:《构建中国特色刑事特别程序》,《中国法学》2011年第6期。
② 高北陵等:《司法精神鉴定中评定辨认和控制能力与责任能力差异的调查分析》,载《中华医学会精神病学分会第九次全国学术会议论文集》,上海社会科学院出版社2011年版。

疗程序司法实务进行分析,我们发现,有的鉴定意见不仅对被申请人有无精神疾病做出了鉴定,还对是否有刑事责任能力做出鉴定;也有的鉴定意见还对被申请人是否需要长期监护治疗或者终身治疗出具了相应意见,这就可能对司法实务的操作产生困难。而且从案件处理的结果上来看,大多数案件经过1—2次的鉴定后,鉴定意见就能作为认定事实的证据。在司法实践中,也有部分鉴定意见超越鉴定本身的范畴,对是否强制医疗提出意见。例如,在"阳某某强制医疗案"中,武冈市公安局委托的湖南省芙蓉司法鉴定中心对阳某某进行的有无精神病及作案时有无刑事责任能力的鉴定意见是:被鉴定人阳某某目前诊断为精神分裂症(现症期),作案时无刑事责任能力。鉴于其对社会存在危害,建议长期监护治疗。[①] 又如在"王某某强制医疗案"中,兰州大学第二医院司法精神鉴定所重新鉴定的鉴定意见为:王某某患有癔症性精神病,案发时意识不清,应无责任能力,建议终身治疗。

还有的鉴定机构会在鉴定意见中提出被鉴定人是否存在继续危害社会的可能。例如在"龚某某强制医疗案"中,鉴定意见为:涉案精神病人龚某某依法不负刑事责任,但有继续危害社会的可能。又如在"王某某强制医疗案"中,经陕西省司法精神鉴定中心鉴定,被申请人王某某患有癫痫,癫痫所指精神障碍导致其在2013年3月8日作案时无刑事责任能力,同时提出强制医疗的建议。[②] 这种情形在司法实务中并不少见。显然,鉴定意见中的这些"意见",已经超越了鉴定范围,影响了法官裁判权的行使,甚至会影响法庭对其他有关事实的认定,尤其是对于行为人是否有"继续危害社会可能"的判定,然而控辩双方和法官毕竟不是精神科专业人士,对于精神疾病司法鉴定意见的审查采信也是一大难题。

二、流于形式的证据审查

在强制医疗程序中,法庭同样需要对双方提交的各项证据进行充分审查,然而通过上述立法和司法实务的分析,我们发现,在强制医疗的证据审查中,有两种情形值得我们特别予以关注。

① 湖南省武冈市人民法院(2013)武法刑初字第88号。
② 陕西省洛南县人民法院(2013)洛南刑初字00069号强制医疗决定书。

（一）过度依赖鉴定意见

虽然强制医疗程序与其他程序有显著区别，但是精神疾病司法鉴定意见在强制医疗程序中是必需证据，而且法官对于被申请人的精神状态的判定大多依赖鉴定意见，这种无原则的依赖鉴定意见势必会产生诸多问题。

首先，这种依赖性、信赖性会导致法官丧失判断和认定精神病人责任能力的主动权，而将这一权力实质上拱手让予鉴定人，将自己陷入被动的局面。因鉴定意见是由具备自然科学专业技术的人员严格按照固定的程序，通过科学的方法，经过缜密的科学推理得出的，而这些往往是作为事实的认定者——法官所不具备的，而法官又不得不对该科学性证据进行审查，并作出是否认定的结论。据此，法官就其自身而言，其往往只能从鉴定人资格、鉴定程序等角度进行形式意义上的判定，而对鉴定人所依据的科学技术本身、仪器设备等难以加以实质性的审查，①故法官会对鉴定意见产生天然的依赖感。法官会因为高度信赖鉴定意见而全盘接受，而不再结合其他证据对意见进行综合审查，产生"唯鉴定意见是从"的局面。对此，可参见柳延延关于概率和决定的论述。② 当然，这些专业术语语境下的专业知识对于法官的认识和理解来说是非常困难的，所以有的法官曾毫不避讳地认为，实际上，裁判几乎是从法官的重心转移到医生的范围，此乃必须接受的事实。因此，这就可能产生上述所说的法官对强制医疗程序的决定权让渡于鉴定人的局面。

其次，法官过度依赖精神疾病司法鉴定意见而对强制医疗程序进行判定，可能会产生误判的风险。从鉴定活动的复杂程度来看，精神疾病司法鉴定意见相对于法医、物证、声像资料等传统司法鉴定而言存在一定的差别。诸如法医、物证等鉴定，当鉴定人在进行司法鉴定时，可以借助一定的精密仪器进行相对客观的判定，如 DNA 检测、酒精检测等。而在鉴定人对行为人进行法医精神病鉴定时，往往依据的是被鉴定人的精神疾病史、家族史、相应的生活资料等。相对而言，精神疾病司法鉴定意见的主观性较强。正如有关专业人士所言："缺乏精密客观的理化检验手段或方法"，③"缺少客观

①　参见元轶：《法官心证与精神病鉴定及强制医疗关系论》，《政法论坛》2016 年第 6 期。
②　参见柳延延：《概率与决定论》，上海社会科学院出版社 1996 年版。
③　李从培：《司法精神病学鉴定的实践和理论——附各类鉴定案例 97 例分析讨论》，北京医科大学出版社 2000 年版。

的生物学指标,且缺乏统一的鉴定标准和对辨认能力、控制能力进行判断的评定标准"。[①] 归为一点,"科学知识的运用依赖于专家,专家是人,因而具有多重属性。作为拥有专门知识的人,一方面专家可以正确运用自己掌握的科学知识和经验,对事实认定者感到不明确的数据进行合理的拼合或解释,帮助事实审理者理解证据或确定争议事实。另一方面,专家也可能误用科学原理和技术方法而形成错误的判断,误导事实认定者(包括法官、陪审团成员)作出错误的判断。"[②]因此,相对于其他鉴定意见而言,精神疾病司法鉴定意见往往更具不确定性。在强制医疗程序中,法官直接依据此鉴定意见作出的判定也就可能使得最终裁判产生一定的风险。

(二)支撑"人身危险性"的证据单薄

笔者选取了北大法宝推荐的参考案例、指导案例以及部分普通案例进行研究,发现就强制医疗程序适用的对象而言,"经法定程序鉴定为依法不负刑事责任的精神病人"在法院审理过程中,对于行为人是否患有精神疾病的认定依据都是司法鉴定机构出具的精神疾病司法鉴定意见,然而在"人身危险性"的认定方面,司法实践却存在不足。一般精神疾病认定的依据也是法庭认定"人身危险性"的依据。换言之,即"精神病就是具有社会危险性的",这样过于简单的认定并不符合法律的要求,也不符合强制医疗程序设立的原则和宗旨。

结合我国近年强制医疗程序适用的司法实践来看,大部分裁判都是采用这种模式。在我国强制医疗程序审判实践中,作为判断"人身危险性"的证据主要分为三类:精神疾病司法鉴定意见、证人证言、精神病诊疗记录。其中精神疾病司法鉴定意见往往要同时对被鉴定人的精神状态和责任能力状况作出评判。但是,现阶段我国法院在强制医疗决定书中对于"人身危险性"的判断和认定的说理非常薄弱,甚至有的案件将精神疾病司法鉴定意见不仅作为认定被申请人刑事责任能力的证据,而且也是被申请人具有"人身危险性"的证据。

对于"人身危险性"的证据认定说理部分,大多数司法文书基本都是按照司法解释中的规定进行模板套用,显得单薄、机械。例如在黑龙江省七台

---

① 覃江:《论影响司法精神病鉴定结论一致性的原因》,《中国司法鉴定》2006 年第 5 期。
② 常林:《谁是司法鉴定的"守门人"? ——〈关于司法鉴定管理问题的决定〉实施五周年成效评析》,《证据科学》2010 年第 5 期。

河市新兴区人民法院审理的"李某某故意伤害罪强制医疗案"中,①法庭在裁判文书中指出:本案中,公诉机关提交了书证户籍信息、住院病历过等;证人李某甲、田某某、邵某某等人证言;李某某的供述和辩解;鉴定文书;现场勘验笔录和照片;视听资料作为证据来申请法院适用强制医疗措施,其中鉴定意见对行为人的责任能力予以了判定,"经佳木斯市精神疾病防治院司法鉴定所鉴定,李某某有精神分裂症,目前处于疾病期,作案时的行为无刑事责任能力,建议采取相应的医疗措施"。

在本案中,有多份证人证言来证明"人身危险性"这一要件,其中一份证言的内容为:"长兴乡山星村村民申请,证实长兴乡山星村村民李某某患有精神病多年,病情严重到无法控制,经常犯病,危害村民生命安全,村民不敢外出,全村小学生不敢单独上学,邻居惊恐不安,全体村民申请新兴区人民政府、新兴公安分局对李某某给予治疗"。其他证言,例如"丁某某的证言笔录,证实李某某患有精神类疾病,在七台河市精神病医院住过两次院。病发时曾将他家前后院邻居的玻璃砸碎,打伤村民,砸坏他人摩托车。李某某犯病时经常会拿着一把菜刀在大道上看到谁就追砍谁,对山星村原星屯村民的生活造成了很大的影响";"祁某某的证言笔录,证实案发当日,其走到李某某家时,听到邵某某喊救命,看到李某某用铁锹打邵某某,邵某某头部出血了,左胳膊被打骨折了。李某某有精神病,在七台河市精神病医院治疗过。病发时砸过邻居的玻璃,砸坏过村民摩托车,打伤过村民";"田某某、李某戊的证言笔录,证实李某某是精神病人,犯病时在路上打过他们";"李某甲的证言笔录,证实其是李某某的哥哥,李某某患有精神病,在七台河市精神病医院治疗一年,没钱支付治疗费用,李某某就一直在家用药进行维持,每隔一个月就会犯病。犯病后看到谁打谁,看什么东西不顺眼就砸什么东西,有时还会拿菜刀在大道上追砍路人。案发当日,其看到李某某正在用一把铁锹打邵某某,邵某某的头部出血了。同时证实其现无能力监护被申请人李某某,同意对李某某予以强制医疗"。这样的证言内容是否达到了"人身危险性"的标准? 法官并没有阐述。这在一定程度上,我们可以推断,法官对于精神病人的"人身危险性"的判断过于简单和机械。

当然,在强制医疗程序中的证据审查还存在诸多问题,但是这两个问题

---

① 黑龙江省七台河市新兴区人民法院(2017)黑 0902 刑医 1 号强制医疗决定书。

是笔者认为目前强制医疗程序中最为主要的内容,也是会对强制医疗程序最终结果产生重要影响的问题。

三、证据审查的实质化推进

强制医疗程序的证据审查存在上述诸多问题,若要解决上述问题就必须在强制医疗庭审程序中,对证据能够进行实质审查,从而为强制医疗程序的正确裁决提供基础。笔者认为,针对上述问题,我们可以主要从下述两方面予以解决。

(一)强化鉴定人出庭制度

在强制医疗程序中,由相应部门对行为人精神状态进行鉴定是必经程序,有关行为人精神状态的鉴定意见也将对强制医疗程序的最终结果产生决定性影响。在庭审程序中,法庭过度依赖鉴定意见,可能会对强制医疗程序产生不利影响。在科学证据越来越受到重视的情况下,如何防止"伪科学"证据或"冒牌专家"的司法意见进入法庭,即如何设定"守门人"的职责,已成为我国司法鉴定法律制度改革的核心问题。[1] 众所周知,要强化对鉴定意见的审查,首先就是要确保鉴定人能够出庭,接受控辩双方的质证和法庭询问,从而使得法官能够在庭审上形成是否能采信该鉴定意见的内心确信。

第一,鉴定人出庭能有效缓解庭审高度依赖鉴定意见的局面。要转变强制医疗庭审程序过度依赖鉴定意见的局面,首先需要"充分保障被裁判者参与程序活动,为程序主体平等对话、攻击防御、陈述意见提供机会,是确保程序正义的最重要的条件,这不仅意味着当事人能够有机会通过自己的努力形成自己满意的诉讼结果,也意味着诉讼程序对作为自主、理性主体的当事人尊严和价值的充分肯定。"[2]其次,需要通过一系列措施确保"法院可以通过亲自观察出庭作证之证人的言行、举止、态度等表现,并借此综合评价证人可不可靠、证言有无价值,进而取舍并形成心证",[3]即在强制医疗庭审程序中,能够确保控辩双方对鉴定意见进行质证,确保法庭能够对其进行审查。通过鉴定人出庭,诉讼各方可以发现鉴定意见存在的问题,从而有效缓

---

① 常林:《谁是司法鉴定的"守门人"?——〈关于司法鉴定管理问题的决定〉实施五周年成效评析》,《证据科学》2010年第5期。

② 郑丽珍:《试析我国法律程序缺失的表现、后果及对策》,《西北工业大学学报》2006年第2期。

③ 龙宗智:《证据法的理念、制度与方法》,法律出版社2008年版,第115页。

解庭审高度依赖鉴定意见的局面。

我国有关鉴定人出庭的规定主要体现在《刑诉法》第64条关于鉴定人保护、①第192条关于鉴定人强制出庭、②第197条关于专家辅助人③三个方面。通过上述法律条文，我们不难发现，有关专家辅助人的规定是为了强化对鉴定意见的审查质证，而有关鉴定人出庭的规定仅包括第64条和第192条。对于鉴定人的保护仅限于危害国家安全犯罪等四类案件中，且规定的保护措施过于简单，缺乏实际可操作性，离真正贯彻落实到位还有一定的距离。另外，对于一直制约鉴定人出庭的旅费、伙食费、误工补贴等经济权利的保障也一直没有得到实现，这在一定程度上造成了鉴定人不愿、不敢、不想出庭的局面。

第二，应明确鉴定人出庭的条件。笔者认为，鉴于鉴定意见在强制医疗程序中的重要地位，只要法庭通知鉴定人出庭，其就必须按时出庭，否则将承担由此造成的不利后果。当然，结合国外立法④以及我国实践情形，在特定情形下，鉴定人也可以不到庭。这些情形可以包括：一是因自然灾害等不可抗力因素，无法在法庭确定的开庭日期出庭接受质证的；二是鉴定人在国外或者路途遥远、交通不便的地区也可以不到庭，而采取双向视频传输等方式作证，对于没有条件采取视频作证技术的，鉴定人可以采取书面作证方式；三是因其他原因于审判期日无法到庭，经法庭批准同意的。虽然鉴定人

---

① 《刑诉法》第64条规定："对于危害国家安全犯罪、恐怖活动犯罪、黑社会性质的组织犯罪、毒品犯罪等案件，证人、鉴定人、被害人因在诉讼中作证，本人或者其近亲属的人身安全面临危险的，人民法院、人民检察院和公安机关应当采取以下一项或者多项保护措施：（一）不公开真实姓名、住址和工作单位等个人信息；（二）采取不暴露外貌、真实声音等出庭作证措施；（三）禁止特定的人员接触证人、鉴定人、被害人及其近亲属；（四）对人身和住宅采取专门性保护措施；（五）其他必要的保护措施。证人、鉴定人、被害人认为因在诉讼中作证，本人或者其近亲属的人身安全面临危险的，可以向人民法院、人民检察院、公安机关请求予以保护。人民法院、人民检察院、公安机关依法采取保护措施，有关单位和个人应当配合。"

② 《刑诉法》第192条第2款规定："公诉人、当事人或者辩护人、诉讼代理人对鉴定意见有异议，人民法院认为鉴定人有必要出庭的，鉴定人应当出庭作证。经人民法院通知，鉴定人拒不出庭作证的，鉴定意见不得作为定案的根据。"

③ 《刑诉法》第197条规定："法庭审理过程中，当事人和辩护人、诉讼代理人有权申请通知新的证人到庭，调取新的物证，申请重新鉴定或者勘验。公诉人、当事人和辩护人、诉讼代理人可以申请法庭通知有专门知识的人出庭，就鉴定人作出的鉴定意见提出意见。法庭对于上述申请，应当作出是否同意的决定。第二款规定的有专门知识的人出庭，适用鉴定人的有关规定。"

④ 例如，《德国刑事诉讼法典》第251条对证人、鉴定人不出庭的情形做了详细规定："有下列情形之一的，允许以宣读以前的法官询问笔录代替询问证人、鉴定人或共同被指控人：① 证人、鉴定人或共同被指控人已经死亡、发生精神病或者居所不能查明；② 因患病、虚弱或者其他不能排除的障碍，证人、鉴定人或者共同被指控人在较长时间内不能参加法庭审判；③ 因路途十分遥远，考虑到其证词意义，认为不能要求证人、鉴定人到庭；④ 检察官、辩护人和被告人同意宣读。"

在上述情形下可以不出庭,但应当就诉讼各方对鉴定意见的质疑采取适当方式进行说明。

第三,应明确鉴定人出庭的程序。在强制医疗程序中,鉴定人出庭程序的完善也应从以下三个方面进行:一是程序的启动与决定。在强制医疗庭审程序中,对于鉴定人是否需要出庭,可以由双方在庭前会议阶段提出,由法官决定鉴定人是否出庭。笔者认为,在庭前会议阶段,诉讼各方仅就鉴定人是否具有相应资质、是否应当回避等程序性事由提出质疑的,法官可以在庭前会议中解决。对于鉴定意见所依据的标准、资料、鉴定人是否存在非法鉴定等实质问题存在争议的,法官应当通知鉴定人于审判期日出庭。应当明确的是,法庭认为鉴定人无须出庭的,应当明确说明理由。二是通知书的送达。在强制医疗程序中,如果法官决定鉴定人出庭作证的,还应当以法律所规定的形式通知鉴定人出庭,并告知出庭的时间、地点、权利义务等事项。三是鉴定人权利的保障。对于鉴定人应享有的权利,笔者认为,应当至少包含以下几方面:鉴定人及其近亲属的人身、财产安全不应出庭而受损;鉴定人因出庭作证所产生的交通费、住宿费、务工补贴等必要费用有权获得补偿。《关于建立司法鉴定管理与使用衔接机制的意见》(司发通〔2016〕98号)对此也予以了明确:"鉴定人在人民法院指定日期出庭发生的交通费、住宿费、生活费和误工补贴,按照国家有关规定应当由当事人承担的,由人民法院代为收取。"对此,相关部门应当尽早制定由人民法院代为收取上述费用的操作细则。

第四,应明确鉴定人不出庭后果。经法庭通知,鉴定人应当出庭作证,如无故不出庭作证的,将承担由此造成的不利后果。根据我国《刑诉法》的规定,该鉴定意见不得作为定案的根据。据此,在强制医疗庭审程序中,法庭应当将该鉴定意见予以排除,并委托有相应资质的鉴定机构进行重新鉴定。对于鉴定人不出庭的,法庭还可以根据具体情形,将该情况通报鉴定人所在单位、司法鉴定行政管理部门等。

综上所述,在强制医疗程序中,对被申请人精神状态进行鉴定是必经程序,该鉴定意见直接决定强制医疗程序的运行和结果,但因各种原因,法庭对鉴定意见的过分依赖反而会影响强制医疗程序的最终结果。通过多项措施确保鉴定人能在庭审之时到庭,并接受诉讼各方的质证、询问,对于案件当事人最终服判息诉、消除缠诉和闹诉等具有重要意义。

（二）综合考虑"人身危险性"的认定

在强制医疗程序中，精神病人是否"有继续危害社会可能的"人身危险性的认定，对于法庭最终的裁决具有决定性作用，然而在我国目前强制医疗程序中，法庭对该"人身危险性"的认定较为机械化，主要借助鉴定意见来进行判定。当然，鉴定意见是查明被申请人是否为精神病人的关键手段，是法院决定是否对被申请人实施强制医疗的重要证据，在强制医疗程序中起着至关重要的作用，但是鉴定意见并非是确定被申请人人身危险性的唯一的证据，如果法庭仅凭鉴定意见认定精神病人的人身危险性，就会产生上文所述的一系列问题。

对于危险性的判断，法庭应当持有谨慎态度，应根据被申请人的行为、精神状态等因素综合考量，必要时可以听取精神病学领域医生或者其他具有专门知识的人员意见。社会危险性的预测要素主要取决于犯罪类型、数量和时间顺序，取决于被申请人的个性及其发展，以及被申请人将来在社会上的生活情况。因此，预测不仅是必要的，而且一定的范围内也是可能的。[①]在办理强制医疗案件过程中，办案机关工作人员都是通过收集有关材料来判断精神病人是否有继续危害社会的可能。这些材料包括：通过会见精神病人，在交谈提问过程中，观察精神病人的行为举止和表情变化；实际走访精神病人所在辖区的居委会以及在日常生活中与其接触较多的邻居、亲友和同事等了解有关情况；精神病人的家族史、精神病史、诊疗记录等。

当然，对精神病人"人身危险性"的判断本质上是在考虑精神病人的精神障碍与所实施暴力性行为之间的因果关系的基础上，并通过对精神病人的行为和精神状态综合判断精神病人未来再实施暴力性行为的可能性。我们若想制定出具体化的判断标准，必须将可作为参考的因素进行细化和规定，在这个基础上形成具体标准。刑事犯罪中的因果关系极其复杂，多因一果的情况非常多见，即一个危害行为的发生很可能是多种因素共同作用的结果，所以很难断定是哪些因素导致了暴力行为的发生。在强制医疗的庭审程序中，法庭应当对精神病人的再犯可能性进行综合判断，从而作出是否适用强制医疗程序的决定。笔者认为，对精神病人人身危险性的判断应该

---

① ［德］汉斯·海因里希·耶赛克、托马斯·魏根特：《德国刑法教科书》，徐久生译，中国法制出版社 2011 年版，第 110 页。

综合考虑以下四方面的因素。①

第一，精神病人的精神病史。在笔者整理的精神病人强制医疗案件中，有不少精神病人存在暴力史。如果我们比较精神病人以前和本次的犯罪行为，暴力性、危害的严重性、对社会的危险性都在日益增强，那么我们就应该对其再犯可能性予以重视。当然，在实践中，虽然精神病人实施了手段极其残忍的暴力行为，但是由于各种原因没有造成严重后果，对于这种精神病人的再犯可能性同样不能忽视。

第二，精神病人的攻击性人格。攻击性人格和反社会人格障碍会使得精神病人的再犯可能性显著增高。攻击性人格主要表现为攻击性强、受挫容忍度低、萎靡不振、易冲动、自我价值认可度低、有幻觉妄想、有敌意猜测、有遗传缺陷等人格特征。② 如果精神病人的攻击人格表现得很明显，那么法庭可以综合全案证据，作出对行为人是否予以强制医疗的裁决。

第三，精神病人患病所持续的时间。精神病人患病时间较长，精神病人对自身行为包括不法行为的控制和辨认能力就越差，这个因素也会增加精神病人患病的可能性。

第四，在精神病人先前实施的危害行为中，如果精神病人与被害人存在特定关系，而该特定关系是导致暴力行为发生的主要原因。那么，精神病人再实施犯罪的可能性就相对较低；反之，则较高。

将"人身危险性"的判断标准予以进一步细化，这是正确判定行为人是否有"人身危险性"的首要条件。此外，在证明程度方面，办案机关工作人员应当根据证明对象的不同进行区分。例如，对被申请人所实施的暴力性和严重危害性的犯罪行为的证明应当适用"排除合理怀疑"标准，这符合刑诉法"无罪推定"的原则。对于被申请人是否是经法定程序鉴定为不负刑事责任的精神病人也应当适用"排除合理怀疑"的证明标准，这样既能避免强制医疗程序适用门槛过低，浪费司法资源，也能避免门槛过高，使应当被强制医疗的被申请人及时得到治疗和看管，但对于"人身危险性"这一证明对象，采用"排除合理怀疑"标准就不合适。因为这一证明对象，不是对发生过的客观事实进行判断，而是对未来的可能性进行的一种推测。笔者认为，对于

---

① 胡剑锋：《强制医疗程序适用与检察监督》，中国检察出版社 2017 年版，第 82 页。
② 倪润：《强制医疗程序中"社会危险性"评价机制之细化》，《法学》2012 年第 11 期。

这一证明对象的证明标准达到"优势证据"标准即可。

总之,法庭在精神障碍领域,例如妄想症、反社会人格等需要具有专业知识的人为其判断危险性提供技术支撑。而人身危险性的判断标准是由强制医疗程序的目的和价值所决定的,体现的是公权力在平衡精神病人的人身自由权与公众利益之间所作出的选择。我们研究人身危险性应当把重点放在判定标准与方法上,而不是停留在抽象的理论分析,从而为司法实践提供可操作的指引。对强制医疗程序人身危险性的审查,需严格按照刑诉法规定的条件,细化审查要点,并综合考虑被申请人精神状况、监护人的管控意愿和能力,对被申请人是否强制医疗作出正确决定。

第三节　审判组织的专业构成

在刑事诉讼中,每一阶段的刑事诉讼程序均由相应的公、检、法机关负责。但在每一个具体刑事案件中,其诉讼程序都由相应机关的具体办案人员负责实施。在我国诉讼程序中,在庭审程序中,负责对案件进行审理的是相应的审判组织。而审判组织,在我国有两种类型:一是由一个法官组成的独任庭;二是由多个法官组成或由法官与人民陪审员组成的合议庭。合议庭人数为单数。根据案件的具体情况,合议庭又有不同的组成方式。其主要区别是,合议庭组成人员中是否有人民陪审员。根据《人民陪审员法》的规定,在不同的诉讼程序中,人民陪审员行使的权力不同,这主要体现在人民陪审员是对案件进行事实审还是法律审方面。作为刑事诉讼的一种特殊程序,强制医疗程序也应当由特定的审判组织构成。由于强制医疗程序在证据等方面的特殊性,对于其审判组织是否也有相应的特殊性要求是本节需要研究的内容。

一、立法与实务探析

（一）立法对合议庭组织的明确规定

我国审判组织分为独任庭和合议庭。根据我国《刑诉法》第 304 条的规定:"人民法院受理强制医疗的申请后,应当组成合议庭进行审理",即强制医疗程序的最终裁决必须有合议庭做出,这在《最高法刑诉解释》中得以再次验证,第 529 条明确规定强制医疗程序的审理由"合议庭"进行,然而对于合议庭是由法官组成还是由法官同人民陪审员共同组成,在法律条文中并没有明确规定,这在司法实务中也存在不同的做法。

（二）司法实务对人民陪审员的高度认可

笔者在无讼网上以"强制医疗＋刑事＋合议庭"为检索条件,并排除强制医疗解除案件及强制医疗复议案件,共搜索到 2 828 件案件,同时通过"强制医疗＋刑事＋人民陪审员"为检索条件,排除强制医疗解除案件及强制医疗复议案件后,共搜索到 2 700 件案件,占所有合议庭案件中的 95.47%。当然,这些数据可能不精确,但是这也完全可以反映出目前在司法实务中,审判组织的大致情况,即在强制医疗程序中,绝大多数的合议庭都是由法官同人民陪审员组成。并且在部分案件中,合议庭是由 1 名法官同 2 名人民陪审员组成。

司法实务之所以如此信赖人民陪审员制度,无非有以下几种可能:一是充分发挥人民陪审员的监督、教育等功能;二是限于法庭对诉讼中证据,尤其是鉴定意见的审查能力有限,而充分发挥人民陪审员鉴定意见的审查认证功能;三是缓解法官数量较少,案件较多的困境等。同时,对于上述人民陪审员是否具有相应专业知识,能够对鉴定意见进行审查认证的专家,因为在裁判文书中无法显示,我们也难以判定,但无论如何,合议庭是强制医疗程序的法定审判组织,而由法官同人民陪审员共同组成的合议庭占据着主导地位。

强制医疗程序中最重要的就是要确定被申请人是否为不负刑事责任的精神病人,确定该事实最为有效,也是必备的证据就是鉴定意见。从法庭认证的角度出发,笔者认为,作为强制医疗程序中对证据进行认证的最终主体是合议庭,该合议庭是否能够有效、有能力进行认证也就成为诉讼程序的关键。据此,笔者认为,我们应当首先对合议庭的构成进行确定,以强化审判组织的专业化能力,强化专家陪审员在合议庭中的地位。

二、相关专业专家参与合议庭的现实必要性

在刑事诉讼中,强化对鉴定意见进行审查的方式有多种,其中在实务界运用较多的是专家辅助人、咨询专家、专家陪审员等制度。但笔者认为,专家陪审员制度对于鉴定意见的审查、认证更具有重要价值,尤其是在强制医

疗程序中,鉴定意见对于法庭最终裁决具有重要意义。

首先,人民陪审员制度在我国诉讼中的运行由来已久,《中共中央关于全面推进依法治国若干重大问题的决定》明确提出要完善人民陪审员制度。2018年颁布的《人民陪审员法》对人民陪审员的组成、权利义务等予以明确,为人民陪审员的运行提供了重要的法律依据。至于人民陪审员的范畴,其规定的较为宽泛。据此,我们可以根据该陪审员是否具有专业知识,将其分为有专业知识的人员以及没有专业知识的人员,对于有专业知识的陪审员,我们可以将其称之为"专家陪审员"。对于人民陪审员的一系列相关规定,专家陪审员也同样适用,显然,现行专家辅助人、咨询专家等制度在法律体系、制度运行方面与人民陪审员差距较大。

其次,专家陪审员可以有效缓解专家辅助人、咨询专家等在运行过程中的困境,由于专家辅助人的诉讼地位、权利义务、出庭程序、资格等都没有明确规定,而咨询专家除了具有上述问题外,同时还无法保障控辩双方质询的权利,这势必会影响这些制度对鉴定意见进行审查的功能。然而,专家陪审员享有与法官同样的权力,他们可以询问鉴定人,并且随着陪审员制度的深入推进,陪审员已逐渐向既认定事实问题又认定法律问题方向发展。

再次,专家陪审员制度符合我国诉讼改革的需求。随着我国司法体制改革的不断推进,我们在保留职权主义诉讼核心的同时,也在不断吸收英美法系国家的合理因素。虽然我国不断强调由控辩双方的平等对抗来推进诉讼的进程和强化对证据的审查,但在"错案责任终身追究"等背景下,无法免除法官对事实、证据的调查义务。此时,由法庭来邀请适格的专家陪审员参与合议庭,并对鉴定意见进行审查显得十分必要。这在我国《刑诉法》中有相应规定。例如,《刑诉法》第6条明确规定,人民法院进行刑事诉讼必须"以事实为根据,以法律为准绳"。第196条规定,法庭可以收集、核实相关证据。可见,在强制医疗程序中,法官负有对鉴定意见进行审查的权力和义务,然而法官却不拥有该专业性知识的能力,由具有专业性知识的专家陪审员来帮助合议庭对该鉴定意见进行审查,完全与刑诉法规定的法官调查核实证据义务和审判实践需求相吻合,这也与国外有关做法相呼应。

例如,在强制医疗程序中,英国特别强调精神科医生在确定行为人是否患有"精神病"方面的作用。英国立法明确要求,对行为人决定是否强制医疗以前,必须由两名医生对行为人的"健康状况"以及对行为人采取强制医疗的"必要性"等进行评估,如果医生认为不需要强制医疗的,则对行为人不能采取强制医疗措施。之后的司法程序不会对上述问题再次进行判定,而直接由具有专业知识的精神科医生决定。如果被医生确定为精神疾病患者并需要采取强制医疗的,行为人可以自行进行精神疾病司法鉴定。但是,在此需要予以特别说明的是,在2005年英国《意思能力法案》(Mental Capacity Act 2005)中,对于行为人行为能力是否一律由特定的主体进行判定持有不同的看法,例如:律师有权认定客户是否有订立遗嘱的行为能力;医生有权认定患者是否有拒绝治疗的行为能力;银行职员有权认定客户是否有开户、贷款的行为人能力;等等。① 笔者认为,由不同的主体决定行为人是否具有某项特定的行为能力具有一定的优势,然而在强制医疗中,最重要的是断定行为人是否患有精神疾病,是否需要接受治疗。对此,《意思能力法案》也认为应当由医生来判定,这与《精神卫生法案》(Mental Health Act)并无明显出入。

此外,英国为充分保障精神疾病患者的权利和强制医疗程序适用的正当性,还专门成立了精神卫生法庭和精神卫生委员会。其中,精神卫生委员会由法律专家、医师和社会人士组成。至于精神卫生法庭,英国法律明确规定,对于强制医疗超过28天的,必须有精神卫生法庭的批准。可见,在英国,对于行为人是否患有精神疾病以及是否符合强制医疗的条件,精神科医生发挥了决定性作用。又如,日本《刑事诉讼法》规定,强制医疗应当由合议庭进行裁决。其中,合议庭成员当中应当有一名具有精神保健专业知识的审判员,即合议庭中应当有一名精神科专家参与。

强制医疗程序是对实施了违法犯罪行为的精神状态异常的精神病人,从社会防卫角度出发,对其进行医学治疗的一种保护性措施,因此,强制医疗程序的对象是精神病人。然而,由于控辩双方和法庭往往都没有相应的专业知识,故对行为人是否患有精神疾病难以做出相应的判断,这就需要我们借助相应的专业机构或者专业人士对其进行认定。在我国,对精神病人的认定需要依赖司法鉴定程序。因此,鉴定意见已成为整个强制医疗程序

---

① 《英国精神卫生法案》,http://blog.sina.com.cn/s/blog_a4038779010170oq.html,最后访问日期:2017年6月18日。

的关键,甚至直接决定了诉讼的最终裁判结果。作为具有专业知识的鉴定人,通过科学技术手段就专业问题出具的鉴定意见,也就走上"神坛"。但鉴定意见是把双刃剑,其有可能对解决案件中的专业技术性问题起到正面的积极效用,但也有可能因为自然科学技术发展水平、鉴定人能力水平等各种原因,导致诉讼结果的错误,从而影响诉讼公正。因此,在强制医疗程序中,摆在事实裁判者面前的一个重要议题就是,如何确保鉴定意见对强制医疗程序发挥最大的积极作用,将鉴定意见对事实的误判效应降低到最低,甚至消除该种误判,这就需要强制医疗庭审程序的审判组织能够有效地对鉴定意见进行审查认证。换而言之,在强制医疗程序中,合议庭能够有效对鉴定意见进行审查。据此,合议庭的组成就显得尤为重要,尤其是要增强其专业性特点。

三、专家陪审员有效参与庭审的保障

具有科学属性的鉴定意见在强制医疗程序中具有决定性作用。但是,司法鉴定行业的管理在日常生活中存在的问题及司法鉴定程序实践中程序的不规范可能造成鉴定意见结果的偏差,[①]鉴定程序适用的错误可能导致鉴定最终结果存在误差,诉讼程序本身的瑕疵也可能造成司法鉴定结果的误判。另外,鉴定意见是基于目前已知的科学规律对案件中的专业性问题进行的判定,但是就科学规律本身而言,其也存在不确定性,因为科学规律的发展本身就是一个肯定、否定、否定之否定的过程,[②]因此在庭审中,合议庭有必要强化对鉴定意见的审查认证。其中,有一项具体措施就是在合议庭中引入"专家陪审员"。由于专家陪审员与普通人民陪审员不同,故强制医

---

① 例如鉴定人对案件中的关键性问题没有进行详细的说明,对案件的法律问题发表自己的看法,鉴定所依据的程序、过程等都没有予以明确介绍,致使控辩双方难以对其进行有效审查。参见胡纪念、马长锁:《司法精神病学鉴定问题研究》,载常林:《司法鉴定案例研究——首届"鼎永杯"优秀司法鉴定文书精选》,中国人民公安大学出版社 2008 年版,第 94—96 页。

② 著名的物证专家李昌钰先生在其自传《神探李昌钰破案实录》中讲述了一则轶事。"辛普森案"的主检察官后来辞职,成为一名电视节目主持人,她采访李昌钰博士时单刀直入地发问:"既然您承认在案发现场的血迹鉴定经 DNA 检验是辛普森的,但是您为何帮辛普森作证?"李昌钰打了个比喻:"我今天坐在这里接受您的采访,假设在采访过程中,您那美丽的头发不知何故掉到我的裤子上,回家后,我太太发现了我裤子上有头发,拿到化验室去鉴定 DNA,结果证实是您的头发……啊哈,我就有大麻烦了,但是,天知、地知、您知、我知,我们没有做任何不轨的事情。因此,即使 DNA 检验结果证明了某根毛发或是某些血迹是某人的,也不能直接证明这个人就做了这些坏事。"参见罗筱琦、陈界融:《证据方法及证据能力研究》,人民法院出版社 2006 年版,第 237—238 页。

疗程序的专家陪审员在运行中还需要从以下四个层面进行完善。

首先,明确专家陪审员的范围。在强制医疗程序中,专家陪审员除了应当具备人民陪审员的一般条件以外,还应当具有解决案件中专业性问题的技术能力,即专家陪审员至少应当具备精神科专业知识。陪审员是合议庭成员,其必须具有一定的权威性,必须保障其能够不偏不倚的认定案件事实和证据,故在强制医疗程序中(包括在其他诉讼程序中)并不是所有具备精神科专业知识的专家都能够作为陪审员参与庭审之中。对此,我们可以从正反两方面对强制医疗程序中专家陪审员的范围进行判定。一是积极条件层面。专家陪审员必须具备精神科专业方面知识;在业界必须具有一定的权威性。二是消极条件层面。陪审员不得具有以下几方面情形:被采取强制措施的人;被禁止从事该专业领域的人;在精神科领域因为故意或重大过失,受到过行业处罚或者造成不良影响的人;其他可能对合议庭形象造成损害的情形。专家只有在上述条件均满足的情形下,方可作为陪审员参与强制医疗庭审程序之中。

其次,关于专家陪审员的动态管理。为了进一步提高人民陪审员工作的透明度和公信度,基层人民法院和中级人民法院应制作人民陪审员候选人名册,建立人民陪审员候选人信息库。笔者认为,在强制医疗程序中,也应当建立强制医疗程序专家陪审员信息库,将符合条件的专家编制成册,然后在需要聘请专家陪审员时进行随机抽选。然而,并不是专家一旦进入专家陪审员库就可以一直处于该信息库中,而应当对其进行动态管理。笔者认为,在专家不能满足专家陪审员工作需要时,可以适时遴选其他专家作为陪审员,同时对于不能履行专家陪审员职责的专家应当及时调整出库。

再次,是否所有强制医疗程序都需要专家陪审员参与。在强制医疗程序中,对行为人精神状态进行鉴定是必经程序,意味着在所有的强制医疗程序中,都会有精神疾病司法鉴定意见。对此,这是否意味着在所有的强制医疗程序中,法庭都有必要聘请专家作为专家陪审员参与到庭审之中?对此,笔者持否定意见。如果双方当事人对精神疾病司法鉴定意见有异议的,或者法庭认为精神疾病司法鉴定意见有疑义的,可以邀请专家作为合议庭成员参与庭审之中。双方当事人和法庭对精神疾病司法鉴定意见都没有疑义的,笔者认为,就没有必要邀请专家陪审员参与庭审之中。

最后,专家陪审员的回避。专家作为陪审员参与到庭审当中,固然要遵守刑诉法规定的回避事由。例如,如果该专家本身是鉴定人,而其所在司法鉴定机构又是接受本案委托对行为人精神状态进行鉴定的鉴定机构,笔者认为,该专家即使没有参与本案的鉴定,其也应当回避,不得作为专家陪审员。同时,根据《司法鉴定程序通则》第33条的规定,①在具体司法鉴定实践中,司法鉴定机构可能会就案件中的专业性问题咨询本机构以外的专家,而该专家却不在鉴定书上签字,而是将其意见存入鉴定档案,而这种专家咨询往往是控辩双方和法官都不知晓的。对此,如果该专家参与过本案的鉴定咨询活动,其也不得作为专家陪审员参与庭审之中。

第四节　庭审中强制医疗与普通 程序的合理转换

上文对于审前程序中有关强制医疗程序与普通程序之间的转换问题进行了分析。当案件进入法庭审理程序之后,其依然存在强制医疗程序与普通程序之间的相互转换问题。目前我国刑诉法和有关司法解释对于庭审中的程序转换进行了规定,但存在较大问题。对此,本节将主要对庭审中的强制医疗与普通程序转换的内容进行阐释分析。

一、立法与实务探析

刑事诉讼包括侦查、审查起诉、审判、执行等,并且各程序依次进行。随着诉讼程序的不断完善和刑诉法的修订,在普通诉讼程序之外,又建立了依法不负刑事责任的精神病人的强制医疗程序等五项特别程序。办案机关依据某项特定程序对案件进行办理之后,原则上就应当依据此选定的程序一直运行下去,直至程序的终结。这不仅有利于诉讼的推进,也可以有效防止程序的随意变更给当事人带来的"诉讼突袭",而无法全面依据新的诉讼程序履行相应职责,从而保障自身权利的实现。

---

① 《司法鉴定程序通则》第33条规定:"鉴定过程中,涉及复杂、疑难、特殊技术问题的,可以向本机构以外的相关专业领域的专家进行咨询,但最终的鉴定意见应当由本机构的司法鉴定人出具。专家提供咨询意见应当签名,并存入鉴定档案。"

（一）最高法院解释对于程序转换的简单规定

首先,在强制医疗程序中,是否最终给予被申请人强制医疗的决定,必须由法庭根据现有证据资料进行判定。而在最终结果方面,法庭最终可能决定对被申请人进行强制医疗,也可能认定其不符合强制医疗程序的适用条件,而作出不予强制医疗的决定。如果是后者,则有可能需要办案机关根据其他诉讼程序追究行为人的刑事责任。其次,如果办案机关根据普通诉讼程序追究行为人的刑事责任,但在庭审中,法庭可能发现行为人符合强制医疗程序的条件,应当适用强制医疗程序对行为人进行强制医疗。上述两种情形都可能产生强制医疗程序与普通刑事诉讼程序两者之间进行程序转换的问题。刑诉法对此没有明确规定,但《最高法刑诉解释》第532、534条对此有相应规定。例如第532条明确,一审法院发现被告人可能符合强制医疗条件的,应当对其进行精神疾病鉴定,如果认定其为无刑事责任能力的,则应当按照强制医疗程序进行审理。第534条则是对二审案件中程序转换问题进行了认定,法院可以直接依照强制医疗程序进行审理,也可以裁定发回重审。

（二）实务操作的"一边倒"情形

在司法实务中也经常会出现强制医疗程序与普通程序相互转换的问题。在决定对被申请人进行强制医疗的案件中,绝大多数都是直接适用强制医疗程序,只有少部分案件是在庭审时适用普通程序,但在审理过程中,法庭发现精神病人符合强制医疗的条件,最终由法庭直接裁决应当对被告人实施强制医疗。根据笔者对中国裁判文书网、无讼网、法信网等案例的统计,这类案件共计85件。通过对这85件案例进行分析,我们可以发现一个现象,这些案件都是法庭发现被告人符合强制医疗条件,而直接裁决其强制医疗,然而对于辩护方在法庭中提出被告人符合强制医疗的辩护意见,在法庭中均没有被采纳。

前者如在"钟某某放火"一案中,①检察机关以被告人钟某某涉嫌放火罪向法院提起公诉,法院按照普通程序对案件进行了审理,但是在庭审中,法庭发现被告人可能符合强制医疗的条件,并据此委托鉴定机构对其精神状态进行鉴定。后经鉴定,被告人钟某某为依法不负刑事责任的精神病人,并

① 参见江西省吉安市吉州区人民法院(2017)赣0802刑初112号刑事判决书。

且符合强制医疗条件,法庭最终判决宣告被告人不负刑事责任,并且决定对其进行强制医疗。这是目前在审理过程中,法庭依据普通程序审理后,对被告人作出强制医疗决定的典型做法。在司法实务中,除了法庭发现被告人符合强制医疗条件,直接对其进行强制医疗以外,辩护方也可能提出被告人为依法不负刑事责任的精神病人,请求法庭予以强制医疗。例如在"王某某非法制造、买卖、运输、邮寄、储存枪支、弹药、爆炸物案"中,①安徽省岳西县人民检察院以普通刑事诉讼程序向法庭提起公诉,辩护人在答辩中提出强制医疗的申请,但是最终法庭以被告人为限制刑事责任能力人为由,没有支持强制医疗的申请。类似情况在实务中较为常见。②

通过上述对立法和司法实务的分析,我们可以发现,在庭审程序中,目前已经发生的强制医疗程序与普通诉讼程序的转换,基本上都是由普通公诉程序转为强制医疗程序,并由法庭作出相应的决定,目前还没有找到由强制医疗程序转为普通刑事诉讼程序的案例,故出现了"一边倒"的情形。同时,对于普通公诉程序转为强制医疗程序的,根据《最高法刑诉解释》的规定,法庭可以直接作出是否强制医疗的裁决,而这似乎又与法院的中立地位相违背。

二、程序转换的欠缺

目前强制医疗庭审程序与普通程序之间的转换形式比较单一,立法规定也较为简略,但不可否认的是,在庭审中,强制医疗庭审程序与普通诉讼程序的转换还存在较大缺陷,对于在实务中可能出现的程序转换问题欠缺一定的指导。同时根据有关规定,还可能同法院的中立性地位存在一定的矛盾。主要表现在以下三方面。

（一）自诉案件中程序转换规则的缺失

我国目前自诉案件包括三种类型,其中第三种是被害人有证据证明对被告人侵犯自己人身、财产权利的行为应当依法追究刑事责任,而公安机关或者人民检察院不予追究被告人刑事责任的案件。对于另外两类自诉案件,行为人显然不符合强制医疗程序的条件,然而第三类自诉案件实则是公

---

① 参见安徽省岳西县人民法院(2017)皖 0828 刑初 101 号刑事判决书。
② 参见广西壮族自治区南宁市江南区人民法院(2013)江南刑初字第 382 号刑事判决书;湖北省罗田县人民法院(2017)鄂 1123 刑初 20 号刑事判决书,等等。

诉转自诉案件,其本质上是公诉案件,但因侦查机关、检察机关没有对其进行追诉,而由被害人自行对行为人进行追诉,因此在自诉案件中,法庭依然有可能发现该类自诉案件中的被告人为依法不负刑事责任的精神病人,需要对其进行强制医疗。对于此种情况,法庭应当如何实现自诉案件诉讼程序与强制医疗程序之间的相互转换,现行法律和司法解释没有加以规定,这就可能造成实践运行的困难。

（二）强制医疗程序转为普通程序规则的缺失

《最高法刑诉解释》目前仅仅对普通刑事诉讼程序转为强制医疗程序进行了规定,而对于强制医疗程序转为普通刑事诉讼程序的情形却没有加以明确。经过法庭审理之后,法庭可能作出强制医疗的决定,也可能作出不予强制医疗的决定。目前在我国强制医疗程序中,法庭据以作出裁决的主要证据是鉴定意见,然而因为司法鉴定的自身特性,例如鉴定机构和鉴定人的技术水平的高低、司法鉴定标准不统一等诸多原因,在实务中,鉴定意见往往会被证明是错误的,这再一次印证了在强制医疗程序中,法庭可能会作出不予强制医疗的裁决,然而一旦法庭作出不予强制医疗的决定,这就表明行为人可能需要就其行为承担特定的刑事责任。

（三）现行程序转换的规定与法庭中立地位相违背

根据《最高法刑诉解释》第532条规定,法院在审理案件过程中发现被告人可能符合强制医疗条件的,应当对其进行鉴定。鉴定结果表明被告人为不负刑事责任的精神病人的,则直接适用强制医疗程序。同时,该条第二款①对庭审程序的程序进行了规定,而且在实践中也是如此运行的。通过上述规定,我们不难看出,在普通程序转为强制医疗程序的过程中,法庭占据着主导性地位,比如主动转为强制医疗程序;主动委托鉴定;主导庭审程序的运行;等等,这显然与法庭应当具备的居中裁判的中立地位相违背,也使得法庭在没有作出是否对行为人进行强制医疗的裁决之前就已经形成了思维定式。在此背景下,诉讼双方尤其是辩护方的权利恐怕就得不到充分保障,使强制医疗程序的最终结果受到质疑的可能性大大增加。

---

① 《最高法刑诉解释》第532条第二款规定:"开庭审理前款规定的案件,应当先由合议庭组成人员宣读被告人的法医精神病鉴定意见,说明被告人可能符合强制医疗的条件,后依次由公诉人和被告人的法定代理人、诉讼代理人发表意见。经审判长许可,公诉人和被告人的法定代理人、诉讼代理人可以进行辩论。"

综上所述,在庭审程序中,强制医疗程序与普通刑事诉讼程序之间的相互转换问题是一个现实且急迫,并在司法实务中经常出现的问题。如何对转换程序进行有效规定,防止其同基本的诉讼理论相冲突,同时有效保障程序之间的相互顺畅运转,保障诉讼各方当事人的合法权益,是我们必须予以充分考虑的内容。

三、程序的合理转换

在强制医疗程序或者普通诉讼程序运行中,法庭发现可能不应适用原程序而应当转为普通程序或者强制医疗程序的,应当采取相应的转换措施。对此,笔者认为可以从以下三方面予以完善。

（一）自诉案件普通程序与强制医疗程序的有效转换

法庭在第三类自诉案件审理过程中,发现可能需要对被告人予以强制医疗的,应当如何处理? 在我国刑诉法和司法解释中并没有予以明确。对此,笔者认为,对于当事人按照自诉程序向人民法院提起诉讼的案件,如果人民法院发现被告人可能为不负刑事责任的精神病人,可能符合强制医疗程序适用条件的,法庭可以依职权启动精神疾病司法鉴定程序,委托法定鉴定机构对被告的精神状态进行鉴定。如果被告人经鉴定为不负责任的精神病人的,法院可以裁定终止审理,并将案件移送检察机关。检察机关收集相应证据,并决定是按照普通诉讼程序移送法院,还是按照强制医疗程序向法院进行申请。这样一来,一方面,可以保持法庭的中立性地位;另一方面,可以通过检察机关的再次收集证据过程,使得案件中的事实能够进一步被查明,从而为法庭裁决是否强制医疗提供确实、充分的证据。毕竟,仅仅通过一份鉴定意见来判定对被告人是否进行强制医疗,由此得出的结果是不公正,也没有证据基础的,这是保障精神病人人身权利的需要,也是为了实现更广范围的法益需要。对于被强制医疗人侵犯自诉人合法权益的行为,自诉人可以通过另行提起民事诉讼的方式进行。

（二）强制医疗程序转为普通刑事诉讼程序

对于检察机关按照强制医疗程序移送法院审理,但是在庭审中,法院认为被申请人为完全刑事责任能力人或者限制刑事责任能力人,需要依法追究刑事责任的,应当退回检察机关处理。在该情形下,法院不得随意按照普通程序进行审理。这是因为,检察机关按照强制医疗程序移送法院是基于检察机关认为被告人符合强制医疗程序的适用条件,应当对其进行强制医疗。如果法院经审理后认为,被告人不符合强制医疗程序适用条件的,则显然行为人可能为完全或者限制刑事责任能力人。侦查机关、审查起诉机关应当根据普通诉讼程序再次收集证据、调查案件事实,从而做出撤销案件、不起诉、附条件不起诉、提起公诉等决定,或者继续按照强制医疗程序向法院提出申请。如果检察机关再次按照强制医疗程序向法庭提起公诉的,法院应当根据证据依法作出相应的裁决。

（三）普通刑事诉讼一审程序转为强制医疗程序

检察机关按照普通程序向法院提起公诉的,如果法庭在审理过程中发现被告人可能符合强制医疗条件的,对于这种情形,目前实践中是直接转为强制医疗程序,由法院进行裁决。但正如上文所述,目前这种操作会与法庭的中立性地位相矛盾,从而影响诉讼双方,尤其是辩护方的权利。因此,对于检察机关依照普通程序提起公诉的,法院认为被告人可能为不负刑事责任的精神病人的,其可以依职权启动司法鉴定,委托司法鉴定机构对被告人精神状态进行鉴定。如果被告人为不负刑事责任的精神病人,法院则应当判决被告人不负刑事责任,而不是直接启动强制医疗程序,否则会与其中立的诉讼地位相冲突,甚至影响精神病人合法权益。对于法庭作出被告人不负刑事责任的判决的,检察机关可以根据案件情况,向法庭提出强制医疗的申请。当然,需要说明的是,辩护人、被告人法定代理人、近亲属等也可以在庭审过程中向法庭提出证据证明被告人为不负刑事责任的精神病人,由法官根据案件具体情况决定是否再次委托对被告人进行精神疾病司法鉴定,并由法庭确定程序的进一步运行。如果被告人具有完全或者部分刑事责任能力,法庭应当按照普通诉讼程序继续审理。

综上所述,无论是在侦查阶段、审查起诉阶段,还是在一审阶段,抑或是在刑事自诉案件中,都可能出现普通诉讼程序与强制医疗程序的相互转换问题。由于两者在当事人权利保障、程序具体运行机制、救济措施、法律效果等方面存在显著差别,故在发生程序转换的时候,首先应当考虑的问题就是当事人尤其是精神病人的权利保障问题,同时确保两种不同的诉讼程序相互协调。

第七章　强制医疗裁判的
形式与救济

　　侦查机关、检察机关在各自诉讼阶段,发现犯罪嫌疑人、被告人可能符合强制医疗条件,需要对其进行强制医疗的,应当向法庭提出强制医疗的申请。法庭在收到申请之后应当及时对被申请人是否需要进行强制医疗进行裁决。根据现行法律规定,法庭应当以"决定"形式就被申请人是否应当进行强制医疗作出认定。法庭最终做出裁决的形式,将直接决定当事人及相关利害关系人的权利救济方案。当然,权利救济方案的选择不仅关系当事人是否能够真正实现权利救济,也将影响强制医疗程序的设置是否科学合理。笔者认为,强制医疗是对被申请人进行关押并予以医学治疗,涉及的是其实体性权利,应当以"判决"形式作出是否强制医疗的决定,这就决定了当事人不能以现行规定的"复议"形式来寻求权利救济,而应以"上诉"的方式来确保权利救济得到实现。因此,本章主要就裁判形式的确认、现行复议体制存在的问题以及上诉的救济路径等进行重点阐释。

　　本章结构见图7-1所示。

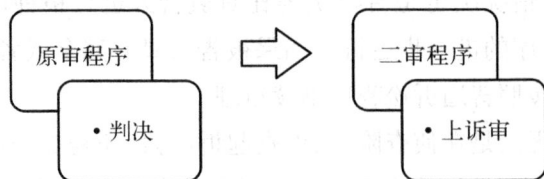

```
┌─────────────┐              ┌─────────────┐
│  原审程序   │    ⟹        │  二审程序   │
│ ┌─────────┐ │              │ ┌─────────┐ │
│ │ ·判决   │ │              │ │ ·上诉审 │ │
│ └─────────┘ │              │ └─────────┘ │
└─────────────┘              └─────────────┘
```

图7-1　本章结构图

第一节　裁判形式的再确认

　　在刑事诉讼程序中,法官应当根据法庭调查、法庭辩论等情况,对被告人的刑事责任问题进行认定,并作出最终裁决。在我国刑事诉讼程序中,法官作出最终裁判的形式有"判决""裁定""决定"三种。"判决"是用于案件中的实体性问题的认定;"裁定"则是对程序性事项和部分实体性事项的认定;"决定"是对程序性事项进行的判定。不同的裁判形式也决定了利害关系人不同的救济途径,例如法庭用判决形式确定行为人刑事责任的,行为人可以用上诉的方式进行权利救济;如果法庭用裁定或者决定形式确定案件中的某些事项的话,则当事人只能通过复议的形式进行救济,甚至对于部分程序还不能寻求救济。

一、立法与实务探析

强制医疗程序解决的是被申请人是否需要强制医疗的问题。合议庭通过控辩双方的举证、质证等,需要对是否给予被申请人强制医疗作出认定。根据我国《刑诉法》第 305 条的规定,由法院作出"决定"。同时,《最高法刑诉解释》第 531、532 条对此也予以了确认,这也决定了被申请人只能通过"复议"的形式寻求权利的救济;《刑诉法》第 305 条规定:"可以向上一级人民法院申请复议"。

在强制医疗程序司法实务中,无论是对于检察机关申请强制医疗的案件,还是对于法院在庭审过程中发现应当对被告人进行强制医疗的案件,合议庭都是通过"决定"的形式对其作出认定。但是针对此种情形,法庭在作出决定前,依然会用"判决"的形式认定被告人不负刑事责任。例如,在"钟某某放火案"①中,检察院以被告人钟某某犯放火罪向法院提起公诉,法院委托鉴定后认定,被告人钟某某为依法不负刑事责任的精神病人,并且符合强制医疗条件。据此,法庭最终以"判决"的形式宣告被告人不负刑事责任,同时,以"决定"的形式对其进行强制医疗。

二、"决定"形式与权利保障不相称

法庭在进行法庭调查、辩论之后,需要就案件中的实体和程序问题作出判断,而判断的形式有"判决""裁定""决定"三类。根据我国《刑诉法》和《最高法刑诉解释》的规定,法庭在强制医疗程序中,最终是以"决定"的形式确

---

①　(2017)赣 0802 刑初 112 号。

定被申请人是否需要强制医疗,然而法庭以"决定"形式确定是否对被申请人进行强制医疗,在司法实践中可能会存在一定阻碍。这主要表现在以下两方面。

(一)"决定"与强制医疗程序涉及的权利范畴不相称

"决定"一般是法庭对诉讼中的程序性事项作出判定的方式,并不涉及案件中的实体性问题,然而强制医疗程序要解决的是被申请人是否符合强制医疗条件,并在符合条件的情形下,由相应的强制医疗机构进行强制医疗。在强制医疗的执行程序中,执行机构需要对精神病人的人身自由进行限制,并实施医学治疗,这涉及的显然是精神病人的实体性权利。因此,由"决定"来对被申请人是否应该强制医疗进行判定,显然在适用范围上存在一定的冲突,甚至在一定程度上弱化了这种限制精神病人人身自由,并对其进行医学治疗的程序地位,这也与强制医疗程序本应发挥的功能不匹配。

(二)"决定"与被申请人的权利救济不相称

现行刑诉法和《最高法刑诉解释》都明确法庭以"决定"的形式对被申请人是否符合强制医疗作出最终认定,这就直接决定了,在当事人不服法庭作出的强制医疗决定时,仅能通过"复议"的形式进行救济。然而在我国,"复议"与"上诉"是两种不同的救济途径,显然存在重要差异。对于"复议",上级法院仅需要进行形式审查,并且无须开庭,就可以直接出具复议结果。而当事人以上诉的形式寻求救济,则法庭在必要的时候需要开庭审理,法官同样需要经过法庭调查、法庭辩论之后才能作出相应的判断,或是维持原裁判,或是改判,或是发回重审。相对"复议"而言,"上诉"显然更能对上诉人的权利进行全面保障。正如上文所述,一旦被申请人被强制医疗,在法律后果上,其人身自由就需要被限制,同时需要接受相应的医学治疗。在社会效果上,被申请人会被贴上"精神病"的标签,并承担由此产生的不利影响。可见,对被申请人权利有如此重要影响的强制医疗程序,如果仅赋予被申请人复议的途径进行救济,势必不能充分保障被申请人的合法权益。

综上所述,刑诉法明确法庭应当以"决定"形式对被申请人是否应当强制医疗做出最终的认定,但从强制医疗程序涉及的被申请人的权利等角度出发,笔者认为在实际操作中还存在一定的困难。

三、"判决"形式更符合实际需求

法庭在控辩双方都参与庭审的情况下，通过双方对证据进行质证，认定案件事实后，对被申请人做出是否强制医疗的认定。对此，我国《刑诉法》第305条对裁决形式和期限都作出了非常明确的规定。① 然而笔者认为，法庭以"判决"形式对被申请人做出是否强制医疗的认定更符合诉讼各方的需求。

（一）判决、裁定、决定三者关系的需求

判决是法院在审理案件终结时就实体问题所作出的决定。裁定是法院在审理诉讼程序问题和部分实体问题时采用的形式，而决定主要是解决诉讼程序问题。判决、裁定、决定三者适用的范围不一样。在强制医疗程序中，如果法院经过合议庭审理，认为被申请人符合强制医疗程序的适用条件，应当将其交付强制医疗执行机构，由相关机构对精神病人采取关押于特定场所的形式，对行为人的精神病进行治疗，这实际上也是对精神病人的人身自由予以了剥夺，是对其实体权利的处分。对此，笔者认为，法庭应当以"判决"形式对被申请人是否应当强制医疗作出认定。

（二）被申请人权利保障的需求

根据我国《刑诉法》的相关规定，法庭应当以"决定"形式作出裁判，而对决定不服的，被决定强制医疗的人员、被害人及其法定代理人、近亲属只能通过向上一级人民法院申请复议的途径寻求救济，然而对于复议的审理，我国刑诉法并没有要求其必须组成合议庭，也没有要求必须开庭审理，更没有要求法庭必须听取法定代理人意见、辩护人意见等，这就可能造成上一级人民法院对复议申请并不会采取开庭的方式，而仅仅是书面审查的方式进行。笔者认为，强制医疗不仅要剥夺被申请人的人身自由，而且要对其进行药物治疗，这种对其实体性权利处分的裁决，如果仅仅以"决定"形式做出，恐怕难以与其特殊地位相匹配。同时，仅通过书面审的形式来对其进行救济，而不赋予其再次经过合议庭开庭审理，并发表不同意见的救济机会，恐怕会使得强制医疗程序的救济沦为虚置。

---

① 我国《刑诉法》第305条规定："人民法院经审理，对于被申请人或者被告人符合强制医疗条件的，应当在一个月内作出强制医疗的决定"。

（三）国际惯例为"判决"形式提供了参考

对于精神病人权利保障和违法犯罪行为的处置,在国外早已有之。例如联合国发布的《保护精神病患者和改善精神保健的原则》,虽然不具有法律拘束力,但其是国际人权法在精神病人权利保护方面最重要、最基本的文件。该文件不仅在其开篇部分就对"独立的主管机构""复查机构"等概念进行了明确定义,而且规定了精神病人"上诉"的权利。[①] 此外,在其他国家立法例上也有类似规定。

例如,美国关于强制医疗程序的规定大致分为三种模式:一是医学模式,即由医生决定是否对精神病人实施强制医疗;二是司法模式,即由法官决定对精神病人实施强制医疗;三是混合模式,即由医生和法院在不同层面分别决定对精神病人实施强制医疗。在第一种模式中,精神病人及其家属等可以向医院提出申请,由医院主管在两名检查医生的医疗证明基础之上,对其是否给予强制医疗做出决定。当然,精神病人及其家属等可以向医院提出听证会的请求。第二种模式是司法模式,即首先对行为人是否患有精神疾病、是否需要给予关押治疗进行评估,但是在评估后,需要法官最终对精神病人是否需要进行强制医疗做出裁决。第三种模式是混合模式,即相关人首先向保安官提出将精神病人进行关押的申请,经过评定,如果认为需要进一步进行收容治疗的,可以对其进行收容,但是如果需要进一步延长收容时间,则需要向法庭提出申请,由法庭根据程序决定。[②] 美国关于强制医疗的第二种模式与我国强制医疗程序类似,但是精神病人对于强制医疗决定不服的,可以通过上诉的方式寻求救济。

俄罗斯有四种强制医疗方式:一是在普通医院接受精神科医生的治疗;二是在普通的精神病院接受治疗;三是在专门的精神病院接受治疗;四是在专门的精神病院接受治疗,但是该专门的精神病院必须加强监管。至于具体采取何种强制医疗措施,则由法庭根据案件具体情况而定。[③] 另外,《俄罗

---

① 《保护精神病患者和改善精神保健的原则》规定:"仅经国内法设立的独立公正的法庭公平听证之后,方可因某人患有精神病而做出他或她没有法律行为能力,并因没有此种能力应任命一名私人代表的任何决定……能力有问题者、他或她的任何私人代表及任何其他有关的人有权就任何此类决定向上一级法庭提起上诉。"

② 参见张吉喜:《中美刑事强制医疗制度相关问题比较研究》,《环球法律评论》2014 年第 5 期。

③ 王牧:《犯罪学论丛》(第六卷),中国检察出版社 2008 年版,第 462 页。

斯联邦刑诉法典》第444条同样赋予了被强制医疗人及申请机关上诉和抗诉的权利。[①]

综上所述，我国法庭以"决定"形式确定被申请人是否需要强制医疗，不仅与"决定"适用范围相冲突，可能还会对被申请人的权利保障产生一定影响。从国外立法例来看，我国完全有必要在确定被申请人是否需要强制医疗时，用"判决"的形式来予以确定。

第二节　救济方式的厘定

有权利必有救济，否则该权利将成为纸上空文，不能落到实处，或者说可以被随意侵犯。在强制医疗程序中，被申请人是实施了违法犯罪行为的精神病人，其已经丧失了辨认和控制能力。在诉讼过程中，由于被申请人已很难有效行使其权利，故需要借助其他人的帮助，甚至是需要法律对其权利保障予以倾斜。因此，在法庭作出裁判后，尤其是裁判被申请人予以强制医疗后，应当赋予相应的救济权利，这也是强制医疗程序中必不可少的部分。正如有学者所指出的："强制医疗的法治化进程关键在于程序构建，核心在于建立司法审查程序，以确保由中立的第三方对关乎公民自由的重大事项作出独立、公正的裁决。"[②]而这个裁判是需要有相应的权力来制衡的，以防止其出现差错的可能。

一、立法与实务探析

（一）立法规定

关于强制医疗程序，对于法庭作出的裁决不符的救济方式，我国《刑诉法》和《最高法刑诉解释》都有规定，其中《刑诉法》第305条第二款规定：被决定强制医疗的人、被害人及其法定代理人、近亲属对强制医疗决定不服的，可以向上一级人民法院申请复议。对此，我们可以从以下几方面进行理解：① 有权对法院的强制医疗决定提出异议的主体是被决定强制医疗人及

---

① 《俄罗斯联邦刑事诉讼法典》规定："对法院的裁决，辩护人、被害人或其代理人、刑事案件当事人的法定代理人或近亲属以及检察长可以依照本法典第45章通过上诉程序提出上诉或抗诉。"

② 陈卫东：《构建中国特色刑事特别程序》，《中国法学》2011年第6期。

其法定代理人、近亲属,此外还有案件中的被害人。② 上述有权主体进行权利救济的方式是"复议"。③ 有权主体提出复议的对象是作出裁决法院的上一级法院。

《刑诉法》对此仅做了十分简单的规定。为了理顺该救济程序,《最高法刑诉解释》第536—539条对复议提起的时间、审判组织、审判期限、审理决定等作出了规定,主要体现在以下几方面:① 当事人提出复议的时间是自收到强制医疗决定书之日起五日内提出。② 在上一级法院对复议进行审理期间,原审法院作出的强制医疗的决定,执行机构应当继续执行。③ 上一级法院审理,应当组成合议庭对案件进行审理。④ 上一级法院审理案件应当组成合议庭。⑤ 法庭经过审理之后,可以作出三种处理:一是驳回复议申请,维持原决定;二是撤销原决定;三是撤销原裁判,发回重审。需要特别说明的是,根据《最高法刑诉解释》第538条的规定,[①]对于检察院抗诉,同时相关权利人提出复议的案件,法院应当按照二审程序审理。另外,对于在复议过程中出现的,然而法律没有规定的情形,法院参照公诉二审的程序进行审理。[②]

虽然立法对强制医疗的救济程序进行了规定,但是纵观这些相关规定,我们可以发现,对于强制医疗救济程序的规定还较为简略,很多内容并没有在法律条文中规定,这可能致使强制医疗复议程序的运行造成一定的困难。

(二)实务探析

在上文对强制医疗复议程序进行阐述的基础之上,我们有必要从实务中对强制医疗复议程序的具体运行进行厘定。需要说明的是,笔者通过对无讼网、中国裁判文书网、北大法宝网等进行搜索,时间跨度为2012—2019年,仅查找到31件案例,这在一定程度上可以说明,在强制医疗程序中,复议案件较少,也可能存在权利行使不充分的原因。笔者将在下文对31件案例进行分析。

通过对已有案例进行分析,我们发现,截至目前,被提起复议的都是被

---

① "对本解释第五百三十三条第一项规定的判决、决定,人民检察院提出抗诉,同时被决定强制医疗的人、被害人及其法定代理人、近亲属申请复议的,上一级人民法院应当依照第二审程序一并处理。"

② 《最高法刑诉解释》第539条规定:"审理强制医疗案件,本章没有规定的,参照适用公诉案件第一审普通程序和第二审程序的有关规定。"

原审法院裁决为"予以强制医疗的决定"。例如,"廉某强制医疗复议案"、^①"李某某强制医疗复议案",^②法庭最终都是对被申请人作出予以强制医疗的决定,尚未发现对不予强制医疗的裁决进行复议的案件。

1. 复议申请主体

在强制医疗复议程序中,除了有原被申请人及其法定代理人、近亲属申请复议以外,还有被害人及其法定代理人、近亲属。例如,在"郭某强制医疗复议案"中,^③原审被申请人及其法定代理人认为,原审"事实不清、适用法律错误、原审程序违法",并据此请求法庭撤销强制医疗决定。在"郭某甲强制医疗复议案"中,^④被害人雷某甲之妻鲁某认为,原审法院认定事实错误,请求撤销原审决定。通过对上述案例进行分析,我们可以发现,强制医疗复议程序主体较为集中,主要表现为原审被申请人方及被害人方。

2. 复议程序的审理方式

对于强制医疗复议程序的审理,《最高法刑诉解释》只明确了法庭应当组成合议庭进行审理,但是是否需要开庭并没有明确。根据笔者对已经找到的案例进行分析,我们发现,除了 5 件案例我们无法判明是否开庭审理之外,有 22 件案例是不开庭审理,占总比的 70.96%;有 2 件开庭审理,是否公开不明;有 2 件公开开庭审理。例如,在"杨某甲强制医疗复议案"中,^⑤法庭经过阅卷、听取复议申请人意见后,不开庭审理了本案。在"文某强制医疗案"中,^⑥法庭组成了合议庭,对案件进行了公开开庭审理。

3. 复议结果

法庭对强制医疗复议程序进行审理之后,应当依照法律作出最终裁决。据笔者统计,在复议程序案例中,有 25 件案例法庭作出了驳回申请、维持原决定的裁决;有 4 件案例法庭作出了撤销原决定,发回重审的决定;有 3 件案例,复议申请人申请撤回复议,法庭均作出了同意的决定。

概括来看,我国目前对强制医疗复议程序的规定较为粗疏。在司法实

---

① (2017)鲁 01 刑医复 1 号。
② (2018)黔 23 刑医复 1 号。
③ (2016)吉 02 刑医复 1 号。
④ (2016)陕 09 刑医复 1 号。
⑤ (2017)黑 04 刑医复 1 号。
⑥ (2017)湘 02 刑医复 1-1 号。

务上,在申请复议主体、复议程序审理方式、复议结果等方面都比较类似,从而需要对我国目前强制医疗救济程序的规定是否合理、是否进行重新构造等进行探究。

二、复议程序的困境

(一)复议主体有限

通过对强制医疗复议程序从立法和司法实务上进行分析,我们可以发现目前针对我国强制医疗程序的最终裁决提出异议的主体主要是被决定强制医疗的人、被害人及其法定代理人、近亲属等,而检察机关是否可以就法庭作出强制医疗的决定是否可以提起复议,在立法上没有明确。当然,这其中存在两种情况,第一种情况是,检察机关依据强制医疗程序向法庭申请对行为人进行强制医疗。在此种情况下,检察机关一般对被申请人是否符合强制医疗条件已经进行了前期判断,并收集了证据。对于法庭作出的予以强制医疗的决定,原则上不会提出异议。第二种情况是,检察机关依据普通程序向法庭提起公诉,法庭在审理过程中发现被告人为不负刑事责任的精神病人,符合强制医疗,因此直接将普通程序转为强制医疗程序,而最终判决被告人不负刑事责任,并决定对其进行强制医疗。如果检察机关不服法庭最终作出的裁决,《最高法刑诉解释》第 538 条对此作出了明确规定,检察机关可以提起抗诉,上一级法院应当依照二审程序进行审理。但是,法庭依照二审程序进行处理的前提,除了检察机关提出抗诉以外,还需要有被决定强制医疗的人、被害人及其法定代理人、近亲属等同时提出复议。如果这些主体没有提出复议,而只有检察机关的抗诉,那么法庭就不能按照二审程序进行处理。在此情况下,对于检察机关的抗诉应当如何处理,《最高法刑诉解释》并没有明确。一旦在司法实务中出现这种情形,法庭必然会出现无法可依,然后各行其是的局面。

(二)复议对象狭窄

无论是从立法规定还是从具体的强制医疗程序实务中进行分析,我们都不难发现,在我国强制医疗程序中,相关权利人只能对法庭作出的,应当予以强制医疗的裁决提出复议。对于法庭作出的不予强制医疗的裁决,相关权利人则不能提出复议。通过对司法实务的分析,我们可以发现,在我国强制医疗程序中,提出复议申请的一般是被害人方以及被决定强制医疗方。

一旦被申请人被法庭决定采取强制医疗,则意味着其无须承担相应的刑事责任,而这对于案件中的被害人而言,往往是难以接受的。从被害人角度而言,其更希望追究行为人的刑事责任。例如,"李某某强制医疗复议案"①"陈某某强制医疗复议案"②都是如此。因此,被害人对于法庭作出的予以强制医疗决定,其可能更希望通过救济的形式予以推翻。而从被决定强制医疗人的角度而言,其被决定强制医疗,就意味着必须被关押在强制医疗执行机构进行医学性治疗。无论他们是否为精神病人,都会被贴上"精神病"的标签,即使以后得以解除强制医疗、回归社会后,被强制医疗人的工作和生活会在一定程度上受到影响。因此,部分被决定强制医疗人或者其法定代理人、近亲属等并不愿意接受强制医疗的决定。如果被决定强制医疗人确实是完全刑事责任能力人或者部分刑事责任能力人,则其更不愿意接受强制医疗的决定。对于被决定强制医疗方而言,其也存在对法庭作出的强制医疗决定提出异议的可能。例如,"郭某强制医疗复议案"③"李某某强制医疗复议案"④都是如此。

然而,笔者需要指出的是,在强制医疗程序中,法庭经过审理后,除了会作出强制医疗的裁定以外,还可能作出不予强制医疗的决定。对于不予强制医疗的决定,其可能是出于两种理由:一是被申请人不符合强制医疗的条件,需要追究行为人的刑事责任;二是被申请人虽然为不负刑事责任的精神病人,但已经不具有人身危险性,不符合强制医疗的条件。对于第一种情况,笔者认为,从被申请人角度而言,我们并不能排除部分被申请人及其法定代理人、近亲属希望其能被裁决强制医疗,既可以让被申请人不用负刑事责任,又能让他们接受医学治疗,防止被释放后再次实施危害社会行为。从检察机关角度而言,经过其前期收集相应的资料和证据以后,认为被申请人符合强制医疗,然而法庭作出不强制医疗的,检察机关则不能就此进行诉讼程序上的再抗辩,而只能通过检察监督的形式进行。如果检察机关通过检察监督的形式对法庭作出强制医疗的决定进行纠正的话,这实际上也剥夺了被申请人和被害人等对检察机关异议的抗辩权,这同时也与诉讼双方享

① (2014)商中刑一他字第 00008 号。
② (2014)鄂武汉中刑终字第 00658 号。
③ (2015)一中刑医复字第 159 号。
④ (2018)黔 23 刑医复 1 号。

有同等的救济权、救济方式等基本诉讼原理相冲突,甚至造成程序的混乱。对于第二种情况,从检察机关角度而言,其同样有对法庭决定提出异议的可能。而从被害人角度而言,这种情况是最为糟糕的情形,被申请人不仅不需要承担刑事责任,而且还无须被强制医疗。从被害方心理上而言,其可能难以接受,从而对法庭的裁决产生不信任,甚至发生缠诉、闹诉等现象。

通过上述分析,我们不难看出,目前我国强制医疗复议程序中的复议对象范围非常狭窄,无法对被申请强制医疗人、被害人的权利进行充分保障,还可能造成程序的混乱无序,这是我们亟须解决的问题。

(三)复议庭审规则缺失

在强制医疗复议程序中,表现较为突出的问题就是,复议庭审规则的缺失。而庭审规则是决定程序能否顺利运行的关键所在,复议庭审规则的缺失使法庭在审理强制医疗复议程序中可能出现无法可依的局面,或者随意进行庭审、各行其是,从而对司法权威性造成损害。现行有关复议程序的规定仅限于由合议庭进行审理,但是合议庭是开庭审理,还是不开庭审理;是公开开庭审理,还是不公开开庭审理,《刑诉法》和《最高法刑诉解释》都没有明确,这在一定程度上导致法庭在庭审过程中无法可依。另外,《最高法刑诉解释》明确,法庭应当在一个月内作出相应的决定,但"一个月"的起止时间并没有明确。另外,如果法院开庭审理,意味着检察机关应当派员出庭,但是检察机关工作人员阅卷时间是否包含在内并没有明确,对相关利害关系人可以提请复议的次数也没有明确。例如,对于上一级法院撤销原决定,发回原审法院重新审判的案件,如果原审法院又作出强制医疗裁决的,利害关系人是否可以提起复议,相关法律没有明确。上一级法院在审理强制医疗复议案件过程中,审理的范围包含哪些,是全面审,还是法律审或者事实审,相关法律条文也没有明确。对于在强制医疗复议程序中,双方当事人、近亲属、法定代理人、辩护人、检察人员等是否出庭也没有明确。上述这些问题都是复议程序庭审规则缺失带来的后果。

虽然《最高法刑诉解释》第539条明确规定:"审理强制医疗案件,本章没有规定的,参照适用公诉案件第一审普通程序和第二审程序的有关规定。"也就是说,对于强制医疗复议程序的审理,如果有专门规定的,从其规定,没有专门规定的,则"参照"二审程序,但是在复议程序中,能够"参照"到什么程度,具体细节流程如何把握,哪些可以参照,哪些不能参照,这些都赋予了法庭相当大的自由裁量权。"参照"是刑诉法的特有概念,刑法中没有"参照",只有"依照",例如受贿罪的量刑条款与贪污一致,就使用"依照"以简化表述,但不能使用"参照",因为"参照"将产生类推效应,违反罪刑法定原则。刑事诉讼重在解决当时发生的程序问题,而刑事诉讼的各种程序流程在细节上存在一定的相似性,例如一审与二审,普通程序与特别程序等。因此,如果不能通过"参照"予以简化,刑诉法将变得极为烦琐,且有很多重复之处,但是程序之间又存在很多细微的差别,"参照"条款又往往比较笼统,经常是整章的参照。这就如上文所述,法庭存在相当大的自由裁量权,然而强制医疗程序与普通刑事诉讼程序存在非常大的差别,强制医疗程序"参照"普通刑事诉讼程序就会产生一定问题。通过上述对强制医疗复议程序的司法实务进行分析,我们发现,就以是否开庭审理而言,强制医疗复议程序在实务中常常是以不开庭审理为原则的,然而在普通二审程序中,法庭则是以"开庭审理"为原则的。正如上文所述,无论原审法庭作出的是强制医疗的决定,还是不予强制医疗的决定,相关诉讼方都有提出异议的可能。如果复议程序不开庭审理,在一定程度上就会对相关诉讼方的权利保障产生侵害。毕竟,法庭可以"参照",也可以"不参照"。这两者都不会违反法律规定。因此,笔者认为,实际上,法庭可以"参照"二审程序对复议程序进行审理,但是"参照"的前提应该是,复议程序中的某些特定内容得以明确,而且"必须"执行。

(四)被申请人权利得不到有效保障

当然在强制医疗程序中,诉讼各方权利都必须得到保障。但是,作为被申请强制医疗人,其权利保障是我们更应当予以特别关注的。毕竟,该被申请人可能是无法对其权利进行充分保障的精神病人。在复议程序中,被申请人的权利可能会受到一定侵犯,其中表现得较为突出的就是,复议期间是否需要对被申请人予以强制医疗。根据《最高法刑诉解释》第536条的规定:"复议期间不停止执行强制医疗的决定",即在原审法院裁决被申请人需要接受强制医疗以后,法庭就应当及时将强制医疗裁决送交公安机关执行,并且在法庭复议过程中,并不会停止对被申请人的强制医疗。例如,在"廉某申请强制医疗复议案"中,①申请复议人廉某对原被申请人陈某某强制医疗

---

① (2017)鲁01刑医复1号。

裁判案进行复议,接受复议的法院于 2017 年 6 月 1 日立案,原被申请人于 2017 年 6 月 2 日入住济南市精神卫生中心强制医疗,法庭于 2017 年 6 月 5 日作出最终裁判。可见,无论是从立法规定还是从司法实务中,我们都可以发现,在强制医疗程序复议期间并不停止执行原审被申请人的强制医疗。

众所周知,法庭在强制医疗复议程序中,经过审理之后,除了可能作出维持原裁决的决定以外,还可能作出撤销原决定的裁决,或者发回重审的裁决。例如,在"范某强制医疗复议案"中,①法庭经过审理之后,就作出了"原审法院违反法律规定的诉讼程序,可能影响公正审判"的最终裁判。又如,在"李某某强制医疗复议案"中,②贵州省兴义市人民法院作出(2018)黔 2301 刑医 1 号裁决,并决定对被申请人予以强制医疗,但是黔西南布依族苗族自治州中级人民法院对复议案件进行审理后,认为原审被申请人李某某"不完全符合强制医疗的全部要件",因而最终作出撤销原强制医疗决定的决定。同时,法庭认定"本决定为最终决定"。对前一个发回重审的案例,原审法院可能继续作出予以强制医疗的决定,也可能作出不予强制医疗的决定。对于后一个撤销原强制医疗决定,作为最终决定的决定,显然原审被申请人无须被强制医疗,这就与强制医疗复议程序中的立法和司法实务产生矛盾。在原审法院作出强制医疗决定后,相应机关就应当交付强制医疗机构执行强制医疗,然而复议结果则可能是原审被申请人无须被强制医疗,这就会产生一个严重问题,即在强制医疗复议期间,原审被申请人被强制医疗,但实际上其并不符合强制医疗条件。换而言之,不符合强制医疗条件的原审被申请人被强制医疗,这显然对原审被申请人的权利造成极大的侵犯,使得不该被强制医疗的人被强制医疗,同时还可能使该被申请人被贴上"精神病"的标签。

（五）复议程序应更加完善

目前我国强制医疗复议程序以不开庭审理为主,少有几件案例是以开庭审理进行的。虽然《最高法刑诉解释》明确法庭应当以合议庭对其进行审理,但是在以不开庭审理为主的模式下,合议庭能发挥的效能到底有多大,合议庭之间是否有合议? 合议的程序、结果如何,都是我们难以查明的。同

---

① （2014）海刑医初字第 2333 号。
② （2018）黔 23 刑医复 1 号。

时,在复议程序中,我们通过对现有司法文书进行分析,不难发现,法庭往往是通过询问申请人、原审被申请人等,再在查阅案卷基础之上作出最终的认定。控辩双方无须在庭审上进行证据调查,无须就证据、事实等问题进行辩论,而法官对案件中的证据、事实进行认证的主要方式是阅卷,带有非常强烈的行政化色彩。在此种模式下,复议程序将不存在庭审,或者直接导致庭审流于形式,这种具有浓厚的行政化色彩的复议程序极大可能会导致复议程序沦为虚置,而且利害关系人的复议申请权也不能得到实质意义上的保障,最终造成强制医疗程序实际成为一审终审。

综上所述,无救济则无权利。鉴于强制医疗程序的特殊性,在立法和司法实务中,我们有必要充分保障在强制医疗程序中,各方诉讼利害关系人的权利得以充分、顺畅的实现,这就需要我们加强对程序中各方诉讼利害关系人的权利救济。然而目前我国复议程序的运行还存在诸多立法和司法实务上的困境,这对于权利救济本身就会产生阻碍。我们首先有必要确认,该救济形式是否妥当? 如果不妥当,我们应赋予利害关系人何种形式的救济手段? 如果妥当,相关部门又应当如何完善该项救济手段。

三、复议程序再反思

对于法庭作出的强制医疗裁决不服的,法律明确规定,相关权利人可以通过复议的形式进行救济。但是笔者认为,我国目前复议程序还不足以满足目前权利人权利救济的需要,这主要表现在以下三方面。

（一）与涉及的权利类型不相匹配

我国强制医疗程序中的复议程序是一种比较特殊的程序,既有别于二审程序,也有别于刑诉法规定的其他"复议"程序。其他的"复议"程序包括:公安机关对检察机关不批捕、不起诉的复议程序;当事人对回避决定、控告答复以及司法拘留决定的复议等,但是这些复议程序,都主要针对的是相关的程序性规定,涉及当事人实体问题较少,因此,只有维持原决定或者撤销原决定两种情况。而《最高法刑诉解释》第537条第三款明确规定,强制医疗复议程序可以发回重审,且需要组成合议庭进行审理,而其他"复议"程序无需组成合议庭进行审理。从而表明强制医疗程序体现了更多实体性救济功能,更接近司法化的二审程序,而不是其他的复议类的行政裁决。另外,《最高法刑诉解释》第538条又规定,在法院自行启动强制医疗程序后,检察机关对判决抗诉,当事人对强制医疗决定申请复议的,即强制医疗程序与普通刑事程序出现并行时,适用二审程序进行一并审理。这进一步表明,强制医疗的复议程序与二审程序具有兼容性。最重要的是,《最高法刑诉解释》第539条规定,除法律有特别规定以外,强制医疗参照适用公诉一审和二审程序的有关规定。这都充分印证了强制医疗程序中的"复议"实际上解决的是被申请人的"实体性"权利问题,这与笔者前文所指出的,强制医疗庭审程序要解决的是被申请人的实体性权利,具有同样的逻辑关系。笔者认为,我国目前的复议程序与其所要解决的"实体性"权利类型并不匹配,即在强制医疗程序中,通过"复议"的形式来对原被申请人是否需要予以强制医疗进行救济并不符合诉讼的基本原理,不利于当事人的权利保障。

　　(二)与诉讼双方机会均等原理不相匹配

　　在诉讼中,诉讼各方应该组成一个"等腰三角形"的模式。法庭居中裁判,控辩平等对抗,这也意味着,诉讼双方在庭审中应当享有同样的权利、履行同样的义务,具有同样或者类似的救济方式。强制医疗程序作为刑事诉讼中的一种特殊程序,同样应当遵循上述基本法理。然而,在强制医疗复议程序中,目前这种诉讼双方机会均等原则已被打破。根据现行法律规定,被决定强制医疗的人、被害人及其法定代理人、近亲属,可以就该裁决向上一级法院申请复议。但是,对于不予强制医疗的决定,上述主体则不可以进行复议,即不能通过复议来进行权利救济。此外,在原审强制医疗程序中,除了上述诉讼主体之外,还有检察机关的参与。检察机关作为诉讼的一方,对于法庭作出的准许或者不准许强制医疗的裁判,也应当有与诉讼另外一方对等的权力,或是复议,或是抗诉。然而,目前我国《刑诉法》和《最高法刑诉解释》并没有赋予检察机关对原审强制医疗裁判进行抗辩的权力。

　　当然,对于原审法庭作出的裁决也并不意味着检察机关就没有任何途径对其进行纠正。根据《人民检察院刑事诉讼规则(试行)》第550条第二款规定:"人民检察院认为人民法院作出的强制医疗决定或者驳回强制医疗申请的决定不当,应当在收到决定书副本后二十日以内向人民法院提出书面纠正意见。"即检察机关发现原审法庭作出的有关强制医疗的裁决,而无论该裁决是予以强制医疗的决定,还是驳回强制医疗申请的决定,都可以通过法律监督的形式进行。检察机关作为法定的法律监督机关,其固然有该项权力,但这并不是与诉讼相对方的救济途径相对等的方式。同时,检察机关通过法律监督的形式向法庭提出纠正意见,一方面具有"指令"性的意味,另一方面,这种检察监督形式在一定程度上也剥夺了诉讼相对方对该异议进行质辩的权利,最终成为检察机关和审判机关两者的活动。因此,笔者认为,目前我国强制医疗复议程序的设定与诉讼双方的机会均等原理并不相匹配。

（三）与权利保障体系不相匹配

第一,在我国强制医疗程序中,法律、法规赋予了相关权利人通过复议的形式进行救济的权利。之所以如此规定,根据立法机关工作人员的解释,刑诉法采取申请复议而非上诉作为强制医疗裁决的救济方式,主要是基于两方面的考虑:一是强制医疗的适用具有时间紧迫性,如果被申请人患有精神疾病应及时作出决定,并尽快予以治疗;二是除了申请复议,被决定强制医疗的人还可以通过强制医疗的解除程序实现救济,采取申请复议的方式足以实现对强制医疗错误裁判的纠正和各方当事人权利的保护。[1] 笔者对此持有不同意见。首先,在强制医疗程序中,被申请人可能是不负刑事责任的精神病人,也可能是应当负刑事责任的人。如果被申请人实际上是精神病人,对其进行强制医疗当然具有紧迫性,然而我国强制医疗程序并不是一审终审的模式。利害关系人对于强制医疗的决定还可以进行"复议",这就意味着,被申请人是否符合强制医疗条件依然是处于不确定状态。例如,在"李某某强制医疗复议案"中,[2]上一级法院就直接作出撤销原决定的决定。将实际上符合强制医疗条件的被申请人尽快送交强制医疗与将不符合强制医疗条件的被申请人送交强制医疗相比,前者的司法成本更大。况且,如果被申请人确实需要紧急加以救治,可以提请公安机关对其采取临时性保护约束措施,同样可以起到类似的效果。

第二,强制医疗解除程序是针对已经被决定强制医疗的人,经过一定时间的治疗以后,相关机关认为强制医疗的人已经不具有人身危险性,可以回归社会后,而向有权机关申请解除的程序。解除程序在一定程度上意味着强制医疗执行程序的终结,这是被强制医疗人本身所享有的权利。但是,笔者认为,在诉讼程序中,尤其会对当事人自由权利进行剥夺的程序中,并不

---

[1]　王尚新、李寿伟:《〈关于修改刑事诉讼法的决定〉释解与适用》,人民法院出版社2012年版,第302—303页。
[2]　(2018)黔23刑医复1号。

能因为当事人享有一项权利,就否定其享有另外一项救济权利。相反,我们只有通过多项途径才能全面保障相关人的权利,尤其是被申请人还可能是辨认能力和控制能力欠缺的精神病人,这就如同在普通刑事诉讼程序中,我们并不能因为被告人可以通过申诉、应当执行的刑期终结等方式寻求救济,就否定其有上诉的权利一样。

此外,在复议程序中,其复议申请主体、庭审实质化、参与人员等都没有明确,即使明确也不能像普通刑事二审程序一样,能够对相关权利人的权利进行全方位的保障。

综上所述,强制医疗复议程序是保障诉讼各方当事人权利,尤其是被申请人权利的重要途径,可以在一定程度上防止不正当的强制医疗。但是,纵观目前强制医疗复议程序的立法规定和司法实务,我们不难看出,复议程序还存在诸多不完善和有待解决的地方。其中最大的问题是,"复议"程序是否能够真正地在强制医疗程序中充分发挥救济功能。笔者认为,"复议"程序并不能成为强制医疗程序的救济途径,应当对此予以完善或重构,并选择一项合适的方式,充分保障诉讼各方的救济权利。

第三节　上诉审程序再构造

根据我国刑诉法的规定,相关当事人可以通过复议的形式对强制医疗的决定寻求救济,然而在强制医疗程序中,复议并不能充分保障诉讼各方的救济权。因此,寻求另外一种更为有效的救济方式也就成为我们需要予以特别关注的重要内容。根据强制医疗程序的特点以及上文有关分析,笔者认为诉讼各方可以通过上诉审的方式来寻求权利救济。

一、上诉审对权利救济的有效性

根据法院裁决形式的不同,诉讼各方有不同的救济形式,对于法院的"决定"可以提出复议,对于法院的"判决"也可以提出上诉。根据我国《刑诉法》的规定,当事人对强制医疗决定不服的,可以申请"复议",这与决定强制医疗的形式——"决定"是相符合的。然而,正如上文所述,以"决定"的形式决定行为人是否应当予以强制医疗,并以剥夺其人身自由的方式对其加以医学治疗并不妥当,故对是否强制医疗应当以"判决"的形式作出。与此相适应,法院对强制医疗裁决以"判决"的形式作出,被强制医疗人及其法定代理人、近亲属、诉讼代理人等就可以"上诉"的形式寻求上一级法院的救济,这在国外有关强制医疗程序的规定中也得以确认。例如《俄罗斯联邦刑事诉讼法典》第 444 条明确规定,当事人对强制医疗裁决可以进行上诉或抗诉。[①]

（一）与处分权利性质相匹配

强制医疗程序所要解决的是被申请人是否符合强制医疗的条件,是否需要对其进行羁押并予以医学治疗,这实际上涉及的就是对当事人的实体性权利进行处分。因此,笔者认为应明确提出法庭需要用"判决"的形式来对强制医疗作出最终裁判。对于法庭经过审理作出的裁判,诉讼双方可能会存在不同的意见,从而需要对该裁决进行救济。对于强制医疗一审程序而言,法庭需要解决的是当事人的实体性权利。对于救济程序而言,提出异议的一方或者多方,同样是对于原审法庭作出的裁判不满意,即对原审法院对当事人实体权利的处分不认同,从而希望通过救济手段使得法庭重新对其实体权利进行处分。换而言之,这实际上是一种对一审裁决进行再次审理的程序,其同样涉及的是当事人的实体性权利的处分。笔者认为,诉讼一方或者双方对强制医疗原审裁决有异议的,应当通过"上诉"的形式对其权利进行救济,这也与上文所提及的,原审法院应当以"判决"的形式对被申请人权利进行固定相匹配。

（二）有利于诉讼各方权利保障

通过上诉审程序来解决强制医疗救济问题,对于诉讼各方权利保障具有重要意义。例如,无论原审法庭在庭审之后对被申请人是作出强制医疗的裁决还是不予强制医疗的裁决,诉讼双方都可以通过上诉的方式对其提出质疑。诉讼双方享有同原审程序一样的权利,履行同样的义务。其依然有权利委托诉讼代理人、有权利对事实和证据进行法庭调查、辩论,依然可以同对方进行对质,这些权利的有效保障和程序的充分运行将毫无疑问地对强制医疗程序中相关事实的认定发挥重要的作用,有助于上诉审法庭作

---

① 《俄罗斯联邦刑事诉讼法典》第 444 条规定:"对法院的裁决,辩护人、被害人或其代理人、刑事案件当事人的法定代理人或近亲属以及检察长可以依照本法典第 45 章通过上诉程序提出上诉或抗诉。"

出正确的裁决。同时,上诉审程序的完善,也会更有利于强制医疗程序中诉讼各方权利的保障,确保裁决的正确。

实际上,通过上诉审的方式来对强制程序中诉讼各方权利进行保障是诸多国家和地区所采取的普遍做法。例如,联合国《保护精神病患者和改善精神保健的原则》规定,患者或其私人代表或任何有关人员均有权向上一级法庭提出上诉,反对将患者拘留在精神病院的决定;又如《加拿大刑事法典》第 672.45 条规定,当事人对于法庭或者审查委员会的处置决定或审查委员会作出的强制医疗处分,可以单独就法律问题或者事实问题或者同时就法律和事实问题,向处置地或者安置地所属省的上诉法院提出上诉;《俄罗斯联邦刑事诉讼法典》第 444 条则规定,对法院的裁决,辩护人、被害人及其代理人、刑事案件当事人的法定代理人或近亲属以及检察长可以依照第二上诉程序提出上诉或抗诉。此外,美国也明确规定,如果被强制收容的精神障碍者不服收容决定,可以通过定期审查听证程序进行处理,也可以提出上诉或申请人身保护令。①

(三)完善的上诉程序可以被直接"依照"适用

目前对我国强制医疗程序的救济是以复议的形式进行的,然而强制医疗程序中的复议又与刑事诉讼中传统的复议存在很大的不同。对于强制医疗程序中的复议,法庭需要组成合议庭进行审理,同时根据不同的情形分别作出的决定。此外,《最高法刑诉解释》第 539 条明确规定,在强制医疗案件审理中,对于法律没有规定的,可以参照二审程序进行,然而我国传统复议程序的审理往往不需要如此复杂的手续。因而,强制医疗程序实际上是构建了一个新型的复议种类。法庭需要根据强制医疗复议程序的新规定来予以实施,这就意味着在刑事诉讼程序中有两种不同的复议程序存在,法庭需要根据不同的案件适用不同的复议程序,这在一定程度上势必会造成法庭诉累的增加。另外需要指出的是,我国的上诉程序无论是在立法规定方面还是在司法实务层面都已经非常成熟,对于诉讼各方权利保障也非常完善。通过上诉的方式来保障强制医疗程序中诉讼各方的权利,具有非常完善的可资借鉴的程序,甚至可以直接适用,而无须再另设新的程序,这对于法庭

---

① [美]爱伦·豪切斯泰勒·斯黛丽、南希·弗兰克:《美国刑事法院诉讼程序》,陈卫东、徐美君译,中国人民大学出版社 2002 年版,第 568 页。

和诉讼双方而言,也减轻了他们的诉累,便于诉讼的顺利进行。正如有学者所指出的:"司法程序中的权利救济最为畅通的途径便是通过上诉引起二审程序。"[1]

综上所述,从强制医疗程序的特点和对权利人进行救济的实质内容来看,相较于通过复议方式来进行权利救济,上诉审的方式不仅是各国惯例,能够有效保障诉讼各方权利人的权利,而且完善的上诉审程序还可以直接被"依照"适用,而无须再设立一项新的程序来遵照执行。因此,上诉审程序应当是强制医疗程序中,对诉讼权利进行保障的较为有效的方式。

二、上诉审之实体性完善

通过上诉审可以有效缓解目前强制医疗救济程序中存在问题。同时,对于上诉审有关问题,我们原则上可以"依照"普通刑事诉讼二审程序的具体规则运行。但是鉴于目前强制医疗复议程序中存在的问题,有必要重申上诉审的实体性问题,以推动上诉审实质化的运行。

(一)为被强制医疗人的利益可以提出救济的主体范畴

强制医疗程序的关键是被申请人是否符合强制医疗的条件,因此,在强制医疗程序中,我们首先要解决的是被申请方对于法庭作出的强制医疗裁判不服的情况下进行救济的问题。根据现行法律规定,可以为被强制医疗人利益申请救济的主体范围包括:被强制医疗的人及其法定代理人、近亲属。笔者认为,该范围相对过于狭窄。首先,正如上文所述,如果被强制医疗人确实为精神病人,其能够或者有能力按照相关程序提出救济的可能性较低,因此需要借助其他人为该精神病行为人利益启动相应的救济程序,尤其是在前述强制医疗审理中,已有鉴定意见证明被申请人为无刑事责任的精神病人的情况下,如果被强制医疗人对被强制医疗决定不服,并向上一级法院进行上诉的,其效力如何,值得商榷。其次,在司法实践中也难免出现被强制医疗人没有法定代理人、近亲属,或者虽然有法定代理人、近亲属,但是他们出于各种原因怠于帮助强制医疗人行使救济权等情形。在该情形下,显然对于被强制医疗人的利益保护不力。为避免上述情形,充分保障被强制医疗人的权利不受侵犯,保障应当被强制医疗的人能够接受强制医疗,

---

[1]　汪建成:《论强制医疗程序的立法构建和司法完善》,《中国刑事法杂志》2012 年第 4 期。

而不该被强制医疗的人不被错误的强制医疗,应当对可以为被强制医疗人的利益提出救济的权利主体的范畴予以扩增。笔者认为,对于被强制医疗人在被确定为精神病人后,对其有监护责任的个人、组织等,可以为被强制医疗人的利益向上一级法院提出上诉。

(二)被害人是否可通过上诉进行救济

精神病人实施违法犯罪行为时可能已经对他人的合法权益造成了侵犯。如果在强制医疗程序中,被申请人被法庭确定为是符合强制医疗条件的,这将意味着被强制医疗人对其所实施的行为不必承担相应的刑事责任。从被害人角度而言,其要求行为人承担相应法律责任的愿景就将落空,从而导致被害人也可能对法庭适用强制医疗程序的条件认定不服。为此,根据我国《刑诉法》第 287 条的规定,被害人也是申请复议的主体,如果被害人对强制医疗决定不服的,可以向上一级人民法院申请复议,这是法律赋予被害人在对强制医疗决定不服时的救济权。然而,在法庭以判决形式确定被申请人是否应当被强制医疗的前提下,笔者认为,被害人直接向上一级法院进行上诉的形式并不妥当,其可以参照普通诉讼程序中对判决不服的救济途径进行救济。例如,被害人可以向检察机关进行申诉,由检察机关根据申诉内容决定是否应当向法院提出抗诉。此外,被害人还可以就精神病人所实施的行为给其造成的损害,向法庭提出民事诉讼请求。

(三)不公开开庭审理模式的选择

在现行强制医疗复议程序中,虽然《最高法刑诉解释》明确要组成合议庭对案件进行审理,但是并没有明确是否需要开庭审理,这也造成了目前在司法实务中,不开庭审理成了常态。正如上文所述,这实际上并不利于诉讼各方权利的保障。笔者认为,鉴于我们应当以上诉审模式来对诉讼各方权利进行保障的现实,对于强制医疗二审程序,我们应当以开庭审理为原则,对案件进行全面审理。当然法庭在开庭审理时,应当采取不公开开庭审理的模式,具体理由同庭审程序的运行,当然主要是因为涉及被申请人的隐私。

需要指出的是,检察机关作为原审程序中的诉讼一方,其对于原审法庭作出的是否对被申请人进行强制医疗的判决,如有不同意见的,可以就该判决向上一级法院提出抗诉。此外,在强制医疗上诉审程序中,法庭同样是要对原审被申请人是否符合强制医疗条件,以及原审程序是否符合法律规定进行全面审理。因此在上诉审中,法庭需要对诉讼中的证据、事实等进行全面认证。笔者认为,上诉审中依然需要吸收专家作为陪审员参与合议庭中。对于上诉审程序,可以依照普通刑事诉讼二审程序进行。

三、上诉审之程序性完善

强制医疗上诉审程序,可以依照普通刑事诉讼二审程序进行,但是鉴于强制医疗程序上诉审的特殊性,笔者认为,我们应当对其存在的两项特殊内容予以特别说明。

（一）二审阶段强制医疗程序与普通程序的转换

在刑事诉讼中,侦查机关经过侦查、检察机关经过审查起诉、一审法院经过裁判之后,控辩双方还可以向裁判的上一级法院进行上诉。如果二审法院在审理过程中发现被告人为不负刑事责任的精神病人的,可能符合强制医疗条件的,法庭该如何处理,如何实现普通刑事诉讼程序与强制医疗程序的转换,是我们应当予以关注的内容。对此,相关司法解释进行了规定。①这种情况下,二审法院可以有两种处理方式:一是直接依据强制医疗程序对案件作出处理;二是裁定发回原审法院重新审判。

对此,笔者认为,二审法院发现原审被告人符合强制医疗条件,需要被强制医疗的,应当裁定发回原审法院重新审判,而不宜直接依据强制医疗程序作出处理。这主要是从保障原审被告人的救济权角度进行考量的。我国《刑诉法》第305第二款对此进行了规定,②即相关人员不服法院强制医疗决定的,可以向上一级人民法院寻求救济。则由此产生的问题是,二审法院直接依据强制医疗程序对原审被告人作出是否强制医疗的裁决,那么这就意味着该裁决为终审裁决,原审被告人不能对其进行上诉,这实际上就剥夺了原审被告人对强制医疗裁决的救济权。换而言之,如果一审法院适用普通刑事诉讼程序,而二审法院直接依据强制医疗程序进行处理,则意味着该强制医疗程序实际上为一审终审。因此,笔者认为,对于此种情形,二审法院应当作出撤销原判决、发回原审法院重新审判的裁定,这可以对诉讼各方的

---

① 《最高人民法院关于适用〈中华人民共和国刑事诉讼法〉的解释》第534条规定:"人民法院在审理第二审刑事案件过程中,发现被告人可能符合强制医疗条件的,可以依照强制医疗程序对案件作出处理,也可以裁定发回原审人民法院重新审判。"

② 《刑事诉讼法》第305条第二款规定:"被决定强制医疗的人、被害人及其法定代理人、近亲属对强制医疗决定不服的,可以向上一级人民法院申请复议。"

权利进行充分保障,不至于造成强制医疗程序成为一审终审。

此外,如果在上诉审期间,法庭认为原审法院强制医疗决定错误的,该如何处理?这在司法解释中并没有明确。① 对此,笔者认为,对于上级法庭在上诉审期间,认为被强制医疗人不符合强制医疗条件的,应当撤销原决定,并根据案件具体情况作出不同处理。对于被申请人为完全刑事责任能力人或限制刑事责任能力人的,应当发回原审法院处理;对于被申请人为不负刑事责任能力人,但不符合强制医疗条件的,应当撤销原决定,并宣告其不负刑事责任。对于上诉审法院发回原审法院处理的案件,原审法院应当根据具体情况,决定是否退回检察机关处理。

(二)上诉审期间停止执行强制医疗裁决

根据《最高法刑诉解释》第536条的规定,复议期间不停止执行强制医疗决定,对此笔者认为,在复议期间,如果不停止执行强制医疗裁决,将会对被决定强制医疗人的权利产生重大影响,然而根据案件实际情况,确实需要在上诉审期间对原审被申请人采取一定措施的,法庭可以提请公安机关采取临时性保护约束措施,而不能直接根据原审法庭的裁决,将其送交强制医疗机构进行强制医疗。因此,上诉审期间我们应当停止执行原审法庭作出的强制医疗的裁决,确有必要的,可以提请公安机关采取临时性保护约束措施。

当然,在强制医疗上诉审程序中,法庭还应当根据相应的庭审规则运行相关程序。笔者认为,对于没有明确的内容,法庭可以依照普通刑事诉讼二审程序执行。

综上所述,法庭经过庭审之后,应当根据案件中的所有事实和证据,以恰当的形式对强制医疗申请作出裁决。根据强制医疗程序的性质及其涉及的权利义务范畴,笔者认为以"判决"的形式作出最终处理,显然更符合诉讼各方当事人权利保障的需求,也与诉讼程序的基本原理相吻合。同样,通过对立法和司法实务进行分析,我们发现,目前刑诉法规定的强制医疗"复议"

---

① 最高人民法院《关于适用〈中华人民共和国刑事诉讼法〉的解释》第537条规定:"对不服强制医疗决定的复议申请,上一级人民法院应当组成合议庭审理,并在一个月内,按照下列情形分别作出复议决定:(一)被决定强制医疗的人符合强制医疗条件的,应当驳回复议申请,维持原决定;(二)被决定强制医疗的人不符合强制医疗条件的,应当撤销原决定;(三)原审违反法定诉讼程序,可能影响公正审判的,应当撤销原决定,发回原审人民法院重新审判。"其中第二项,对于上级法院撤销原强制医疗决定的,原审法院该如何处理并没有明确。

程序存在诸多不妥当之处，而以上诉审程序来充实诉讼各方的权利救济途径，显然更符合立法和实际需求。当然，对于强制医疗上诉审程序中的相关内容，我们应当从实体和程序两方面对其存在的特殊问题予以厘定，而对于其他内容，我们可以依照普通刑事诉讼程序中的二审程序予以运行。

第八章　强制医疗执行程序

　　根据《最高法刑诉解释》的相关规定,法官在控辩双方都参与庭审进行调查的情形下,应当综合全案证据材料和事实,对被申请人作出是否予以强制医疗的裁判。法庭作出裁决后,相应的执行机构应当对其予以医疗。当然,作为衔接法庭裁判与具体执行的中间环节的交付执行,[①]我国相关司法解释有明确规定,即由法院向公安机关移送执行通知书,并由公安机关将被强制医疗人交付执行。对此,《最高检刑诉规则》也作了类似的规定,然而我国有关强制医疗的具体执行程序规定的还不完善,仅在《最高法刑诉解释》第535条作了简单的规定,[②]只明确了交付执行的有关内容,对于强制医疗的具体执行程序,例如执行主体、执行期限、经费保障、评估期限、评估主体等都没有明确。虽然司法解释对解除强制医疗作了一定的规定,但是在诸多内容方面还不完善。2016年8月6日,国务院法制办公室发布《〈强制医疗所条例(送审稿)〉征求意见的通知》,就强制医疗所的有关强制医疗执行活动进行了规定,并公开征询社会意见。上述条例明确强制医疗执行机构兼具医学治疗和强制监管两方面的职能属性,并同时对执行机构的建设与保障、收治、管理、医疗与康复、评估与解除等问题进行了规定,但是该条例一方面还没有颁布实施,另一方面其对部分问题的规定还存在不足。

　　在法庭裁判被申请人应当接受强制医疗以后,应当由特定的执行机构对被申请人进行强制医疗,这就是执行主体的问题。同时,执行机构对被强制医疗人进行强制医疗是在固定期限内进行,还是在不固定期限内进行,这就直接涉及强制医疗的执行期限问题。此外,执行机构对被强制医疗人不仅只是关押,防止其继续实施危害社会,而且还需要对其进行医学治疗。因

---

　　① 胡剑锋:《强制医疗程序适用与检察监督》,中国检察出版社2017年版,第219页。
　　② 《最高法刑诉解释》第535条规定:"人民法院决定强制医疗的,应当在作出决定后五日内,向公安机关送达强制医疗决定书和强制医疗执行通知书,由公安机关将被决定强制医疗的人送交强制医疗。"

此,执行机构需要及时对被强制医疗人的精神健康状况进行定期评估,并在被强制医疗人已经不具备强制医疗条件的情况下,需要及时对其进行释放,使其回归社会,这就是强制医疗的诊断评估和强制医疗解除问题。笔者认为,这几项问题是目前制约强制医疗执行有效运行的重点内容。因此,本章也主要就强制医疗执行程序中的执行主体、执行期限与诊断评估、解除程序等几项重要且迫切需要解决的问题进行阐释。

本章结构见图 8-1 所示。

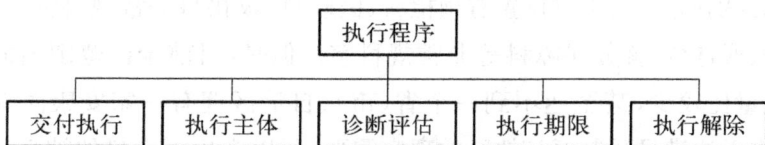

图 8-1 本章结构图

第一节 执行主体的厘定及保障

目前我国有权执行剥夺人身自由的判决的机构是监狱和看守所,对于强制医疗这种既需要剥夺被强制医疗人的人身自由,又需要对其进行医学治疗的机构在已有的规定中并没有明确。在司法实务中,强制医疗执行主体众多,包括安康医院、强制医疗所、精神病院、医院等。正是因为在立法中对于执行机构的有关规定的缺失,故造成执行实务中的混乱局面。同时,在已有的强制医疗执行过程中,我们还发现存在诸多执行规则、执行费用等保障问题没有明确,这势必会影响强制医疗的具体执行,甚至影响被执行人的权利义务。对此,本节将针对执行主体及其保障问题进行详细阐述。

一、执行主体的实务探析

如上文所述,我国立法并没有对由谁来执行强制医疗进行明确,这就造成在实践中执行主体的混乱。笔者试图从已有判例中发现有关强制医疗执行的有关内容,但没有专门的有关执行的案例。因此,笔者仅仅只能通过强制医疗解除的相关裁判文书进行分析,从中发现有关执行主体的相关内容。但是,对于执行主体的具体执行行为依然没办法查明,只能通过现有资料和对相关强制医疗执行机构的走访发现其中存在的比较明显的问题,并予以说明。

（一）执行主体的多样性

根据强制医疗解除案例的统计和分析,我们发现,强制医疗的执行主体主要包括安康医院、强制医疗所、精神病院和普通医院等。其中,安康医院和精神病院所占比例较大。安康医院为公安机关下属的强制医疗的执行机构。作为强制医疗的专门机关,它同时具备治安管理和治疗两个职能,即危害社会治安的精神病人不仅在这里进行强制医疗,同时还受其监管。[①]　与普通医院区别的是,它不仅设置有预检科、医政科、政秘科等常规科室,还有监区医疗、戒毒科、警务保障科等非常规科室。但是,目前全国范围内的安康医院数量比较少,甚至达不到一个省（市）、自治区拥有一家安康医院的分布,根本无法满足强制医疗执行的现实需要,所以产生了大量的被强制医疗人被送到了精神病院,甚至是在普通医院进行强制医疗。例如,广东省各级人民法院在 2016 年共决定强制医疗 156 人。其中,在公安机关强制医疗所执行的 29 人;在政府指定精神卫生机构执行的 40 人;在民政部门精神病院执行 14 人;在普通精神病院执行的 73 人。全省只有广州市设立了一所强制医疗所,实际强制医疗对象为 232 人。[②]

在此需要说明的是,目前在部分地区,相关部门已经成立了专门的强制医疗执行机构——强制医疗所,并且都是属于公安机关的下属部门,但是数量极少。因此,这就造成在强制医疗执行中,出现执行主体不统一的混乱局面。

（二）执行主体管理体系的多样化

强制医疗执行机构管理体系的多样化,主要是由于执行主体的多样化造成的,但是在执行主体中,医院、精神病医院、强制医疗所的管理主体都比较清晰,唯独对于安康的管理,在不同省份有不同的规定。因此,本书将着重就安康医院的管理体系进行分析。我国不同地区对安康医院的性质理解存在差异,这也就决定了其管理主体存在一定的差异。1987 年后,许多地区将原来承担关押精神病人的机构改名为"安康医院",但由于编制等原因,造成安康医院或是由民政系统管理,或是由卫生系统管理,或是由公安系统和

[①]　张军、江必新:《新刑事诉讼法及司法解释适用解答》,人民法院出版社 2013 年版,第 466 页。

[②]　刘小红、李晓兵:《强制医疗执行监督问题研究——以广东检察机关司法实践为例》,《中国检察官》2018 年第 10 期。

民政系统共同管理,例如广州市安康医院之前由公安部门和民政部门共同管理,在 2004 年以后才由公安机关单独管理。此外,苏州安康医院、山东安康医院虽然隶属于卫生系统,但依然要收治被强制医疗的精神病人。我国《刑诉法》修改实施后,部分属于公安部门管理下的安康医院被改名为强制医疗所,职能进一步得到明确,即对被强制医疗人进行强制医疗,同时对于正在接受强制医疗裁判的精神病人进行关押,但"安康医院"这个名称仍然得到保留。此外,需要强调的是,虽然全国有不少机构挂着"安康医院"的名称,但却不是公立医院,而是私立医院,例如河南中牟县安康医院,但这并未妨碍他们 2013 年后也承担着收治精神病人进行强制医疗的任务。

从严格意义上而言,只有公安系统管理下的安康医院才有对执行法庭强制医疗裁决的职权,而其他机构,包括医院、精神病院等强制医疗并无执行权限,但在实践中,不但精神病院承担了强制医疗的执行职责,例如在"侯某强制医疗案"[1]中,执行场所就是济宁市精神病防治院;"王某某强制医疗案"[2]中,执行场所是山西省太原精神病院,而且还有一些普通医院也成为强制医疗的执行场所,比如在"张某强制医疗案"[3]中,执行场所就是安徽省宿州市第二人民医院;"杜某强制医疗案"[4]中,执行场所是四川省宜宾市第四人民医院。

(三)执行主体数量有限且呈饱和状态

虽然目前我国强制医疗执行主体主要包含上述四类,但主要是安康医院和精神病医院,然而这些执行机构目前数量还很少且分布不均匀。以安康医院为例,截至 2012 年年底,我国的安康医院只有 28 所,[5]其中以浙江省

[1] 参见山东省梁山县人民法院(2014)梁刑医决字第 3 号解除强制医疗决定书。
[2] 参见山西省清徐县人民法院(2014)清刑解医字第 1 号解除强制医疗决定书。
[3] 参见安徽省萧县人民法院(2014)萧刑解初字第 1 号解除强制医疗决定书。
[4] 参见四川省屏山县人民法院(2015)屏山刑医解字第 1 号继续强制医疗决定书。
[5] 2010 年之前建设的有北京市公安局强制治疗管理处(北京市安康医院)、唐山市公安局安康医院、天津市公安局安康医院、内蒙古自治区公安厅安康医院、黑龙江省公安厅安康医院、吉林省公安厅安康医院、山东省安康医院(济宁市精神病防治院)、合肥市公安局安康医院、上海市公安局安康医院、杭州市公安局安康医院、金华市公安局安康医院、宁波市安康医院、绍兴市公安局安康医院、福州市公安局安康医院、武汉市公安局安康医院、广州市安康医院、深圳市公安局监管局(深圳市安康医院)、西安市安康医院、宁夏回族自治区公安厅安康医院、新疆生产建设兵团安康医院、成都市公安局安康医院、海南省公安厅安康医院。2010 年之后新建了湖南省安康医院、南通市安康医院、重庆市安康医院、德阳市安康医院。参见胡剑锋:《强制医疗程序适用与检察监督》,中国检察出版社 2017 年版,第 211 页。

最多,在杭州、金华、宁波、绍兴有四所。全国安康医院共有床位超过1万张,数量以京津杭最高。目前这些安康医院的收治能力已经达到饱和状态。例如,杭州市安康医院既是杭州市公安局管理、卫健委指导下的专业医院,又是执法机构,和别的专业医院不同的是,这里的医生和护士基本身着警服。根据杭州市安康医院的数据显示,目前,该院常年住院的精神病患者有400人左右,其中涉及杀人、暴力伤害等恶性案件的住院病人占到一半左右,住院十年以上。特别是2013年我国《刑诉法》实施以来,强制医疗病人及临时保护性约束对象的收治比例逐年增长,其中法院依法决定强制医疗的病人超过60人。[①]

　　然而在实务中,安康医院的床位已经达到饱和。例如,西安市安康医院原本只收治肇事肇祸的精神病人,但是因为普通精神病院基本不敢收有暴力倾向但没有肇事肇祸的精神病人,所以若是家属把这些人送过来,安康医院也只好进行收治。精神病治疗区一共可以提供150个床位,该治疗区近三年接收治疗的精神病人共达到221名,现阶段住院有101人。其中,有10人是被法院决定强制医疗的,其他45人是因肇事肇祸被公安送来强制医疗的,其中曾杀过人的精神病人竟达41人,占比高达75%。

（四）执行费用的保障薄弱

　　费用问题在强制医疗执行实践中一直没有得到解决,也是相应执行主体在对被执行人进行强制医疗时所面临的巨大难题。例如,许多安康医院都表示财政问题是安康医院改善硬件条件的瓶颈问题。根据2016年的资料显示,广东省某市强制医疗定点医院被拖欠强制医疗费用高达80.47万元。某市康宁医院截至2017年2月,强制医疗执行对象累计欠费已达257.4万元。类似情况在珠三角等各地市普遍存在。[②] 强制医疗费用主要包括:鉴定、医药、诊断、伙食、住宿费等。山东省被强制医疗人在县、乡级医院治疗费用约4 000元/月,在市级以上医院约6 000—8 000元/月。山东省三年来被强制医疗人数量平均每年60人,医疗费用358.2万元,但是,山东省财政

---

　　① "揭秘收治强制医疗精神病人的杭州市安康医院",https://zj.zjol.com.cn/news.html?id=480772,最后访问日期:2019年3月25日。

　　② 刘小红、李晓兵:《强制医疗执行监督问题研究——以广东检察机关司法实践为例》,《中国检察官》2018年第10期。

却没有强制医疗的预算开支。①

目前我国强制医疗的执行机构主要集中在安康医院、精神病医院、强制医疗所和普通医院,这些执行主体在实务中表现出管理体系的多样化、数量的有限性,同时目前执行机构的经费保障也较为薄弱。从上述分析中,我们可以发现,强制医疗执行主体在实践中目前存在的一些问题,对这些问题进行厘清将有助于我们提出完善强制医疗执行程序的措施。

二、难以为继的执行主体

(一)执行主体管理体系对强制医疗执行产生阻碍

我国现有的刑事立法对强制医疗的执行主体并未予以明确规定,对于执行主体的管理也存在不同的体系,而体系的不同就会造成对被强制医疗人采取不同的强制医疗方式。有的观点认为,强制医疗应当由公安机关执行,这既符合我国国情与司法实际,又能促使刑事强制医疗程序与刑事普通程序的顺利衔接。有的观点认为,应当由精神病院执行强制医疗,就人身自由的限制和剥夺而言,其与刑罚并无不同,因此,强制医疗应属于一种限制人身自由的强制措施。该观点认为,虽然《最高法刑诉解释》第535条作出了由"公安机关将被决定强制医疗的人送交强制医疗"的规定,但根据我国《立法法》第8条的规定,对剥夺、限制公民政治权利、人身自由的强制措施和处罚的事项只能通过制定法律予以规定,因此,由最高人民法院将公安机关指定为执行机关,违反了我国《立法法》的规定。

关于更深入层面的问题是执行主体的管理,即是否应当有固定的强制医疗执行机构,如果有,该由谁来设立、管理、监督;如果无须固定的执行机构,具体应当由谁来对强制医疗的执行履行相应职责,避免在实践中,法庭已经对被申请人作出强制医疗裁决后,公安机关要根据不同的执行机构的收治情况临时决定由谁对精神病人进行强制医疗。这种执行现状非常不利于被强制医疗人精神恢复和监管,甚至由于执行主体因为在硬件、软件等方面达不到对精神病人进行强制医疗的要求,不仅不能实现医学治疗目的,而且还可能会对精神病人在强制医疗期间的权利保障造成侵犯。因此,执行主体管理体系的问题已经成为影响强制医疗执行的一个重要内容。

---

① 王荣华、宋远胜:《强制医疗执行监督工作实证研究》,《中国检察官》2017年第9期。

（二）执行主体收治能力已无法满足实践需求

我国目前执行主体主要有四种类型，其中最为主要的是安康医院。但是目前我国安康医院数量少、收治能力有限，已经无法满足强制医疗执行对场所的需求，在一定程度上也造成了需要吸收部分精神病院对被强制医疗人进行强制医疗，但这些精神病院的相关基础设施建设及相关人员配置都比较薄弱。① 例如，在江苏沭阳县"王某杀母被强制医疗的案"中，王某就是在普通精神病医院里接受强制医疗的，而且与他同病房的其他 20 多名病人全部是 2013 年被公安机关决定送来的，且均杀过人。可见，由于安康医院数量较少，难以满足实际需要，使得其他精神病院也承担了这一职能。安康医院的数量和实际需要并不匹配，因此增加安康医院的数量成为急需。而根据公安部的规定，各省、自治区、直辖市目前若没有设置安康医院，则必须在 2012 年年底前至少设立一所安康医院。②

另外，通过对精神病院、医院、强制医疗所执行情况的了解，笔者发现，目前这些主体对于强制医疗执行承担的压力特别大，甚至医学治疗的床位已经无法满足对精神病人进行医治的需求，这就造成在个别精神病医院、普通医院出现对被强制医疗人进行关押并治疗最长期限为 3 年，3 年后无论其是否已经好转，均予以释放的情形。可见，我国强制医疗目前执行主体的收治能力在一定程度上，已经很难满足强制医疗执行的需求，这就会可能导致强制医疗的功能无法得到充分实现，也可能导致强制医疗程序最终仅仅停留在裁决书上，无法得到切实执行。

（三）强制医疗执行规则的缺失影响执行的具体运行

无论是何种性质的执行机构，在接受被强制医疗人以后，就需要对其进行强制医疗，但是目前我国相关立法并没有明确强制医疗机构具体应当如何对被强制医疗人进行强制医疗，实践操作方式不明确，实践中也有个别强制医疗机构自行制定了相应的实施办法。例如，2013 年西安市安康医院在收治第一个被强制医疗人后，为了履行强制医疗职责，制定了《强制医疗条例》，作为他们执行强制医疗决定的工作规范，其涵盖诊断评估、评

---

① 张金祥：《刑事强制医疗执行现状的调查报告——以西宁市为例》，《鄂州大学学报》2015 年第 3 期。

② 孙谦：《〈人民检察院刑事诉讼规则（试行）〉理解与适用》，中国检察出版社 2012 年版，第 484 页。

估期限、家属探望、投诉、收费等多方面内容。但是这仅仅是某一个执行机构的内部规章制度,并不具有参照性,对其他机构也不具有效力。由此可见,这就造成强制医疗机构在实践中运行会存在非常大的问题。例如,在西安市首例强制医疗案件——"魏某强制医疗案"中,法院在作出强制医疗的裁判后并没有说明由谁来送,具体送到哪个安康医院。因此,由谁来送交执行成为一个问题。强制医疗机构接收被强制医疗人以后,其应当怎么具体执行强制医疗也不明确,法律法规也没有作出具体的规定。尽管西安市安康医院有管理办法,但对于如何实施强制医疗,他们无先例可循。

目前,刑诉法及相关司法解释仅仅对执行作了笼统规定,对于执行的具体规则,例如住院条件、出院标准、执行细则等,缺乏统一、细致的规定,也正是由于缺乏明确的执行规则,导致目前司法实践中出现强制医疗执行主体在执行强制医疗过程中,重管制轻医疗,这在一定程度上造成许多人认为强制医疗执行主体只要监管精神病人,让他们不死、不跑就完事了,变相地把执行机构变成了拘留所、监狱,这是对执行机构的定位不准确。我们不能因为精神病人丧失了理性,而将他们"非人化""客体化",精神病人也是人,理应受到尊重和关怀。通过管制,达到治疗精神疾病,消除精神病人人身危险性,使其重新回归社会,才是强制医疗的宗旨。

(四)执行费用负担的不明确使执行主体捉襟见肘

在司法实践中,由于我国现有法律法规对强制医疗执行程序的规定并不完善,使得实施强制医疗执行面临诸多窘境。其中,强制医疗费用成为最突出和难以解决的问题。强制医疗执行主体需要配备必要的硬件、软件,从而满足对被强制医疗人进行法律层面的关押,以及医学层面上的治疗的目的,这都需要一定的经费支撑。然而由于强制医疗是一种国家行为,因而被强制医疗人家属往往并不会缴纳相应的费用,同时精神病病人家属经济往往都比较困难、拮据,无力承担治疗费用。此外,受各地财政因素的制约,如果强制医疗费用由各地政府自行解决,这无疑会加重地方政府的负担,导致个别地方不愿意或者无力配合开展强制医疗工作,如此难以保证强制医疗实施效果,使得强制医疗实施效果大打折扣。

由此可见,沉重的财务负担是大部分强制医疗执行机构面临的重大困难。只有极少数的执行机构,或者说公权力机关设立的少数安康医院的财政有地方性法规予以保障,能够获得相应的财政拨款,但在实践中,大部分强制医疗执行主体都是自负盈亏,缺乏资金保障,这就会对实践中强制医疗的具体执行产生非常大的影响。例如,在"韩某某故意杀人案"中,公检法等各方对强制医疗的费用由谁支出的问题产生了争论。在多次协调以后,决定由公安机关先行垫付。再次需要予以说明的是,虽然西安市安康医院的内部条例规定了由送交执行的主体支付相关费用,但是这仅仅对执行主体内部有约束力,对外并没有强制效力。因此,严重的财务负担成为强制医疗执行中的重要障碍。这些被决定强制医疗人,本身具有较强的社会危险性,不能直接予以释放,必须予以关押并进行强制医疗。由此可见,这种被强制医疗人需要被强制医疗,而强制医疗执行主体无力负担的局面,在很大程度上就是因为强制医疗费用无法得到有效保障。

三、执行主体的确认及其保障

明确强制医疗执行主体是目前我们亟须解决的重要问题,这不仅关系强制医疗裁决能否得到有效执行,而且也关系精神病人的权利能否得到合法保护。笔者认为,我们可以从以下几方面对强制医疗的执行主体予以确认,同时为保障执行主体能够有效执行强制医疗,相关部门应当提供全面保障。

(一)执行主体的再确认

笔者认为,对于公权力而言,"法无明文授权即禁止"。公安机关有无执行强制医疗的权力应当由法律作出明确规定,况且,我国一直以来强调医疗程序的司法化,力求"去行政化",防止被精神病现象的发生。如果将公安机关定位于强制医疗执行机关,则难以消除行政化的烙印。因此,关于强制医疗执行机关需要由法律作出明文规定。关于强制医疗的执行主体,境外规定得较为完善。例如,英国在强制医疗的实施过程中应用了社区治疗与医院治疗相结合的制度,且设立了专门性的精神卫生委员会来对强制医疗程序的执行进行监督。在英国,如因床位不足等原因使被强制医疗的精神病患者无法继续接受住院治疗时,针对部分人身危险性较小的行为人可以先行转为缓刑;对于人身危险性较大、且必须予以处罚的行为人,可以暂时羁押在监狱或者其他医院,待客观原因消除后立即到指定医院继续接受治疗。

对于在监狱服刑期间患上精神疾病的罪犯,是否需要从监狱转到精神病医院或其他医院治疗的前提条件应当是以罪犯自身的违法性、人身危险性程度的需要来决定,为了解决精神病患者人数众多之间的矛盾,英国对监狱的医疗环境、医疗设施配备、医生资质条件等软硬件都作出详细、操作的规定。可见,英国是根据被强制医疗人的具体情况来确定具体执行主体的,且有明确的标准。

就我国目前情况来看,笔者认为由安康医院以外的合法、有资质的第三方精神病治疗机构来分担部分强制医疗执行是符合我国国情的,同时,我们还可以利用政府掌握的众多有效资源,依托政府作为执行指挥部,由地方政府针对地方具体情况出台相关实施细则,调动地方所属的公安、卫生、财政、民政、司法等部门,明确分工、各司其职,充分发挥各部门的职能,以便顺利开展强制医疗执行工作。由特定强制医疗机构专门负责精神病人的强制医疗的执行势在必行,且相关部门已经正在着手起草相关文件,并进行必要的准备工作。在此,我们应当明确的是,精神病人的强制医疗的执行与传统自由刑的执行并不相同,其更侧重对被强制医疗人的医学治疗,这就要求强制医疗必须要符合法律法规和医疗技术规范。然而,社会上目前存在的精神病院等机构,对于被强制医疗人精神状态进行治疗,在强制医疗这一层面而言具有一定的功效。因此,对于特定情形下的精神病人,相关部门可以考虑将符合条件的精神病院作为强制医疗执行机构之一。社会上现有的各类精神病院、医疗康复机构的软件和硬件比较完善,对于精神疾病的治疗有很大的优势,对其进行社会职能的转化,由这些机构承担部分强制医疗工作,不仅可以消除肇祸肇事精神病人的危险,实现精神病人回归社会的目的,而且也能够有效避免重复建设,实现资源共享。这无疑对于我们节约目前有限的司法资源,充分发挥社会资源在解决刑事纠纷中的重要作用具有重要意义。但是,对于可以在精神病院、医疗康复机构执行强制医疗的行为人的范围、程序、监督、被强制医疗人权利保障等内容还需要我们进一步的研究和明确,以确保行为人免于受到任何不公和不正当的待遇。

此外,为了确保被强制医疗人精神疾病治疗的质量和效果,依法保障被强制医疗人的权利,无论是何种执行主体都应当取得精神科医疗机构执业资质,按照国家有关规定进行医政管理和建设标准管理,并设立强制医疗区、行政办公区。

（二）分门别类地交付执行

与其他国家强制医疗执行程序相比，目前我国法律并没有根据被强制医疗人的精神以及其他情况对强制医疗的监管和治疗进行种类的划分。尽管安康医院、精神病医院和普通医院都承担了强制医疗执行的职责，但究其原因，主要是由于安康医院数量少，而不是由被强制医疗人自身的特点决定的。如果从有利于被强制医疗人回归社会的角度出发，我们应该结合精神病人个体特点，有针对性地对精神病人采取更为多样化的治疗方式和监管方式。例如，对于人身危险性较大的精神病人应当实施住院治疗，采取较高的安保措施；而对于人身危险性不大、亲属愿意且能够尽到管理责任的，我们可以交给社区监管，并配合定期门诊治疗。这样，不仅能够缓解当前强制医疗机构"人满为患"的状况，在一定程度上也有利于被强制医疗人恢复健康。因为从精神病学的角度来看，精神病人的健康恢复往往在熟悉的环境中相对容易一些。在相关国家中，这已经成为普遍做法。例如，1937 年，美国威斯康星州将精神病人分为精神障碍型、精神缺陷型、精神疾病型、精神不正常型、精神扭曲型、精神迟滞型、其他不典型或不能分类的七类精神病人，[①]并且办案机关会根据精神病人的不同类型来确定由不同的执行主体实施不同的执行方式，以便能够对症下药，以确保精神病人能够得到有效和及时的治疗。

虽然我国《人民检察院强制医疗执行检察办法（试行）》第 6 条对强制医疗的执行场所进行了明确，[②]即强制医疗的执行应当由"强制医疗所"承担，但目前我国强制医疗所的建立并没有全面展开。所以，第 6 条又进一步明确，由政府指定"精神卫生医疗机构"临时履行强制医疗职能，即在强制医疗所没有设立之前，被决定强制医疗人应当由政府指定的精神卫生医疗机构执行，也就是上文中所提到的安康医院。虽然该规定在现行强制医疗执行中能够有效缓解目前无机构对强制医疗进行执行的尴尬局面，但是仅由最高检的一个试行办法来确定强制医疗的执行机构，似乎效力层级过低，覆盖

---

① 王洪宇、陶加培：《刑事强制医疗制度的世界经验与中国模式》，《河南社会科学》2016 年第 9 期。

② 《人民检察院强制医疗执行检察办法（试行）》第 6 条规定："对强制医疗所的强制医疗执行活动，人民检察院可以实行派驻检察或者巡回检察。对受政府指定临时履行强制医疗职能的精神卫生医疗机构的强制医疗执行活动，人民检察院应当实行巡回检察"。

面较小,甚至有可能在真正具体执行过程中遇到困难。对此,笔者建议,应当通过修改相关立法,就强制医疗的执行机构予以明确,在立法条件还不成熟的情形下,我们可以先行通过由最高法院、最高检察院、公安部、司法部等多个部门共同发布法律性文件的形式予以推进。同时,我们应当进一步加快符合条件的强制医疗所的建立,并尽快出台《强制医疗所条例》。

此外,在参考国外立法体例的基础之上,并参照我国的司法实践情形,我们可以根据精神病人的病情的不同而进行分类,从而采取侧重点不同的治疗方法,包括小组治疗、行为修正、震惊治疗、个人忠告、心理治疗以及与他人交往指导,等等。同时在对精神病人实施的监管措施方面也可以因人而异,采取特定的机构监管、社区监管、刑事治疗等分类监管、分类治疗的方式,做到有的放矢,执行机构也能够准确地将精神病人分类到适合其监管的场所,从实质上达到强制医疗的目的,以利于被强制医疗人精神健康的恢复。

(三)强制医疗执行程序具体操作规则的完善

执行主体在收治被强制医疗人之后应当如何进行强制医疗,目前我国还没有相关的法律予以规定。笔者认为,制定明确的、具有可操作性的规则是执行主体进行具体工作的行为指南和依据,也是维护和保障被强制医疗人合法权益的重要基础。2016年6月8日,国务院法制办公室发布《强制医疗所条例(送审稿)》,并公开征求意见。该条例共7章、47条,包括总则、建设与保障、收治、管理、医疗与康复、评估与解除和附则。条例对强制医疗的执行场所、强制医疗的功能、被强制医疗人的权利保障、强制医疗场所的主管部门、强制医疗所的建设与经费保障等事项进行了规定,并对强制医疗所的建设与执行提供可操作性的法律依据。尽管这一规则还需要进一步细化,但仍然为下一步完善强制医疗执行的具体规则提供了蓝本。笔者认为,相关部门应当尽快根据条例公开征求意见的情况进行修改,并推动条例的颁布实施,为强制医疗的具体执行提供依据和操作标准。

对于其中几项比较重要的操作流程,我们应当予以特别关注。笔者建议,法庭在作出强制医疗裁决后,应将相关执行文书送达同级人民政府或其负责强制医疗的专门领导小组,再由接收单位按照预先制定的小组成员分工派发工作,可以由公安部门负责精神病患者送交、安全及监管工作;由卫生部门负责隔离治疗和康复;由民政部门负责扶持、救助;由司法行政部门负责综治管理或社区矫正；由财政机关负责财政经费投入。不同区域的安康医院或强制医疗机构应当加强联系与合作，为每一个参加治疗的精神病人建立一份电子档案，方便对其进行医疗与管理。安康医院或强制医疗机构应当配备先进的医疗人才，只有素质过硬医疗队伍才能取得良好的医疗效果。医务人员不但要让精神病人尽快康复精神状态，而且要时刻关注精神病人人身危险性的消长变化情况，及时为精神病人进行定期诊断评估，向法院提供科学合理的专业建议和意见。强制医疗执行机构应当营造人性化的监管与医疗卫生条件，保证精神病患者有良好的治疗效果。

（四）建立统一的强制医疗经费核算系统

刑事强制医疗的相应费用应由国家统筹安排，而不应由各地自行解决。笔者认为，我们可以考虑由政府设立强制医疗专项基金，将医疗机构修缮费用、医护人员薪酬、精神病患者医疗费用、评估诊断或鉴定费用等纳入该专项基金。如果精神病人已参加医疗保险或社会保险，应由相关医疗保险机构负担医疗费用。精神病人有工作单位的，强制医疗费用可由所在单位按照相关规定报销；无工作单位，又无固定收入且家属无力承担费用的精神病人，强制医疗费用可由专项基金支出，这样不仅能确保强制医疗立法目的得以实现，而且还充分体现了保障公众安全、维护社会和谐有序的国家责任。精神病人强制医疗工作的经费投入到位，执行活动有坚强的物质后盾，才能保证各地正常、顺利、有效、有序地对精神病人进行救治，才能实现真正意义上的权利保障。至于专项基金的来源，可以包括社会捐助、国家财政拨款等。

第二节　执行期限与诊断评估的确定

《刑诉法》第 306 条对被强制医疗人的定期评估进行了规定，即被强制医疗人经过医学治疗后，经过评估，被认为已经没有人身危险性，可以回归社会，并应当提出解除强制医疗的申请，报法院批准。这里的人民法院是指作出强制医疗决定的人民法院。但立法对于执行过程中的执行期限、首次评估期限、定期评估的周期，评估的主体、具体评估的规则、评估意见的形成等具体问题都没有做出明确规定。因此，强制医疗执行主体在具体执行过中就会出现无法可依的局面,甚至造成各地各行其是的现象,从而造成强制医疗执行的无序状态,对被强制医疗人的权利造成侵害,不利于强制医疗功能的充分发挥。

一、执行期限的相对不定期式确认

强制医疗执行期限直接决定了被强制医疗人需要接受多长时间的医学治疗,以及需要被剥夺人身自由的时间。如果期限过长,会使得不需要被强制医疗的人依然被关押,侵犯其人身自由;如果期限过短,可能会使得被强制医疗人的精神状态还没好转就被释放,对社会公众安全、公民人身安全造成危害。

（一）立法与实务探析

我国有关剥夺人身自由的刑罚具有一定的期限,而对于精神病人强制医疗这种医疗性处分措施却没有规定相应的期限,只是在《最高法刑诉解释》第 542 条当中进行了规定,[①]将"人身危险性"作为判断依据,将被强制医疗人是否要继续强制医疗的截止时间设定为一个条件,即被强制医疗人是否"仍具有人身危险性"。对于那些经过评估而不具有人身危险的被强制医疗人就解除强制医疗。那么,实践中可能就会出现这样的情形,被强制医疗人如果是在精神状态正常情形下实施的违法犯罪行为,其可能被判处的刑期要小于被强制医疗的期限。换句话说,行为人在不负刑事责任的情形下实施的违法犯罪行为受到的人身自由限制要长于在完全刑事责任能力情形下实施的违法犯罪行为所应受到的处罚,这显然不符合强制医疗程序设置的目的和价值,也不符合刑法罪刑相称的原则。

例如,在杭州市安康医院前来探望的家属当中,一位顾女士来探望她 53 岁的哥哥。她哥哥 20 多岁的时候,精神就有些问题,时而自残。2011 年,顾女士发现哥哥家两天没开门,而且一直联系不到他,敲门也敲不开。闯进去以后才发现,他把老婆和 10 岁的女儿都杀了。其哥哥入院已经有 5 年,经过医院的悉心照料,目前已经有了行为能力,也非常想回归社会正常生活,但

---

① 《最高法刑诉解释》第 542 条规定:"强制医疗机构提出解除强制医疗意见,或者被强制医疗的人及其近亲属申请解除强制医疗的,人民法院应当组成合议庭进行审查,并在一个月内,按照下列情形分别处理:(一)被强制医疗的人已不具有人身危险性,不需要继续强制医疗的,应当作出解除强制医疗的决定,并可责令被强制医疗的人的家属严加看管和医疗;(二)被强制医疗的人仍具有人身危险性,需要继续强制医疗的,应当作出继续强制医疗的决定"。

是顾女士也担心他以后怎么办,长期在这里感觉很可怜,出院后却又不知道他什么时候会发病。因为顾女士说哥哥在出事情之前很正常的,很难分辨和预防,是否让他尽早出院,顾女士依然拿不定主意。通过我们对强制医疗解除案的统计和分析发现,在强制医疗执行期限方面的情况比较复杂,强制医疗人的执行期限有长有短。有的被强制医疗人在被强制医疗 1 个月后就经过评估申请解除的,例如"刘某解除强制医疗案"①即是如此;也有的被强制医疗人在被强制医疗 4 年多才经过评估申请解除,例如"文某某强制医疗案"。② 这在一定程度上与精神病医学的复杂性有关。

（二）强制医疗期限的主观判断不利于实务操作

强制医疗程序自身的特殊性使得其执行期限不能像刑罚一样相对确定,因此,我国现行法律并没有明确规定强制医疗执行的最长或最短期限,而是简单地以被强制医疗人的人身危险性消除与否作为考量指标。没有人身危险性的可以解除强制医疗;如果依然具有人身危险性的,则需要继续强制医疗。而现有的法律法规或国内鉴定机构对被强制医疗人的人身危险性大小的界定并未划分出明显的界限,导致实践中对被强制医疗人的人身危险性的判断常常处于主观判断过程中。这种对"人身危险性"条件主观和肆意的判断可能导致严重后果发生。因为强制医疗的适用对象一般是具有一定暴力危险性的精神病人,如果为了追求效率,或者是出于医疗成本考虑而敷衍治疗,让仍有人身危险性的精神病人回归社会,无论是对于被强制医疗人的合法权益还是社会公众安全的保障都是不利的。同样,对于那些已经恢复精神健康而不具有人身危险性的被强制医疗人而言,应当让其回归家庭、回归社会,如果因没有明确的执行期限而被长期监管在执行机构之中,强制医疗也就变相成了可怕的、无限期的羁押。无论是哪一种情形,都与强制医疗程序的目的和价值不符,也与保障人权原则相违背。因此,我们应当科学、合理地限定强制医疗的期限,采取相对不定期制度。

此外,以精神病人的病情和人身危害性为综合考量因素来决定是否解除强制医疗,这本身就缺乏明确的衡量标准,同时目前我国对被强制医疗人

---

① 参见蒙城县人民法院(2015)蒙刑医解字第 00001 号解除强制医疗刑事决定书。
② 参见浙江省绍兴市越城区人民法院(2018)浙 0602 刑医解 2 号强制医疗刑事决定书。

精神状态的评估体系还不健全,也会进一步促使上述情形的出现,使得应当继续被强制医疗的人被释放,而不应当被强制医疗的人继续被医疗。因此,我们有必要对强制医疗的执行期限问题予以完善。

(三)相对不定期方式确认执行期限

由于精神病治疗的复杂性与长期性,所以我们无法对其治愈有一个明确的期限。因此,立法上可以不对强制医疗赋予一个固定的执行期限。笔者认为,我们可以参考其他国家的立法模式,结合我国实际情况,对我国的强制医疗执行期限的模式进行探索。

国外许多国家对强制医疗的期限进行了明确,例如美国加利福尼亚州规定,精神病人实施的违法行为若属于重罪,则法庭可以决定实施强制医疗的最高期限是两年或有罪判决的最高期限。[①] 美国《蒙大拿州刑事诉讼法典》第十四章第301条第四项规定,强制医疗的期限不能超过可能判处的最高刑期;《华盛顿州刑事诉讼法典》第七十七章第25条、《南卡罗来纳州刑事诉讼法典》第二十四章第50条都作了类似规定。[②] 而英国有关强制医疗期限的规定更为具体,英国的《精神卫生法案》(Mental Health Act 1983)于2007年再次修订,明确了五种不同情形下的强制住院的时间:"① 以诊断和附带治疗的诊断为目的的抢孩子住院,最长期限为28天;② 以治疗为目的强制住院,初次住院最长期限为6个月;③ 紧急情形下,以诊断为目的的强制住院,最长期限为72小时;④ 对于已经在医疗机构的病人,以决定是否需要继续住院治疗为目的,限制人身自由的时间为6至72小时;⑤ 在公共场合发现精神疾病患者,为保障该精神疾病患者本人或其他人的安全对其在适当地方限制人身自由的(包括将其限制在医疗机构中),最长时间为72小时。"[③]

德国对强制医疗的执行期限采用绝对不定期制,即被强制医疗人何时能解除强制医疗由执行机关根据其恢复情况确定,有点类似于我国现在的规定。但是,由于强制医疗后的精神病人再犯率高达50%,实践证明绝对不定期并不成功,没有起到强制医疗应有的功能,因此饱受诟病。德国学术界认为,要稳定精神病人的人格,应在将其释放后继续对其行为进行观察,大

① 郭建安、郑霞泽:《社区矫正通论》,法律出版社2004年版,第254页。
② 张吉喜:《中美刑事强制医疗制度相关问题比较研究》,《环球法律评论》2014年第5期。
③ "英国精神卫生法案",http://blog.sina.com.cn/s/blog_a4038779010170oq.html,最后访问日期:2018年6月18日。

约需要 3 年的治疗时间,故有人建议将最高收容期限修改为 3 年,而对于有特别重大危险性的精神病人,收容期间可以延长并超过 3 年。[①] 荷兰托管令的保安措施一般限定为两年,最长不超过 4 年,遇到极其特殊的、具有较高人身危险性的精神病人可不受期限限制,但应履行法定程序。又如,我国台湾地区强制医疗的执行期限最高为 3 年,法官只能在这个期限内宣布强制医疗的时限,当然,根据案件和行为人的具体情况,法官决定强制医疗的期限可以延长,但延长的时间也不得超过最长 3 年的时限。[②] 可见,不同国家或地区都对强制医疗的期限规定了一个最高执行期限,任何被强制医疗人均不得超过该期限接受强制治疗。

目前我国有关强制医疗的执行期限采取的是绝对不定期刑。因此,在实践中,就可能出现上文所述的,被强制医疗人要么被关押时间较长,要么精神病还未被治愈,但由于经济等原因被提前释放。同时,以被强制医疗人是否具有人身危险性作为应否解除强制医疗的标准,可能造成被强制医疗人被强制医疗期限长于其在精神状态正常情况下实施该违法犯罪行为所应执行的刑期的现象,这就可能对被强制医疗人的权利产生侵犯。此外,我国强制医疗确立时间还不长,诸多配套措施还不健全,如果采取绝对不定期式的执行期限,也可能使得被强制医疗人长期被关押在执行机构。

笔者认为,我国的强制医疗执行期限可以借鉴境外有关做法,采取不定期式的规定,即强制医疗应当以被强制医疗人精神状态正常时实施该违法犯罪行为应当承担的刑事责任的最高刑期为限。如果被强制医疗人在最高刑期内,即使其精神疾病状态没有痊愈,也应当解除强制医疗措施,但应当责令其家属或者监护人履行看管和医疗的义务。如果在最高执行期限内,被强制医疗人精神状态已经恢复,通过专业人士的评估,认为已经不具有社会危险性的,应当提前释放,而无论该最长期限是否已经届满。如此,我们可以有效缓解目前强制医疗执行期限存在的诸多困境。

二、诊断评估的具体化规程

执行主体在对被强制医疗人进行强制医疗期间,除了要对其进行医学

---

① 汪冬泉:《强制医疗程序执行阶段的立法缺失与完善》,《江西警察学院学报》2013 年第 4 期。
② 孙娜:《对刑事诉讼法中强制医疗程序的思考》,《法制博览》2012 年第 8 期。

治疗以外,还应当对其精神状态进行评估,一旦被强制医疗人的精神状态好转,可以顺利回归社会的话,则强制医疗机构应当及时提出解除强制医疗的申请,防止对被申请人进行不正当的关押。

（一）立法与实务探析

被强制医疗人的精神状态实际上是处于一种临床性疾病的状态,在强制医疗执行过程中,他们需要接受专业的医学治疗。在治疗过程中,被强制医疗人的精神状态应当处于一个不断好转的状态,直至痊愈,这也就意味着被强制医疗人在强制医疗期间可能会随着治疗的推进,精神病得到痊愈或者已经不满足原先法院作出强制医疗判决的条件,对此,在此种情形下,应当及时解除强制医疗。然而,对于被强制医疗人在何时得以痊愈或者不满足强制医疗的条件,就需要对被强制医疗人进行定期评估。我国刑诉法和司法解释仅明确应当对被强制医疗人进行定期评估,但定期的时间、评估的具体操作等都没有明确。

在我国司法实务中,强制医疗诊断评估的具体操作并没有明确的规定,我们只能通过强制医疗解除案件的裁判文书的内容,从侧面反映出诊断评估的部分情况。通过对解除案例的统计和分析,我们可以对强制医疗执行的期限与评估有一个比较清晰地了解。首先,强制医疗的执行主体承担了相应的评估工作,包括普通医院、精神病医院、安康医院以及强制医疗所,但具体的人员组成、评估程序和评估意见的形成依据不得而知。其次,评估的申请主体包括被申请人的近亲属、法定代理人、执行机构以及被申请人。其中被申请人申请评估的情形并不多。最后,在评估过程中,相关主体委托鉴定机构对被强制医疗人的精神状态进行评估的比例不高。

笔者通过资料检索和实证考察,发现北京和上海诊断评估的规定在强制医疗程序办法中进行了明确。例如,北京市公检法会签的《关于强制医疗程序的实施办法（试行）》第 24 条规定:北京市安康医院应当定期对被强制医疗的人进行诊断评估,一般应当以六个月为一个周期,至迟不能超过 1 年。上海市公检法会签的《关于解除强制医疗措施的规定》第 2 条规定:上海市强制医疗所对收治的被强制医疗人员,应当在执行强制医疗两年后,进行首次诊断评估。其后,每隔一年应当对其进行一次诊断评估。两者在评估的具体期限方面存在很大差别。

除此之外,笔者通过实证考察,发现部分强制医疗主体自身对诊断评估有相应的规定。例如,黑龙江省安康医院(黑龙江省公安厅强制管制所)的出院制度中对强制医疗的诊断评估情况这样规定:"强制医疗的精神病人执行两年后,进行诊断评估,对于病情稳定,已不具有人身危险性……由医院向决定强制医疗的人民法院提出解除意见,附诊断评估报告,同时抄送监督强制医疗执行情况的人民检察院。"①可见,黑龙江省安康医院执行强制医疗程序的具体规则规定在其出院制度中。图8-2是该安康医院的强制医疗出院流程,②通过图8-2,我们可以发现其对强制医疗诊断评估的具体做法。

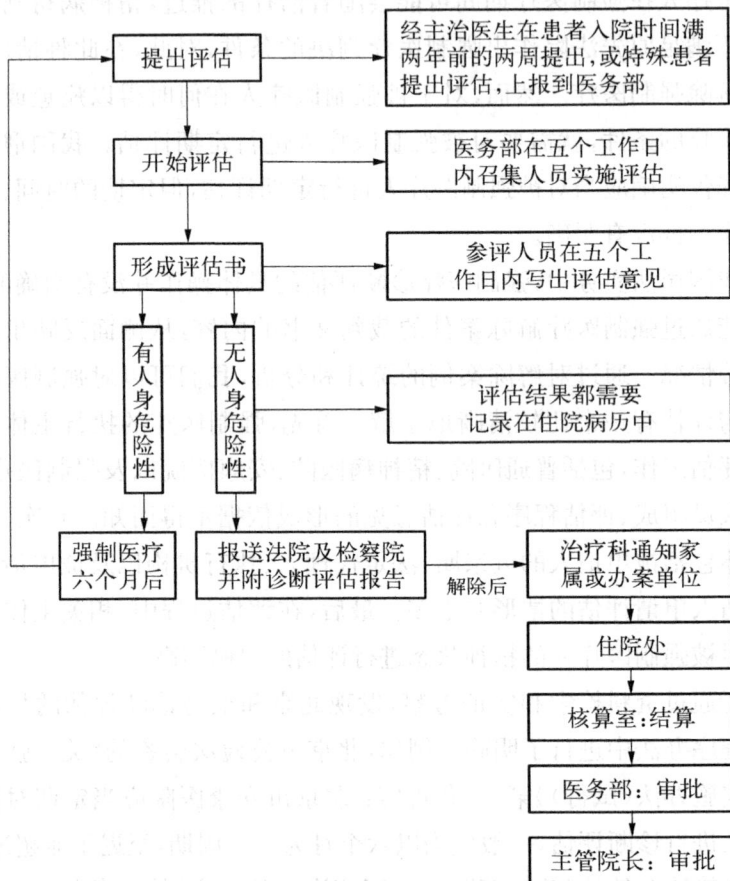

图8-2　强制医疗患者出院流程

① 参见黑龙江省安康医院:"出院制度",http://www.hljakyy.org.cn/newsshow-47-69-1.html,最后访问日期:2019年6月22日。
② 黑龙江省安康医院:"强制医疗患者出院流程",http://www.hljakyy.org.cn/newsshow-47-70-1.html,最后访问日期:2019年6月22日。

通过这个出院流程,我们可以看出评估的条件是患者住院满两年前的两周,由主治医生提出或者由特殊患者提出,上报到医务部。那么,除特殊患者之外,一般被强制医疗的患者想要提出评估诊断申请,必须是在其接受了102周的治疗后才可以提出评估要求。评估由医务部组织人员进行,然后在5个工作日内,对于被强制医疗人是否具有人身危险性做出评估,出具评估意见。如果评估意见认为被强制医疗人具有人身危险性,那么只有在强制医疗6个月后,被强制医疗人才可以再次申请评估。但是,在具体评估活动中医务部组织哪些人员作为评估主体,评估组由几名评估人员组成,评估组依据什么标准进行评估,评估结果的准确性如何,对于评估意见有异议如何处理等,这些都没有明确。

（二）诊断评估实践运行困境

通过上述对强制医疗诊断评估的立法和司法实务进行分析,我们可以发现目前我国的诊断评估还存在诸多不足。例如,诊断评估的标准是什么,即依据何种标准来认定是否具有"人身危险性";定期评估的周期是多长,即应当设定多久的时间间隔对被强制医疗人进行精神状态评估;多长的时间间隔进行再次评估,既符合精神病恢复的医学规律,又符合法律保障人权的原则;具体评估队伍的组成和专业性如何？由于被强制医疗人的评估既涉及精神病学的专业医学知识,也涉及刑事法律,因此专业的全面的评估队伍是评估意见准确性的基础。如果执行机构随意选择几名医生进行评估,则其准确性就有待考量。同时,也会使得被强制医疗人及其利害关系人对评估报告的权威性等产生质疑。规范的评估流程是保障准确评估意见形成的重要程序要件。总之,由于在强制医疗机构的定期诊断评估义务方面没有明确规定可供强制医疗机构遵循的"定期"的时间跨度及次数,亦没有涉及"诊断评估"的具体操作标准,导致实践中困难重重,具体表现为:肆意延长期限进行评估,或者干脆不进行评估使评估制度形同虚设,不同程度地损害了精神病患者的合法权益。

总而言之,因为我国相关法律对强制医疗中的诊断评估并没有规定具体操作规程,造成司法实务中各地自行其是,问题集中表现在:评估主体和评估周期的确定两方面。

（三）诊断评估事项的确定

强制医疗中的诊断评估直接关系是否需要解除精神病人的强制医疗。

因此,对评估团队的组成、评估的申请主体、评估的申请条件、评估方法、评估期限以及评估标准和评估的程序等问题都应当制定具体的规则,防止"被精神病"事件发生而使得被强制医疗人长期被监管。

第一,评估团队组成的专业化。现行法律规定了强制医疗执行主体是对精神病人进行定期诊断评估的机构。笔者认为,强制医疗机构作为执行机构,承担了对被强制医疗人的医学治疗及看管照顾的责任,他们对于被强制医疗人的具体精神方面的情况是最为了解的,强制医疗机构需对被强制医疗人进行定期的诊断评估具有医学和法学的双重属性,这种定期诊断评估既是医学治疗,也是法定职责。因此,在被强制医疗人及其近亲属申请解除强制医疗时,强制医疗机构应当配合,向法院提供被强制医疗人相关的诊断评估报告。笔者认为,在强制医疗机构不提供诊断评估报告的情况下,或者被强制医疗人及其法定代理人、近亲属对强制医疗机构出具的诊断评估报告有争议的,法院应当委托第三方鉴定机构对被强制医疗人进行精神疾病司法鉴定,这里的规定需为"应当",而不是"可以"。一方面,这样可以避免强制医疗机构出于获取相应的诊疗费用或是其他不正当原因等,对被强制医疗人的精神状态不出具或者出具错误的诊断评估报告。另一方面,由法律规定法院"应当"委托中立第三方司法鉴定机构进行鉴定,避免法院因自由裁量权过大,自行决定何为"必要时",以便充分保障被强制医疗人的合法权益。此外,对于强制医疗执行机构中对被强制医疗人进行诊断评估的人员组成,可以参照《强制医疗所条例(送审稿)》的有关规定,即由三名以上精神病科职业医师组成评估组。对于委托鉴定机构对被强制医疗人进行鉴定的,则应当按照司法鉴定程序的要求进行司法鉴定,并出具报告。

第二,定期评估的周期设定明确。定期诊断评估是强制医疗继续执行的正当性、合法性的重要依据,同时这也是目前对实施暴力行为的精神障碍患者在病情进展、治疗情况、恢复情况等方面进行评价的主要手段,无论是被强制医疗人及其近亲属,还是强制医疗机构,向法院提出解除强制医疗的申请,都需要依靠定期诊断评估。通过对被强制医疗人的精神状态及有无再犯的可能性进行定期评估,从而确认其人身危险性是否已经消除,进而决定是否有必要对其继续强制医疗,这是由强制医疗本身的价值所决定的。因为精神病人在经过一定时期的治疗后,病情可能会发生好转,而并不再需要继续接受强制治疗。因此,定期复核机制能够最大限度地防止对被强制治疗者权利的过分限制。[①] 强制医疗程序本质上也是对人身自由的限制,因此,这个限制期间应当与精神异常状态之间保持一致。而评估的周期设定,一方面要符合精神病患者精神恢复周期的一个整体水平,另一方面,也要符合法律效率原则,比如周期过短可能导致资源的浪费、加重评估工作的负担等。如果周期过长,被强制医疗人的人身自由权利可能会受得不到保护。毕竟每个人的案情不同、病情不同,对治疗的依从性或疗效也不一致,例如急性短暂性精神障碍的患者可能恢复得很快,而精神分裂症或器质性精神障碍的患者恢复得较慢,并病情容易复发。[②]

有学者通过对相关精神病医院医生的访谈了解到,治疗精神病人一般是以药物治疗法为主,心理治疗法、运动治疗法为辅,平均一个疗程为三个月至六个月不等。[③] 在《强制医疗所条例(送审稿)》(征求意见稿)中虽然明确了首次诊断评估时间点是:"自强制医疗执行期满一年之内起三十日内",且"首次诊断评估后,一般每隔半年对被强制医疗人进行诊断评估"。但该条例尚未施行,无法作为依据,但可作为参考。笔者认为,鉴于强制医疗的性质,以及精神障碍患者的治疗疗程等因素,该时间间隔较为合理,即被强制医疗满一年后进行首次评估,之后每隔半年进行一次评估。对于已经没有人身危险性的,应当及时解除强制医疗。这样一方面能够保证对被强制医疗人诊断评估的及时性,另一方面也能避免频繁、不定期地诊断评估而对精神障碍患者的治疗和康复产生不良的影响。

第三,评估方法综合化。对被强制医疗人人身危险性的评估,医务人员要观察病人平日的言行,对其做有针对性的精神检查,从其周围人群中收集、了解与评估有关信息,查看精神卫生记录与病人的刑事档案,对病人做有关认知、行为和情绪功能的量表检测。[④]《强制医疗所条例(送审稿)》第35条第二款对此进行了规定,评估组对被强制医疗人的人身危险性评估,应当包括被强制医疗人的精神病性症状缓解程度、认知和控制能力恢复和社会适应能力。具体评估方式属于具体技术范畴,不在笔者探讨范围之类,因而

---

① 姚丽霞:《以法律层面的立法完善精神病人强制治疗程序》,《法学评论》2012 年第 2 期。
② 易军、陈益民:《精神病患者的强制治疗问题》,《临床精神医学杂志》2007 年第 3 期。
③ 陈嘉亮:《强制医疗程序若干问题实证研究》,西南政法大学硕士学位论文,2017 年。
④ 王迎龙:《刑事强制医疗制度研究》,中国政法大学出版社 2016 年版,第 176 页。

不做详细论述。

第四,评估责任追究机制。强制医疗评估主体出于各式原因,在诊断评估中可能会出现违规情形。对此,强制医疗程序中应对"定期诊断评估制度"规定明确的法律责任以及具体的惩戒措施。在这一方面,可以参照《精神卫生法》的相关规定,例如在定期对被强制医疗人进行的评估诊断中,精神障碍司法鉴定机构或司法鉴定人员出具虚假的精神障碍鉴定报告,故意违反强制医疗纠错机制的,应当对鉴定机构撤销鉴定资格或罚款,造成严重后果的,应该追究刑事责任;司法鉴定人员如果故意出具虚假鉴定意见的,也应当撤销其鉴定资质,或限制其五年内不得从事司法鉴定工作。对于强制医疗执行机构组成的评估团队的法律责任,同样可以采取撤销职业资格等行政手段,在其触犯刑事法律的情形下,可以追究其相应的刑事责任。

本节主要是对强制医疗执行期限和诊断评估问题进行了阐释,但在强制医疗执行过程中,除了要特别关注上述两个问题以外,还应当充分保障被强制医疗人的权利,例如免除约束和限制的权利、接受治疗权、保密权、通信权、会见权等。只有被强制医疗人在强制医疗期间享有特定的权利,并得到相关制度的保障,强制医疗程序才能真正发挥其应有的功能。此外,强制医疗执行机构应当将诊断评估意见告知其本人及其监护人、近亲属,保障他们的知情权。需要重点说明的是,强制医疗执行主体应当特别关注被强制医疗人与其法定代理人、近亲属等的会见权,这有助于促使被强制医疗人精神状态恢复正常。为了便于实现被强制医疗人的会见权,吉林省公安厅安康医院构建了"互联网+公安"综合服务平台。强制医疗人员家属会见、外出、家属视频会见都可以在网上进行预约。审批主体是安康医院的监管科,审批期限是3个工作日,申请指南、申请表都可以网上下载,填好之后网上上传,不跑腿,省时间。审批流程也可以在网上查看,公开透明,非常便利,体现了执行机关运用新技术,开展便捷服务,符合强制医疗程序维护精神病人权益的价值。这种方式值得推广和学习,具体申请表样式,见表8-1所示。①

---

① 参见吉林省"互联网+公安"综合服务平台,http://gafw. jl. gov. cn/MainPages/ShiXiangZhongXin/Index,最后访问日期:2019年7月5日。

表 8 - 1　预约会见申请表

预约会见强制医疗人员申请表
（模板）

申请人姓名：_____　　身份证号：_____

手机号码：_____　　性别：____男____女

与被强制医疗人员关系：_____　会见人所在单位：_____

家庭住址：_____

会见理由：_____

预约会见日期：_____　预约会见时间：____上午____下午

强制医疗人员信息

姓名：_____　　　性别：____男____女

身份证号：_____

第三节　执行解除程序的完善

强制医疗的审前程序、庭审程序、执行程序是三个互相独立而又紧密相连的程序。诚然，强制医疗审前和庭审程序将直接影响精神病人是否应当接受强制医疗。对于已被强制医疗的人而言，强制医疗解除程序是恢复其人身自由最有效和最直接的一种方法，然而理论界对此并未有太多的重视，[①]对被强制医疗人接受强制医疗后的具体执行程序问题研究不多。即使是已有研究，也大多从执行主体的确定、执行期限、诊断评估等角度来进行探讨，然而对于强制医疗执行程序的终止环节——执行解除程序的研究少之又少，这种做法无异于虎头蛇尾，可以说是忘却了强制医疗程序构建的初衷。因此，我们在面对当前理论界对强制医疗程序一边倒的研究趋势，更需要冷静思考，对当下我国强制医疗解除程序的相关问题进行完善。

---

① 笔者以"解除强制医疗"为主题在中国知网进行搜索，仅出现 213 条结果。

一、立法与实务探析

（一）简疏的立法规定

我国《刑事诉讼法》第 306 条[①]就强制医疗的解除程序进行了简单的规定。被强制医疗人在被强制医疗期间需要接受专业医生的专业治疗，可能随时会恢复到正常精神状态，对此，不应当再对行为人予以强制医疗，而应当解除相关措施。《刑诉法》规定：强制医疗执行主体应当对被强制医疗人进行"定期"的诊断，以确定被强制医疗人是否依然符合强制医疗条件。对于那些经过规范治疗，已经不符合法律规定的强制医疗条件的被强制医疗人，应当及时向法庭提交报告，由法院作出是否应当继续强制医疗的决定。[②]根据《最高法刑诉解释》第 540 条第一款[③]和第 541 条第三款[④]的规定，被强制医疗人本人或者其近亲属从保护被强制医疗人权利的角度出发，也可以向有关部门申请解除强制医疗。

当然，由被强制医疗人及其近亲属提出的申请，不仅可以向法院提出，也可以向强制医疗执行机构提出。人民法院对于强制医疗的解除享有最终的决定权，法院可以针对被强制医疗人的精神障碍恢复的程度、危险可能性等因素进行综合判断，必要时，可委托鉴定机构对被强制医疗的人进行司法鉴定，并综合判断后，最终做出解除强制医疗或继续强制医疗的裁决。我国刑诉法和有关司法解释对法庭作出最终裁判的形式并没有明确，仅仅表明由法院"批准"。

（二）实务的多维分析

对于已经被强制医疗的人，如果其已经不具备强制医疗条件，可以回归社会的，相应部门应当及时将其释放。本节主要就强制医疗解除过程中反映较突出的几个问题进行实证考察，以便厘清其中的问题和困境，为后续研

---

①　《刑事诉讼法》第 306 条规定："强制医疗机构应当定期对被强制医疗的人进行诊断评估。对于已不具有人身危险性，不需要继续强制医疗的，应当及时提出解除意见，报决定强制医疗的人民法院批准。被强制医疗的人及其近亲属有权申请解除强制医疗。"

②　参见张军、陈卫东：《新刑事诉讼法实务见解》，人民法院出版社 2012 年版，第 363 页。

③　《刑事诉讼法解释》第 540 条第一款规定："被强制医疗的人及其近亲属申请解除强制医疗的，应当向决定强制医疗的人民法院提出"。

④　《刑事诉讼法解释》第 541 条第三款规定："被强制医疗的人及其近亲属向人民法院申请解除强制医疗，强制医疗机构未提供诊断评估报告的，申请人可以申请人民法院调取。必要时，人民法院可以委托鉴定机构对被强制医疗的人进行鉴定。"

究提供明确的思路。

第一,申请主体表现多元化。强制医疗必须有特定的主体提出解除的申请,根据法律规定,解除的主体包括:强制医疗机构和被强制医疗人及其近亲属。在强制医疗执行程序中,强制医疗执行主体有两重身份:一个是强制医疗的执行机构,负责治疗、照顾、看管被强制医疗人;另一个则是解除强制医疗的启动主体。根据我国《刑诉法》规定,强制医疗执行主体根据诊断评估意见认为,被强制医疗人已经不需要接受强制医疗的,其应当及时向法庭提出解除强制医疗的申请。例如"金某解除强制医疗案"①"姜某某解除强制医疗案",②都是由执行机构向法院提出解除强制医疗的申请。此外,被强制医疗的人及其近亲属也有权申请解除强制医疗。在司法实务中,被强制医疗人申请解除强制医疗的案件也不在少数。例如"李某解除强制医疗案"③"王某甲解除强制医疗案",④都是由被强制医疗人申请。另外被强制医疗人的近亲属也可申请解除强制医疗,例如"朱某解除强制医疗案"⑤"杨某某解除强制医疗案",⑥都是由近亲属申请解除。法定代理人也可申请解除强制医疗,例如"刘某解除强制医疗案"⑦"周某解除强制医疗案",⑧都是由被强制医疗人的法定代理人申请解除。

第二,审理模式与听证模式并存。法庭在收到解除强制医疗的审理后,需要对申请是否符合条件进行审理。目前主要采取诉讼模式和听证模式两种体例。

其一,诉讼模式。在申请人申请解除强制医疗后,法庭需要对其进行审理,其中一种模式就是法庭在检察机关和申请方都在场的情况下,通过各项证据来对被强制医疗人是否符合解除条件进行审理。例如"周某某、杨某某解除强制医疗案",⑨检察机关认为,根据芜湖市第四人民医院诊断证明书、主治医生的谈话笔录、安徽昌平司法鉴定所司法鉴定意见书、芜湖市第四人

① 参见山东省梁山县人民法院(2014)梁刑医决字第2号解除强制医疗决定书。
② 参见山东省烟台市莱山区人民法院(2015)莱山刑医字第1号解除强制医疗决定书。
③ 参见浙江省杭州市余杭区人民法院(2015)杭余刑医字第8号解除强制医疗刑事决定书。
④ 参见贵州省遵义市汇川区人民法院(2016)黔0303刑医解1号解除强制医疗刑事决定书。
⑤ 参见湖南省怀化市鹤城区人民法院(2016)湘1202刑医解1号解除强制医疗案决定书。
⑥ 参见四川省蒲江县人民法院(2016)川0131刑医解1号解除强制医疗决定书。
⑦ 参见安徽省蒙城县人民法院(2015)蒙刑医解字第00001号解除强制医疗刑事决定书。
⑧ 参见江西省吉安县人民法院(2019)赣0821刑医解1号解除强制医疗刑事决定书。
⑨ 参见安徽省芜湖县人民法院(2016)皖0221刑医解1号强制医疗刑事决定书。

民医院精神疾病患者诊断登记表等证据,可以认定被申请人杨某某病情已得到有效控制、情绪稳定、自知力大部分恢复、无攻击性语言和行为,而是否予以解除强制医疗,检察机关则交由法院决定。另如"曾某解除强制医疗案",①姜堰区人民检察院认为,如果被强制医疗人曾某被解除强制医疗后,有具备监护能力的监护人对曾某进行看管及医疗,同意对被强制医疗人曾某解除强制医疗。笔者还发现有些法院在庭审过程中并未有检察机关参与,例如"管某某继续强制医疗案",②并未有任何关于检察机关参与的文字表述,仅由强制医疗机构向法院提出解除申请,法院受理申请后,依法组成合议庭,审查了案件,询问了被申请人管某某的亲属,经合议庭评议,审判委员会进行讨论,并作出决定。

其二,听证模式。在强制医疗解除程序中,申请人提出申请后,部分法庭采取听证会的方式,由法官居中主持,听取多方意见,最终决定是否需要解除强制医疗。这种模式下的参与人,除了主要的被申请人及其近亲属与强制医疗机构外,还需听取村委会、居委会等基层组织的意见。比如"邢某甲解除强制医疗案",③法院组织召开了听证会,分别听取了检察机关、公安机关、主治医生、被申请人家属及当地村委干部的意见,最终做出决定。笔者通过在无讼案例网进行搜索,共检索到 82 件适用听证模式的案件。

第三,公开开庭审理与不公开开庭审理并存。我国目前现行有关法律对强制医疗解除程序是否需要开庭审理没有明确。笔者通过在无讼案例网上搜索解除强制医疗的案件(关键词为"强制医疗＋解除＋不公开"),发现有 22 件为不公开审理,738 件为公开审理,不公开审理案件占所有案件的2.89%。主要理由是涉及个人隐私的,共 13 件,④其余文书未说明不公开审理的理由,应当说是以公开为原则的,那么对于适用听证模式的案件是否也适用此条规定?经笔者在无讼案例网检索,采取听证模式的案件未发现有不公开的情形。另外就笔者检索的强制医疗解除决定书而言,对被强制医疗人的相关信息加以保密处理的决定书占比较少。

第四,裁判依据及形式。从强制医疗解除程序法庭审查的主要内容和

---

① 参见江苏省泰州市姜堰区人民法院(2018)苏 1204 刑医解 1 号强制医疗决定书。
② 参见山西省阳泉市城区人民法院(2018)晋 0302 刑医解 1 号继续强制医疗决定书。
③ 参见山东省招远市人民法院(2017)鲁 0685 刑医解 1 号解除强制医疗决定书。
④ 例如"张某某解除强制医疗案",参见北京市海淀区人民法院(2018)京 0108 刑医解 2 号解除强制医疗决定书。

依据来看,法庭在审理强制医疗案件过程中,主要审查两点,即被强制医疗人是否还具有"人身危险性"以及"是否具有良好的监护条件"。例如2016年上海解除强制医疗案件中,得出是否还具有"人身危险性"主要是依靠上海市强制医疗所出具的诊断评估意见书,甚至可以说是完全依赖于"诊断评估意见书",基本上只要"诊断评估意见书"认定被强制医疗人不具有"人身危险性"则予以解除强制医疗;相反,一旦"诊断评估意见书"认定被强制医疗人符合具有"人身危险性"条件的,则会被决定继续强制医疗。因此,当人民法院在审理强制医疗解除案件时,基本上适用"诊断评估意见书"作为定案的证据材料,这样难免会使人产生强制医疗机构是"第二法官"的观念。此外,我国《刑诉法》明确规定,对于是否解除强制医疗由人民法院批准。笔者通过对无讼案例网上的强制医疗解除案例进行分析,发现法庭最终都是以"决定"形式发布。

综上所述,我国强制医疗执行的解除在立法上规定的还相对较少,造成在司法实践中出现了一定的困境,制约着强制医疗执行解除的顺利进行,也对被强制医疗人的权利产生了一定影响。

二、执行解除程序困境重重

如果行为人已经不具备或者不满足强制医疗条件,法庭就应当解除强制医疗,然而我国目前有关强制医疗执行解除程序的规定还存在一些不足,主要表现在以下四个方面。

(一)解除强制医疗申请权容易被误用

作为正在接受强制医疗的精神病人,其一方面是强制医疗解除程序中的被申请人,而另一方面正在接受强制医疗的精神病人又有权向法院申请解除强制医疗,此时该被强制医疗人又处于申请人的地位。作为一名患有精神病的患者,一般来说,他们具有大脑及精神功能紊乱的症状,因此其同时作为申请人和被申请人的解除强制医疗的申请往往很难通过,也多半不会被认可。即使被强制医疗的精神病人已经恢复正常的思维和意识,或者属于那些不幸"被强制医疗"的健康人,上述两类人从法律的角度来看是完全符合条件,可以解除强制医疗的,但受制于其精神类疾病的特殊性,他们的解除强制医疗的申请很可能会被认为精神疾病发作而被忽视。虽然在实践中也有被强制医疗人申请解除强制医疗被获批准的,但是被强制医疗人的解除强制医疗申请权依然存在被侵犯的可能性。

相关司法解释规定被强制医疗人的近亲属有权申请解除强制医疗,但并未明确近亲属之间申请的顺位,例如配偶、子女、父母等之间的顺序该如何界定,使得近亲属之间若就是否解除强制医疗问题上发生分歧时,处理起来会比较困难,导致在实践中出现被强制医疗人的妻子向法院申请解除强制医疗,而被强制医疗人的父母则要求撤回解除强制医疗的申请。①

此外,强制医疗机构有权向法院提出解除强制医疗意见。从目前的相关规定来看,强制医疗机构的诊断评估报告对是否能够解除强制医疗程序有着至关重要的作用,可以说,诊断评估报告能够直接决定被强制医疗人是否能够解除强制医疗。因此,强制医疗机构可能出于某些目的或原因,有意出具目的性明确的诊断评估报告,意图使得被强制医疗人最终解除或者无法解除强制医疗。同时,强制医疗机构具有一定的限制他人人身自由的权力,与羁押场所有一定的相似,但法律法规对强制医疗机构及其工作人员规定的相关义务和责任则较为宽泛,加之强制医疗机构所做诊断评估报告具有很强的主观性,且直接影响是否能够解除强制医疗,因此,强制医疗机构内部的权力极易被滥用,甚至出现腐败行为,造成非法提前解除或继续治疗。

(二)庭审模式的不同影响强制医疗的解除

无论是上述诉讼模式还是听证会模式,都缺少传统控辩审三方相互制约的三角构造,而仅由申请者和裁判者构成,天然地缺乏诉讼中的对抗性,因此在选择庭审模式的情况下,为满足三方构造,大多数法院采取由原申请强制医疗的检察机关派人出庭参加庭审。虽然在形式上,强制医疗解除程序是由三方来参与,但是从庭审效果上看,依然主要是由法庭来对解除的材料进行审查,并作出最终的裁决,用刑诉法的规定来讲,我们称之为"批准",故行政化色彩比较浓厚。另外,法庭对于是否需要解除强制医疗、是否采取公开开庭审理、是否书面审都没有明确,这就造成在实践中,法庭操作不一。另外正如上文所述,如果法庭对强制医疗申请采取开庭审理的方式,则可能会对被申请人的隐私产生侵犯。同样,如果法庭对解除强制医疗的申请进行开庭审理,同样可能会对被申请人的隐私产生侵犯。因此,相关部

---

① 参见四川省富顺县人民法院(2016)川 0322 刑医解 1 号强制医疗裁定书。

门应当构建控辩审三方相互制约的模式,保障被申请人的权利。

（三）诊断依据仍然过于集中

如上所述,强制医疗解除主要依据诊断评估意见。然而,"诊断评估意见书"的性质如何? 其与鉴定意见是否具有同等的效力? 法院又该如何审查这一具有强专业性的证据材料? 由于法律规定的不完善,导致司法实践中的做法各有不同,表述形式也存在千差万别,例如"危险度为0";"目前攻击风险因素评估Ⅱ级";[①]"暴力攻击风险评估为0级";"自杀、自伤风险评估0级";"擅自离院风险评估0级";"目前评估未发现有实施暴力行为及危害他人安全的危险性";[②]"外显攻击行为量表(MOAS)评分0分";[③]等等。从上述法院决定书的内容摘要来看,对于被强制医疗人是否符合不再具有人身危险性的判断标准,法院主要依赖于司法鉴定或诊断评估报告,但也有法院认为,"经法院审理决定对被申请人采取强制医疗后,当下的证据仅能证明,该被申请人的病情已逐渐有所缓解,但上述证据却无法证明其所患疾病已经被治愈,亦无证据证明其已不具有人身危险性",[④]此时解除的标准是"缓解"还是"治愈"仍需进一步明确。

（四）人民法院审理申请解除强制医疗的决定形式

我国《刑诉法》明确规定,对于是否解除强制医疗,由人民法院批准。对此,笔者持赞同意见,但是对于法院以"批准"形式作出解除的,持有不同看法。首先,强制医疗程序属于刑事诉讼特别程序,强制医疗的判决是以司法裁判的形式决定的,故强制医疗的解除也应当以司法裁判的形式决定。然而,《刑诉法》目前却以"批准"的形式来决定是否解除强制医疗,"批准"带有一定的行政化色彩。如果以"批准"来确定被强制医疗人是否应当解除强制医疗不仅可能将该程序陷入行政化的困境之中,还可能使得被强制医疗人在司法程序中应当享有的相应权利无法得到保障。同时,也与法院以"判决"形式决定对行为人进行强制医疗相矛盾。这在一定程度上也导致强制医疗解除在实践程序中可能存在侵犯当事人权利的情形。

综上所述,通过对强制医疗执行解除程序的立法和司法实务进行分析,

---

① 参见湖南省株洲市天元区人民法院(2017)湘0211刑医解1号解除强制医疗刑事决定书。
② 参见山东省莱州市人民法院(2017)鲁0683刑医解2号解除强制医疗刑事决定书。
③ 参见湖北省兴山县人民法院(2016)鄂0526刑医解1号解除强制医疗决定书。
④ 参见吉林省东辽县人民法院(2017)吉0422刑医解2号强制医疗决定书。

我们不难发现,强制医疗执行解除目前在申请权保障、庭审模式、裁决形式、裁决依据等方面存在众多问题。这些问题亟须我们予以解决,否则将对强制医疗执行的及时解除产生影响,从而最终对被强制医疗人的权利保障产生严重阻碍。

三、执行解除程序的进一步明确

强制医疗执行的解除程序,如上文所述,还存在较多问题,在一定程度上影响着被强制医疗人及时回归社会。笔者建议从以下四个方面进行完善。

（一）明确执行解除申请权主体

强制医疗执行解除程序的参与主体主要包括:被强制医疗人及其近亲属、委托代理人、作为强制医疗执行主体的强制医疗执行机构、法院、监督机关、鉴定机构、居委会、村委会工作人员等。对被强制医疗人及其近亲属,法律首先应当明确规定,被强制医疗人享有申请解除强制医疗的权利,同时明确近亲属间申请解除强制医疗时的顺位,避免发生不同近亲属间的矛盾,以便更好地保障被强制医疗人的合法权益。强制医疗执行机构具有两重身份:一个是与被强制医疗人及其近亲属相同的,即解除强制医疗的申请人;另一个是作为强制医疗执行机构,需要向法院提供定期诊断评估报告。通过比较上述两项强制医疗机构的主要工作,我们可以发现,强制医疗机构作为定期诊断评估报告的提供者,在确保实现社会防卫和保障人权的目的方面就显得尤为重要。为了保证强制医疗执行机构所出具的定期诊断评估报告具有有效的证据能力和证明力,有必要由相应的监督机关对其进行监督。如果检察机关认为被强制医疗人有解除强制医疗必要的,可通过提建议的方式,向强制医疗执行主体建议解除被强制医疗人的强制医疗。

另外,需要说明的是,对于同一申请解除强制医疗案件中有多个申请人的情况,如果其中一名申请人向法院提出解除强制医疗的申请,法庭作出解除强制医疗的决定后,此时若其他申请权利人有异议,也不能变更法院做出的解除强制医疗的决定,但是由于此时有异议的申请权利人不是案件当事人,不具有解除强制医疗法律文书中载明的复议权,因此可以赋予其他有异议的申请权利人不服解除强制医疗裁决的救济权,比如可向检察机关提出异议,由检察机关审查后,向法院提出检察建议等。

（二）庭审诉讼模式的选择与改进

强制医疗解除程序对当事人的诉讼权益有很大的影响。因此，对强制医疗解除程序的诉讼构造加以明确和完善、严格规范强制医疗解除程序的适用将会有利于保障强制医疗解除程序裁决的正确性和严谨性。正如刑诉法的规定，强制医疗决定程序需要适用审理程序的，那么强制医疗解除程序作为强制医疗决定程序的一种后续延伸性程序，必然也应当与决定程序保持一致，即应当由人民法院组成合议庭进行开庭审理。具体诉讼参与人为：由被强制医疗人及其近亲属或强制医疗执行机构作为申请人；原提出申请的检察机关应当指派检察人员出庭参加庭审，对申请人的申请理由提出意见；被申请人、被害人作为诉讼当事人也应当出庭参与庭审。综合考虑各方诉讼当事人的意见，由法庭对相关的证据材料进行审查，最终得出结论。构建诉讼化结构的庭审模式不仅能体现法庭审理中的直接言词原则，而且能够帮助法庭在庭审过程中进行更为直观而明确的判断，避免书面审带来的缺陷，也防止听证模式对刑事诉讼程序的背离。

同时，对于定期诊断评估报告应当允许当事人提出异议，尤其是应当将异议权赋予被强制医疗人一方。对于当事人针对定期诊断评估报告提出异议的情况，法庭应当委托做出该诊断评估报告以外的鉴定机构进行鉴定，并由法庭根据相关的评估意见及其他证据材料进行综合判断。此外，对于开庭审理的强制医疗解除案件，笔者认为，其同样涉及被强制医疗人的精神状态是否好转，涉及被强制医疗人的隐私，因此，法庭在审理强制医疗解除案件时，应当采取不公开开庭审理的方式进行，具体理由同强制医疗庭审程序。

（三）解除依据的审查判断

根据《最高法刑诉解释》第541条规定，人民法院应当审查是否附有对被强制医疗的人的诊断评估报告，即"诊断评估意见书"并不是特殊的鉴定意见。因为若法院委托鉴定机构对被强制医疗人作出了鉴定意见，而该鉴定意见的内容是与强制医疗机构所作的"诊断评估意见书"中的内容相对立的，甚至否定了"诊断评估意见书"对被强制医疗人"人身危险性"的认定，那么将会出现不同机构针对同一待证事实作出了截然相反的结果。因此，在强制医疗解除中强化对解除依据的审查判断也就非常必要了。首先,法官应当根据法律规定的程序对"诊断评估意见书"进行审查,例如,执行主体是否定期对被强制医疗人进行诊断;是否及时申请解除强制医疗等。同时对于作出"诊断评估意见书"的资质等进行审查,保障"意见书"的主体合法和程序合法。其次,法官应当根据精神病人的特性,审查"诊断评估意见书"所依赖的技术或方法是否具有先进性,确认"诊断评估意见书"作出的基础性资料的全面、客观,防止有伪造的病史或材料的出现而干扰结果的客观性。最后,法官应当观察被强制医疗人当下的行为模式和精神状态,并结合被强制医疗人的平时表现情况来审查"诊断评估意见书"的关联性。审查被强制医疗人的病情、人身危险性、精神状态、思想状态等相关内容,排除与认定被强制医疗人人身危险性无关的内容,避免主观臆断。

根据最高法院司法解释的相关规定,强制医疗机构提出解除强制医疗意见的,必须提供诊断评估报告。被强制医疗的人及其近亲属向法院申请解除强制医疗的,法庭应当审查是否附有诊断评估报告,若未附,人民法院可以经申请人申请调取。此外,笔者认为,对于强制医疗执行机构已经提供诊断评估报告,但被强制医疗人及其近亲属、法定代理人等对该诊断评估报告有异议的,法庭应当委托有资质的鉴定机构对被强制医疗人的精神状态进行鉴定。当然,被强制医疗人及其近亲属、法定代理人的异议应当有实质内容,对于提出的异议没有实质内容的,法庭可以不委托鉴定。

法庭判断对被强制医疗人是否符合强制医疗解除条件,最为主要的就是要认定被强制医疗人是否具有人身危险性。因为法官并不是医学专业者领域,他们只能依靠专业医生或机构给出的符合其专业水准的专业性建议,再结合被强制医疗人的精神状态、思维状态、行为模式来确认被强制医疗人是否有自控能力、自知能力、自辨能力等,在此基础之上,法庭作出相应的裁判。在上文庭审程序中,笔者已经对人身危险性的判定作出详细解释,但是需要说明的是,在强制医疗解除程序中,法庭对"人身危险性"的判定同样是对将来可能发生的情形进行判断,那么,对该事项的证明标准是否需要达到"排除合理怀疑"的程度?对此,笔者认为,对于"人身危险性"的判定可以与法庭裁决是否需要强制医疗时,对被申请人的人身危险性的判定一样,采取优势证据标准,这也与国外有关规定类似。例如,德国在强制医疗解除程序的证明标准问题上适用"存疑有利于被告"原则；[1]美国也规定，法庭可依职权调查是否应当决定解除被强制医疗人的强制治疗，证明标准适用"优势证据"标准。[2] 当然，根据《最高法刑诉解释》的规定，法庭对于强制医疗执行解除程序中的证据审查认证，应当组成合议庭进行审理。通过实证案例考察，我们发现，在合议庭中经常出现人民陪审员的身影。对此，笔者认为，因为强制医疗执行解除主要是对"人身危险性"等事实和相关专业证据进行认定，因此对于人民陪审员的组成，我们可以参照强制医疗庭审程序的人民陪审员的构成。

（四）以"裁定"形式确定强制医疗解除

我国刑诉法规定强制医疗解除由原审法院予以"批准"，在司法实务中，法庭则用"决定"形式作出是否解除的裁决。笔者认为，以"决定"形式确定是否需要解除强制医疗并不妥当，而应当以"裁定"形式更为合适。首先，从法律体系完整的角度来看。我国法庭对执行中的减刑、假释决定的形式都以"裁定"的形式作出，如果对于解除强制医疗程序反而又要求法院以"批准"或者"决定"的形式作出，从法律体系上也存在相互矛盾之嫌。其次，从庭审模式角度来看，《最高法刑诉解释》第 542 条规定，对于申请解除强制医疗的，法院应当组成"合议庭"进行审查，根据不同情形作出判断。此外，解除强制医疗最终目的是对被申请人进行释放，对被申请人实体权利有直接决定意义，故以"裁定"的形式作出更为妥当。如果以"决定"形式对是否解除强制医疗进行认定，则无须组成合议庭。最后，从程序的完整性角度来看，合议庭就某个问题所作出的结论应当限于已有的"判决""裁定""决定"三种形式。在对被申请人是否应当强制医疗作出裁判时，应当以"判决"形式出具的情形下，如果对于强制医疗解除程序以"决定"形式作出，似乎不妥。而以"裁定"形式对相应结果作出裁判，更与"判决"相符合。

综上所述，强制医疗程序可以有效防止行为人再次实施危害公众或他人权利的行为。当然，如果被强制医疗人经过强制医疗执行主体的医学治疗以后，已经不再具备强制医疗条件，可以回归社会后，强制医疗执行主体或其他利害关系人可以申请解除强制医疗，这是整个强制医疗执行程序的

---

① 倪润：《强制医疗程序中"社会危险性"评价机制之细化》，《法学》2012 年第 11 期。
② 倪润：《强制医疗程序中"社会危险性"评价机制之细化》，《法学》2012 年第 11 期。

　　终结。当然,从法庭决定对被申请人进行强制医疗到强制医疗的解除,这其中还存在诸多问题,故对强制医疗裁决的执行会产生一定阻碍。厘清这些阻碍,并提出相应的解决对策,将有助于理顺强制医疗的执行程序。当然,本章对执行程序的研究并没有面面俱到,而是将笔者认为目前在执行程序中比较重要的几个问题进行阐释,并提出相应的解决对策,以期能够为司法实践提供一定的思路。

第九章　强制医疗程序的
检察监督

　　强制医疗程序需要解决的是被申请人是否符合强制医疗的条件，从而由法庭对被申请人作出是否予以强制医疗的决定。一旦被申请人被决定强制医疗，其除了要被限制人身自由以外，还需要接受符合要求的医学治疗。因此，强制医疗程序的运行是否正确，法庭强制医疗裁决的作出是否符合法律规定，强制医疗裁决的执行是否符合法律和医学治疗的要求？等等，这些都可能会对被申请人、被强制医疗人以及利害关系人的权利义务产生重要影响，甚至强制医疗程序一旦被误用，还可能造成社会公众对司法公正、公信力等的质疑。在强制医疗程序中，我们需要关注的一点是，诉讼一方很可能是最终被判定为不负刑事责任的精神病人，因此在诉讼过程中，我们更应当充分注重各方权利的保障，应当通过适合的制度来限制国家权力的运行。检察机关作为唯一的法律监督机关，有必要在强制医疗程序中充分发挥其检察监督职能，这在刑诉法中也有明确的规定。

　　"一个被授予权力的人，总是面临着滥用权力的诱惑，面临着逾越正义和道德界限的诱惑。"[①]因此，"要防止滥用权力，就需要用权力制约权力。"[②]由于强制医疗程序对象的特殊性，我们更应当注重该程序中的权力制约。正如陈卫东教授所指出的："强制医疗执行机构虽然本质上为医疗机构，但是司法实践中多类似于羁押场所。被决定执行的精神病患者在接受治疗的过程中往往也丧失了一定的人身自由权。由此，为了确保强制医疗程序科学、合理的适用，以保障在最大程度上发挥出效果，应当重点关注精神病人的权益保障，进一步完善检察监督机制的构建。"[③]在司法实务层面，相关部门也已经充分认识检察监督在强制医疗程序中的作用。例如，最高人民检

---

　　①　房国宾：《精神病强制医疗与人权保障的冲突与平衡》，《中国刑事法杂志》2011年第7期。
　　②　［法］孟德斯鸠：《论法的精神》，张雁深译，商务印书馆1997年版，第154页。
　　③　陈卫东、杜磊：《刑事特别程序下的检察机关及其应对》，《国家检察官学院学报》2012年第3期。

察院《关于深化检察改革的意见（2013—2017 年工作规划）》明确将"完善对强制医疗执行的监督机制""完善对强制医疗决定的监督机制"作为检察改革任务，前者由刑事执行检察厅作为牵头部门，后者由公诉厅牵头负责。然而纵观我国强制医疗程序中的检察监督主体，目前还存在较多问题，并没有充分发挥出检察监督应有功能。同时由于检察监督在强制医疗程序中可以对哪些内容进行监督，如何通过有效的监督方式对其进行监督等，立法和司法实务还尚未厘清，故在一定程度上还存在相当大的困境。

本章结构见图 9 - 1 所示。

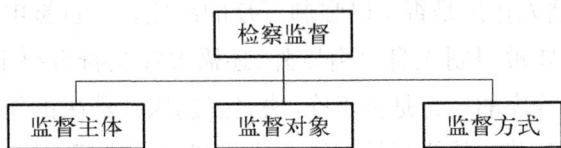

图 9 - 1   本章结构图

第一节   监督主体与对象的确认

检察机关是对强制医疗程序进行监督的法定机关，在对此进行研究前，我们首先应当明确，检察机关内部哪个部门具体负责监督事宜。同时，我们还应当明确，检察机关监督人员应当对强制医疗程序中哪项内容进行监督。在此基础之上，我们有必要进一步研究强制医疗程序监督主体与对象是否正当、合适，是否与强制医疗程序本身的特征相一致。

一、立法与实务探析

本节对强制医疗程序检察监督进行研究，应当首先从立法和司法实务层面对检察监督的主体和对象进行分析。

（一）立法规定

我国刑诉法对于强制医疗程序中的检察监督予以了明确。根据《刑诉法》第 307 条的规定，①我们不难发现，对强制医疗程序进行监督是检察机关的职责范畴之一，并且检察机关对强制医疗的决定和执行进行监督。

---

① 《刑诉法》第 307 条规定："人民检察院对强制医疗的决定和执行实行监督。"

此外,为进一步厘清检察机关监督责任的承担主体,《人民检察院强制医疗决定程序监督工作规定》(简称"《决定检察办法》")第 2 条有明确的规定,①即对强制医疗决定程序的监督由检察机关的公诉部门具体负责。如果该程序涉及未成年人,则由未成年人检察部门进行监督。根据《人民检察院强制医疗执行检察办法(试行)》(简称《执行检察办法》)第 4 条的规定,②强制医疗执行程序的监督由检察机关刑事执行部门负责。由此可见,我国法律将强制医疗决定程序与强制医疗执行程序的监督分别交由不同的部门负责:检察执行部门监督强制医疗执行程序;公诉部门监督强制医疗决定程序;在强制医疗决定程序中,如果涉及未成年人的,则由未成年人检察部门负责。

通过上述立法,我们不难发现,刑诉法仅仅对强制医疗程序的监督作了原则性规定,而《决定检察办法》和《执行检察办法》对检察监督的内容作了比较细致的规定。例如,《执行检察办法》明确对交付执行检察,医疗、监管活动检察,解除强制医疗活动检察,事故、死亡检察,受理控告、举报和申诉,纠正违法和检察建议等进行了明确规定,这些都为强制医疗程序检察监督的具体运行提供了一定的参考。又如,《决定检察办法》规定了检察机关监督内容包括:公安机关的临时保护性约束措施的采取、法庭的审理活动、法庭的决定活动等。《人民检察院刑事诉讼规则(试行)》对于强制医疗程序检察监督的内容也有一定的规定,这在《人民检察院刑事诉讼规则(试行)》第546、③547 条④也有明确规定。可见,有关强制医疗程序检察监督的立法规定较为分散。

(二) 实务探析

在中国裁判文书网、北大法宝网、无讼网等网站,笔者并未能收集到相关的实证案例,但通过对相关检察机关的调研,我们可以发现目前强制医疗

---

① 《决定检察办法》第 2 条规定:"强制医疗决定程序的监督,由人民检察院公诉部门负责。涉及未成年人的,由未成年人检察部门负责。"

② 《执行检察办法》第 4 条第 1 款规定:"对人民法院、公安机关交付执行活动的监督,由同级人民检察院负责。"第二款进一步予以明确:"对强制医疗执行活动的监督,由人民检察院刑事执行检察部门负责。"

③ 第 546 条规定:"人民检察院发现公安机关对涉案精神病人进行鉴定的程序违反法律或者采取临时保护性约束措施不当的,应当提出纠正意见。公安机关应当采取临时保护性约束措施而未采取的,人民检察院应当建议公安机关采取临时保护性约束措施。"

④ 第 547 条规定:"人民检察院发现公安机关对涉案精神病人采取临时保护性约束措施时有体罚、虐待等违法情形的,应当提出纠正意见"。

程序检察监督主体和监督对象的相关内容。《决定检察办法》和《执行检察办法》明确规定，由检察机关的公诉部门和刑事执行检察部门分别对强制医疗的决定程序和执行程序进行监督。对于决定程序的决定，检察机关主要通过支持诉讼等方式进行，在司法实务中，主要由检察机关的公诉部门承担。

法庭对被申请人作出强制医疗决定的，应当将其移送相应的执行机构，并由该执行机构对其进行强制医疗。虽然立法要求由刑事执行检察部门进行监督，但是在具体司法实务中，由于执行机构对被强制医疗人进行强制医疗的时间比较长，为了方便对执行活动进行监督，部分检察机关会确定由统一的执行检察部门履行该项职责。例如，黑龙江省仅指定了一个强制医疗所对精神病人进行强制医疗，并且由省检察机关的执行检察部门负责监督活动；上海强制医疗执行程序则由上海市检察院第二分院的执行检察部门负责监督。同时，为方便对强制医疗执行程序进行监督，部分检察机关还以派驻检察室的形式，对其进行监督。例如，在《刑诉法》确立强制医疗程序后，陕西省西安市安康医院成立了第一家强制医疗执行机构的派驻检察室，该室于 2012 年 12 月正式挂牌。2013 年北京市顺义区检察院也成立了派驻强制医疗管理机构检察室。随后，上海、宁夏等地区也分别派驻检察室对强制医疗进行监督。① 这些派驻检察室的职能主要包括三方面内容：一是对执行临时性保护约束的场所的设置、解除等活动进行检察监督；二是对强制医疗执行机构对精神病人的收治、医疗、解除等活动进行全面监督；三是受理被强制医疗人及其法定代理人、近亲属等的控告、举报和申诉活动。

上文从立法和司法实务层面，就我国检察机关对强制医疗程序进行监督的主体和对象等问题进行了相应的考察。总体而言，我们发现，上述立法相对较为粗疏，而具体司法实务似乎也没有发挥出好的效能。因此，我们有必要对强制医疗程序检察监督主体和对象中存在的问题进行分析，并据此提出相应的解决方案。

二、监督主体与对象的困境

（一）监督主体的检察监督理念更新不足

强制医疗程序是我国刑诉法新建立的一项特殊诉讼程序，与普通刑事

---

① 吴高庆、周嘉禾：《派驻检察室：强制医疗执行监督的有效路径》，《犯罪研究》2016 年第 1 期。

诉讼程序相比,强制医疗程序在审前、庭审、执行等方面都具有特殊性。作为法律监督机关的检察机关,对于强制医疗程序的检察监督重视不够,造成在对强制医疗程序进行监督中理念较为落后。以强制医疗的执行程序为例,相较于传统刑罚而言,法庭对被申请人作出强制医疗的裁决以后,强制医疗机构同样需要对行为人进行关押,传统刑罚的关押属于自由刑范畴,是对行为人的自由进行剥夺,并强制其进行劳动,以对其进行改造。而强制医疗程序不仅需要特定的机构对行为人进行关押,而且需要对其进行医学治疗。强制医疗机构对行为人采取的强制医疗并不是一种刑罚方式,这就必然导致检察机关对强制医疗执行程序的监督会与普通刑事诉讼程序存在显著差别,甚至会引起在检察监督实务中部分检察人员有错误的理念,认为对传统刑罚执行的监督,要比对强制医疗执行程序的监督更为重要,甚至对强制医疗程序的监督可有可无。造成这些方面的原因是多种多样的,有强制医疗程序检察监督的法律规范不完善,造成无法可依的原因;检察监督人员不充足,专业储备、经验积累不足;目前适用强制医疗程序的案件较少,难以出成绩等。[①]

检察监督人员监督理念的更新不足,必然导致其在对强制医疗程序进行监督过程中出现不愿监督、殆于监督等情形,从而制约检察监督的有效运行,同时对诉讼各方权利的保障和司法公正等目标的实现造成阻碍。

(二)监督主体队伍薄弱

检察机关对强制医疗程序的监督必须要由特定的检察人员来进行。然而,目前我国检察机关对强制医疗程序进行监督的队伍比较薄弱,这主要体现在以下两方面。

一方面,目前我国检察机关案多人少的局面依然没有改变。虽然检察机关是法定的监督机关,但其除了法律监督之外,还有诸多其他职能,例如审批逮捕、公诉、公益诉讼、审查起诉等,制约着检察机关各项职能运行的检察人员偏少的局面没有改变。对于《刑诉法》新确立的强制医疗程序,检察机关需要对其有正确认识,由于对强制医疗程序进行监督是一项新的职能,必然要由相应的职能部门具体负责,这就会使得本已不堪重负的检察机关更加难以有效运行。

---

① 袁其国:《刑事执行检察工作重点与方法》,中国检察出版社 2015 年版,第 92 页。

　　另一方面,无论是强制医疗审前程序还是庭审程序和执行程序,都有较强的专业性。正如上文所述,强制医疗程序的核心是确定被申请人是否符合强制医疗的条件。执行机构对被强制医疗人需要进行定期诊断评估,以判明其是否符合强制医疗的条件,如果已经不具有社会危险性的,则需要及时释放被强制医疗人,其中的关键是要判明被申请人或者被强制医疗人的精神状态如何,是否为不负刑事责任的精神病人,是否不具有人身危险性等。由于目前我国检察监督队伍十分缺乏这些专业能力,故势必会影响检察机关对于强制医疗程序监督的有效性。

　　(三)监督对象不够周延

　　检察机关的检察监督必须针对特定的对象进行,然而从目前立法和司法实务层面来看,我国强制医疗程序中的检察监督对象还存在不够周延等多种困境。我国《刑诉法》明确规定,我国强制医疗程序检察监督的对象是"强制医疗的决定和执行"。《最高检刑诉规则》对《刑诉法》的检察监督范围予以进一步细化,并明确将强制医疗的解除程序也纳入监督范畴。同时,《执行检察办法》对此也予以了确认,①并进一步明确强制医疗解除程序的具体监督内容,包括行为人是否"已不具有人身危险性";相应机关"是否依法及时提出解除意见"和"解除强制医疗的活动是否合法"等。虽然《最高检刑诉规则》《执行检察办法》《决定检察办法》对刑诉法规定的强制医疗程序检察监督对象予以了进一步的解释,但是依然存在一定的问题,主要表现在以下两方面。

　　第一,执行机构的分散给检察监督带来的不便。在传统刑罚执行中,尤其是在自由刑的执行中都有明确的执行场所——监狱,然而强制医疗程序的执行机构并不统一。强制医疗程序的执行机构,包括强制医疗所、精神病院、安康医院等。强制医疗程序执行机构的不确定和分散等也造成检察机关在检察监督时的不明确。有学者指出,我国强制医疗执行机构的多样化特点,造成了检察机关对其进行监督存在相当的不确定性,他们甚至认为,虽然宪法赋予了检察机关法律监督的职责和权力,但是该权利并不具有普

---

① 《检察执行办法》第 13 条规定:"解除强制医疗活动检察的内容:(一)对于已不具有人身危险性,不需要继续强制医疗的被强制医疗人,强制医疗机构是否依法及时提出解除意见,报送作出强制医疗决定的人民法院;(二)强制医疗机构对被强制医疗人解除强制医疗的活动是否符合有关法律规定;(三)被解除强制医疗的人离开强制医疗机构有无相关凭证;(四)其他应当检察的内容。"

遍意义。① 在诉讼程序中,检察监督权并不能对公安机关、审判机关等以外的其他行政机关,尤其是企业进行监督,这就可能导致如果被强制医疗人是在精神病院或者普通医院被强制医疗的,则检察监督会发生监督不力的现象。

第二,监督对象的不够周延还集中表现在对强制医疗交付执行的监督方面。经过调查、辩论等庭审程序之后,法庭应当综合全案证据材料,对被申请人是否符合强制医疗的条件,并就被申请人是否应当被强制医疗作出相应的裁决。在裁决作出之后,法庭应当及时将被申请人交付执行。根据《最高法刑诉解释》的规定,法庭应当在作出裁决后的五日内向公安机关送达《强制医疗决定书》和《强制医疗执行通知书》,由公安机关将被决定强制医疗的人送交强制医疗,即法庭应当在裁决作出后的五日内将被申请人交付执行。根据《执行检察办法》的规定,②法庭的交付执行活动应当由刑事执行检察部门负责。然而,根据《最高检刑诉法规则》的规定,③对于法庭作出强制医疗裁决后的二十日以内,检察机关的公诉部门需要对强制医疗裁决的正确性进行审查。换而言之,在法庭交付公安机关执行的"五日以外,二十日以内"的这段时期,作出强制医疗裁决的法庭的同级检察机关的公诉部门,以及强制医疗执行机构所在地的检察机关都具有监督权,这就可能造成权力的相互推诿,甚至相互争夺的局面,这对于强制医疗交付执行的监督也势必会造成一定的困境。

此外,还有一个较为明显的问题是,目前检察机关对于强制医疗程序的监督多侧重于法庭对被申请人已经作出应当进行强制医疗的裁决,而对于法庭经过审理作出的不予强制医疗的裁决,检察机关的监督职能并不能有效发挥。无论从立法还是从司法实务层面进行分析,我们都不难发现,经过审理之后,法庭可能做出同意强制医疗的裁决,也可能做出不同意强制医疗的裁决,这就可能使得强制医疗程序的检察监督出现空白。对于那些应当

---

① 刘延祥、李兴涛:《检察机关强制医疗法律监督问题研究》,《中国刑事法杂志》2013年第5期。

② 《执行检察办法》第7—9条,对交付执行的检察监督进行了明确规定。

③ 《最高检刑诉规则》第652条明确规定:"人民检察院在强制医疗执行监督中发现被强制医疗的人不符合强制医疗条件或者需要依法追究刑事责任,人民法院作出的强制医疗决定可能错误的,应当在五日以内报经检察长批准,将有关材料转交作出强制医疗决定的人民法院的同级人民检察院。收到材料的人民检察院公诉部门应当在二十日以内进行审查,并将审查情况和处理意见反馈负责强制医疗监督的人民检察院。"

予以强制医疗而没有强制医疗的情形,则缺乏明显的制约。

综上所述,检察机关必须由具体的特定部门来负责对强制医疗程序进行监督,然而目前检察机关的监督力量,无论是从数量上还是从专业上来看,都存在显著不足的局面,这必然会对检察监督的有效运行产生阻碍。此外,检察监督的对象还存在诸多不确定的因素,有立法层面的矛盾或者空白,也有具体实务操作层面的诸多困境。上述这些因素,必然对强制医疗程序的检察监督的实际运作产生非常大的阻碍,致使监督的效能无法充分发挥,也不利于强制医疗程序的正确、合理运行。

三、监督主体与对象的厘定

强制医疗程序检察监督在监督主体和监督对象方面存在上述诸多困境,我们必须要提出针对性的解决方案,以便保障检察监督和强制医疗程序的顺利进行。

（一）转变各方传统思维理念

一方面,强制医疗程序检察监督能否有效运行关键在于监督主体的思维意识转变。因此,我们首先有必要对检察监督人员进行相应的宣传,使其正确认识强制医疗程序设立的初衷、功能等,同时还应使监督人员明确,检察监督对于保障强制医疗程序正确运行的重要价值。当然,最为重要的是明确检察监督在强制医疗程序中的正确定位,以及监督的内容、程序、方式等,使检察监督人员真正"树立正确的执法理念,主动提升强制医疗执行监督的意识,杜绝不敢监督、不想监督的思想"。[1] 另一方面,我们也应当加强对强制医疗程序办案机关的宣传,使公安机关、审判机关、执行机关等主动转变思维意识,使其正确对待强制医疗程序的检察监督,改变其不愿接受监督的局面,使相应机关从内心接受监督,并在实际工作中主动配合检察监督。通过各方力量,共同促进强制医疗程序检察监督的有效实施。

（二）充实检察监督队伍,科学配置监督权限

实际上,各国对于强制医疗程序的监督都十分重视,甚至成立了专门的监督部门对整个强制医疗程序进行监督。例如,德国成立了住院委员会;[2]

---

① 王希发、王晓雷:《论强制医疗执行的检察监督》,《重庆广播电视大学学报》2013 年第 5 期。
② 参见[德]伯恩特·舒耐曼:《德国对精神病人刑事收容的法律保护》,司绍寒译,《中国社会科学报》2010 年 4 月 6 日,第 3 版。

韩国专门设立了社会保护委员会;法国专门设立了精神病住院委员会。其中,德国的住院委员会由精神科专家、法官以及有护理经验的社会工作人员组成。这些委员会的设立目的都是为了实现对强制医疗程序的有效监督,这为我国对强制医疗程序的监督提供了一定的参考。

我国检察监督存在的问题主要表现在监督人数欠缺以及专业能力有限两方面,这就需要我们进一步的优化检察监督人员的机构,提高检察监督人员的专业素养。[①] 当然,像德国、韩国、法国等那样成立专门的委员会来负责对强制医疗程序的监督并不现实,也不利于司法资源的节约,甚至会使以后每个特殊程序都成立特殊的监督部门,最终使检察监督体系变得繁杂。

笔者认为,我们原则上可以继续保持现行规定的做法,但是应当作出相应的改变,即对于强制医疗裁决生效以前的检察监督,由检察机关公诉部门负责;对于强制医疗裁决生效以后的检察监督,则由检察机关刑事执行检察部门负责,以强制医疗裁决的生效为时间节点。对于原审法院作出相应判决的,检察机关公诉部门依然可以通过抗诉的形式对强制医疗程序进行监督。这样一来,检察机关内部监督部门之间可以有效厘清各自的监督职责和权限行使时间,防止相互推诿等情形,这也可以极大缓解强制医疗交付执行中出现的"五日以外,二十日以内"检察监督的尴尬局面。对于公诉部门与刑事执行检察监督部门的有效沟通和衔接,会在下文中进行说明。

此外,我们应当及时充实检察监督人员的数量,充分缓解案多人少的局面。只有这样,才能从根本上缓解目前检察监督存在的困境。另外,我们在充实检察监督队伍的同时,还应当充分注重专业技术力量的配备。有学者指出,检察机关可以培育检察监督人员的专业技术能力。对此,笔者持相反态度。检察监督是一项面向所有法律行为进行监督的活动,我们不可能就所有专业都配备具有相应专业知识的检察监督人员。当然我们不可否认的是,强制医疗程序的检察监督的确有其特殊性,尤其应对被申请人、被强制医疗人是否符合强制医疗的条件进行监督,办案机关对专业证据的运用等进行监督。如果仅仅凭具有法律专业知识的监督人员对强制医疗程序进行监督,恐怕会造成监督流于形式的情形出现。如何缓解两者之间的矛盾,笔

[①] 刘延祥、李兴涛:《检察机关强制医疗法律监督问题研究》,《中国刑事法杂志》2013年第5期。

者认为,我们可以充分发挥专业人士的专业技能。例如,我们可以聘请具有专业知识的精神科医生或者鉴定人员作为特约监督员,参与到对强制医疗程序的监督中。当然,这些特约监督员必须具备良好的专业素养和职业道德,笔者甚至认为,为了方便检察监督的顺利进行,我们可以直接从法院的人民陪审员库中选取相关专家作为特约监督员,以充分缓解检察监督人员专业技术欠缺的问题。

（三）明确监督对象

我们明确由特定的部门对强制医疗程序进行监督之后,同样应当再次明确,检察监督人员可以对强制医疗程序的哪些内容进行监督,以及重点应当对哪些内容进行监督。我国《刑诉法》对此作了原则性规定,《最高检刑诉规则》作了一定的细化。而《执行检察办法》对交付执行;医疗和监管活动;解除强制医疗活动;事故和死亡;受理控告、举报和申诉;纠正违法和检察建议等活动的监督也都予以了明确,但如上文所述,依然存在很大不足。对此,我们需要从以下两方面对强制医疗程序检察监督内容进行明确。

首先,明确检察机关对强制医疗程序全过程的监督。检察机关是唯一的法律监督机关,这是宪法赋予检察机关的职权,也是其必须履行的义务。作为一种特殊的诉讼程序,强制医疗程序也理应受到监督。限于强制医疗的对象往往是不具有刑事责任能力的精神病人,因而其自身在权利保障方面,相对于精神状态正常的自然人而言,显然存在较大差别。这就决定了我们更应当特别注重检察机关对于强制医疗程序的监督,以确保程序的运行在法律规定的范畴之内。据此,笔者认为,自强制医疗程序启动开始至被强制医疗人被解除强制医疗为止,检察机关都应当对其进行监督。

其次,明确检察机关对强制医疗程序监督的重点内容。限于强制医疗程序的特殊性,笔者认为,检察机关在对其进行监督时,还应当明确强制医疗程序在哪些方面可能比较容易出现适用法律错误的风险,以便检察机关监督人员厘清监督的重点。① 在审前程序中,检察机关应当尤为注重对以下事项的监督:公安机关适用强制医疗程序的决定是否正确;对于不符合强制医疗条件的犯罪嫌疑人,是否适用了强制医疗程序;采取的临时保护性约束措施适合合法合理,约束场所、手段是否正确;收集的证据资料是否确实、充分,等等。② 在庭审程序中,检察机关应当尤为注重对以下事项的监督:法庭调查、辩论等是否符合法律规定;应当到场的诉讼参与人是否到场;办案机关是否会见了相关诉讼参与人;庭审程序是否符合法律规定;法庭作出的裁决是否正确;等等。③ 在执行程序中,检察机关应当尤为注重对以下事项的监督:交付执行是否符合法律规定;将被执行人收治治疗是否符合要求,是否存在应当收治而没有被收治等拒绝收治的情形;被强制医疗人是否接受了符合法律规定的医学治疗措施,治疗方法、治疗手段是否合法、适当;被强制医疗人是否具有相应的生活待遇,饮食、住宿、文化教育、文娱活动等是否符合要求;强制医疗机构是否对被强制医疗人进行诊断、评估;强制医疗机构的管理是否适当,是否存在体罚、虐待被强制医疗人等情形;被强制医疗人的会见权、通信权等是否得到有效保障;强制医疗机构是否及时提出解除强制医疗的申请;法庭作出的解除或者不解除强制医疗的裁决是否适当;等等。① 此外,检察机关监督人员还需要受理强制医疗程序中相关利害关系人的控告、申诉、举报等,②并且应当及时予以回复。经查明,利害关系人的控告、申诉、举报等有理的,应当及时对相关机关的违法行为进行纠正。经查明,不存在相关事实的,也应当向其说明相关情况。

当然,由不同的执行机构承担强制医疗程序的执行工作,在我国目前司法情境下还具有一定的必要性。这虽然会给检察监督带来一定的问题,但我们可以通过派驻检察的形式以及信息化的方式实现对其实时监督,这在一定程度上可以有效缓解此种困境。

综上所述,作为一种特殊的诉讼程序,相关机关对强制医疗程序的运用必须十分谨慎。正是因为该程序的特殊性使得检察机关的检察监督更加重要,但检察机关也"要以有利于涉案精神病人康复、维护社会公共安全以及保护公民人身安全为原则"③来加强对精神病人的有效监督。

第二节 监督方式的有效实施

检察机关对强制医疗程序进行监督应当通过特定的方式进行,然而纵观我国监督强制医疗程序的方式,目前还存在一定的问题,对于监督的有效

① 魏海晓:《论检察机关对强制医疗程序的法律监督》,《中国检察官》2014 年第 8 期。
② 王希发、王晓雷:《论强制医疗执行的检察监督》,《重庆广播电视大学学报》2013 年第 5 期。
③ 左乐:《完善精神病人强制医疗程序的路径选择》,《江苏检察》2013 年第 4 期。

性还会产生一定的制约。对此,我们有必要对检察监督的方式进行厘清并予以完善。

一、立法与实务探析

在对检察机关监督方式进行分析前,我们首先需要从立法和司法实务层面对其现状进行分析。

（一）立法分析

检察机关对于强制医疗程序的监督采取的方式有多种。主要表现为以下几方面。

第一,通过出庭支持起诉或者抗诉的形式来进行监督。在强制医疗庭审程序中,检察机关应当派员出席庭审来支持强制医疗的申请。虽然检察机关是诉讼参与方,但其在庭审中,同样也应对庭审程序进行监督,这在检察监督中已经成为共识。另外,上文已经论及,经过审理之后,法庭应当以判决的形式作出是否应当予以强制医疗的裁决。据此,检察机关可以通过提起抗诉的形式对裁决进行监督,这类监督形式也是检察机关监督的主要形式。

第二,通过派驻检察或者巡回检察的形式来进行监督。强制医疗程序需要对被强制医疗人进行关押,并予以医学治疗。因此,被强制医疗人需要在特定的强制医疗执行机构执行。显然,强制医疗执行机构与履行检察监督职责的检察机关是两个不同的主体。检察机关要对强制医疗机构的执行活动进行充分监督,必须以恰当的方式实时掌握强制医疗执行机构的情况。对此,检察机关通常采用"派驻检察"或者"巡回检察"的方式进行监督。例如,《执行检察办法》第 6 条就有明确规定,①即对于专门负责强制医疗执行的强制医疗所,检察机关可以采取派驻检察或者巡回检察的方式。所谓派驻检察,是指检察机关在强制医疗执行机构设立检察监督室,而巡回检察是指检察机关采取现场检察的方式对其进行监督。

在检察机关发现办案机关有违法情形的,则应当对其提出相应的纠正意见。对此,检察机关主要以两种形式来提出。

---

① 《执行检察办法》第 6 条规定:"对强制医疗所的强制医疗执行活动,人民检察院可以实行派驻检察或者巡回检察。对受政府指定临时履行强制医疗职能的精神卫生医疗机构的强制医疗执行活动,人民检察院应当巡回检察。"

第一,通过纠正意见的形式提出监督意见。检察机关提出纠正意见是检察监督的主要方式,但纠正意见的提出,有书面形式,也有口头形式。例如,《决定检察办法》第 5 条、[①]第 7 条、[②]第 11 条[③]等都对检察建议的形式进行了确认,但是上述条文并没有明确检察机关是以书面形式提出纠正意见,还是以口头形式提出纠正意见。《最高检刑诉规则》第 550 条第二款[④]明确检察机关以"书面纠正意见"的形式来进行监督。《决定检察办法》第 16 条[⑤]同样明确规定,检察机关以"书面纠正意见"的形式进行监督。此外,《决定检察办法》第 19 条[⑥]还明确规定,检察人员可以"口头方式"提出纠正意见。

第二,通过检察建议的形式提出监督意见。检察机关通过提出检察建议的形式来对办案机关的违法行为进行监督同样较为常见。例如,《执行检察办法》第 25 条[⑦]明确规定,检察机关通过"检察建议"的形式来对相关主体进行监督。

(二)司法实务

我国立法对强制医疗程序的检察监督规定了上述几种监督方式。在司法实务中,各级检察机关也是以此作为主要监督手段。同时,纵观检察机关监督实践,我们可以发现,目前检察机关对于强制医疗程序的监督呈现出以事后监督为主,事中监督为辅,事前监督基本没有的局面。同时,在检察监督实务中,目前检察机关同样是以检察建议、违法纠正意见、现场监督、抗诉、派驻监察室等方式[⑧]来对相应活动进行监督的。

---

① 《决定检察办法》第 5 条第三款规定:"公安机关收到启动强制医疗程序通知书后,未按要求启动强制医疗程序的,人民检察院应当向公安机关提出纠正意见。"

② 《决定检察办法》第 7 条规定:"人民检察院发现公安机关对涉案精神病人采取临时保护性约束措施,有下列情形之一的,应当依法提出纠正意见。"

③ 《决定检察办法》第 11 条规定:"出席法庭的检察人员发现人民法院审理强制医疗案件违反法律规定的诉讼程序……由人民检察院在庭审后向人民法院提出纠正意见。"

④ 《最高检刑诉规则》第 550 条第二款规定:"人民检察院认为人民法院作出的强制医疗决定或者驳回强制医疗申请的决定不当,应当在收到决定书副本后二十日以内向人民法院提出书面纠正意见。"

⑤ 《决定检察办法》第 16 条第二款规定:"对人民法院作出的宣告被告人无罪或者不负刑事责任的判决、强制医疗决定,人民检察院应当进行审查。对判决确有错误的,应当依法提出抗诉,对强制医疗决定或者未作出强制医疗的决定不当的,应当提出书面纠正意见。"

⑥ 《决定检察办法》第 19 条规定:"人民检察院在办理强制医疗案件中发现公安机关的违法情形,对于情节较轻的,可以由检察人员以口头方式向侦查人员或者公安机关负责人提出纠正意见"。

⑦ 《执行检察办法》第 25 条规定:"人民检察院发现强制医疗执行活动中存在执法不规范、安全隐患等问题的,应当报经检察长批准,向有关单位提出检察建议。"

⑧ 卢小兵:《论强制医疗检察监督的完善》,《江西科技师范大学学报》2015 年第 1 期。

　　宁夏回族自治区检察机关自 2014 年 10 月起,开始加强检察机关对强制医疗程序的监督,并采取多种方式共同推进。例如,检察机关采取定期对强制医疗执行机构进行巡视以及及时检察的方式,发现强制医疗执行中存在的问题;检察机关在检察监督过程中,不仅会对相关利害关心人进行谈话,了解相关情况,还会查阅强制医疗执行程序有关资料,以便于深度了解相关情况;为充分发现强制医疗执行中存在的问题,积极受理相关利害关系人的控告、申诉和举报,并及时查明相关事实;对于已有文书进行充分的核查,查明被强制医疗人是否符合强制医疗的条件,是否确实为应当被强制医疗的人,防止不应当被收治的人被收治;加强对强制医疗执行机构对被强制医疗人进行诊断评估的监督,列席诊断评估工作,并获取相关信息;对于强制医疗执行过程中存在的问题,召开联席会议,以便及时、有效地解决执行中存在的问题;对于强制医疗执行过程中存在的其他问题,及时提出纠正意见并要求其及时整改。据统计,2014 年以来,宁夏回族自治区检察机关针对强制医疗决定和执行情况发出一份《纠正违法通知书》、四份《检察建议书》,召开四次工作联席会议。[①]

　　不同的地区有不同的检察监督模式。北京市顺义区人民检察院就在执行强制医疗的安康医院发布了《强制医疗检察室公告》,[②]对于检察室的工作职责以及相关利害关系人和家属的权利、举报投诉、接待的相关内容等都予以了明确。同时,为了方便检察监督工作的顺利进行,检察机关明确每周二为固定接待日,可以受理举报、投诉等事项。同时,还在强制医疗执行机构的病区内设置了检察官信箱,方便相关利害关系人随时进行举报、投诉。检察机关开展检察监督还采取约见形式。这种形式的开展有三种不同的情形:第一种情形是由强制医疗执行机构将被强制医疗人的请求及时转达给检察机关;第二种情形是被强制医疗人及其法定代理人、近亲属等在发现相关问题,或者需要请求解决相关问题时,直接在固定接待日直接自行去约见检察人员;第三种情形就是,检察监督人员主动约见被强制医疗人或其他利害关系人。无论是哪种形式的约见,检察机关都主要是为了解决利害关系人目前存在的问题,或者强制医疗执行机构存在的问题。例如,解答相关人

　　① 杨有鹏:《强制医疗执行检察监督强化路径》,《人民检察》2016 年第 9 期。
　　② 高详阳、王景亮:《强制医疗执行检察监督中的问题和对策——以北京市强制医疗执行检察情况为蓝本》,《中国检察官》2016 年第 23 期。

的法律咨询活动、接受举报和控告、接受他人对检察工作的监督等。

　　除上述情形之外,在强制医疗程序检察监督中,检察机关还会采取会议等形式加强监督。例如,据徐州市云龙区人民检察院检察官韩盛哲介绍,在该区强制医疗程序检察监督中,"每周至少两天有专人在检察室开展工作,每季度还召集公安机关、医院,就强制医疗执行工作进展情况和存在问题进行商讨。"此外,该区还通过建立信息报送、培训学习等方式,加强检察机关与强制医疗执行机构的信息交流,以保障强制医疗程序检察监督的有效性。

　　综上所述,在司法实务中,各地都在积极探索强制医疗程序检察监督的模式和方式,但是纵观上述对相关立法和司法实务的分析,我们可以发现,检察机关对于强制医疗程序的监督还存在诸多的不完善之处,在一定程度上对检察监督的有效运行产生了极大障碍。据此,我们有必要对这些问题进行完善,并在此基础之上提出解决方案。

二、监督方式难以保障监督效果

　　强制医疗程序检察监督的不足主要表现在以下三个方面。

　　(一)检察监督方式的有效性不足

　　强制医疗程序检察监督不足的首要表现,就是检察监督的有效性不足,或者说,检察监督的法律效力不够,缺乏刚性。[①] 我国强制医疗程序检察监督的方式主要是巡回检察、派驻检察等。在发现违法行为之后,检察机关通过检察建议、纠正意见等方式来进行纠正。但是,这些仅仅只是建议性的纠正方案。如果办案机关不予执行检察监督意见的,检察机关往往没有相应的强制力来保障其建议能够得到实施。因此,检察监督在强制医疗程序中表现出严重的刚性不足。如果相应机关不配合的话,该监督建议就只能停留在纸面上,最终导致的结果可能就是该检察监督流于形式,并不能发挥其保障利害关系人合法权益、维护强制医疗程序正当性的功能,甚至会让社会公众对强制医疗程序的正当性和检察监督的正当性等产生质疑。

　　(二)信息沟通机制不畅影响监督方式的运用

　　目前,强制医疗程序检察监督中存在的问题表现得较为突出的就是各

---

　　① 谢佑平等:《中国检察监督的政治性与司法性研究》,中国检察出版社 2010 年版,第 211 页;秦彤:《检察机关对强制医疗程序监督问题的研究》,华东政法大学硕士研究生论文,2017 年。

相关部门之间的信息沟通机制不顺畅。[①] 强制医疗程序自启动至执行，涉及部门非常多。其中强制医疗机构还存在多元化的情况；检察机关内部还涉及刑事公诉部门、刑事执行监督部门、未成年人检察部门等。如此多的部门，对于检察监督的有效、实质开展会产生一定的困难。例如，在审前程序中，公安机关发现犯罪嫌疑人为不负刑事责任的精神病人，需要进行强制医疗并移送检察机关的，可能会存在证据、事实等方面的沟通不畅情形。在庭审程序中，检察机关与审判机关对案件相关事实、证据等的备案机制存在沟通不畅。在执行程序中，这种信息沟通不畅就更为复杂。对于强制医疗执行机构的监督，是由其所在地的检察机关的刑事执行检察部门负责。而在此之前，都是由公安机关、审判机关所在地的同级检察机关的公诉部门负责。因此，在检察监督实务中，不仅涉及被监督对象的区别，还涉及监督主体之间的差别，然而在司法实务中，原检察机关公诉部门与执行检察监督部门之间的沟通十分不畅。有效的信息沟通，对强制医疗程序中的所有事实、证据、文书等材料的掌握是检察监督人员进行有效监督的前提和基础。因此，目前检察机关这种信息沟通机制不畅的局面，将对检察监督的效力造成极大影响。

（三）监督方式没有得到有效整合

一方面，检察机关通过派驻检察和巡回检察的方式，在发现违法行为后，也主要以提出纠正意见和检察建议的方式来达到监督的目的。虽然监督方式多种多样，但是每种方式都存在一定的缺陷。例如，派驻检察可能导致检察监督人员与被监督对象之间会因为长时间的接触而产生千丝万缕的联系，从而影响监督效果。另一方面，检察机关对强制医疗程序的监督往往采取单一的方式，没有综合运用各种手段和信息，这就可能造成检察机关对强制医疗程序进行监督的有效性不足。

目前检察监督在强制医疗程序司法实务中已经发挥了相应的作用，但是依然具有相当大的空间，这集中表现在监督方式有效性不足、信息沟通不足以及监督方式没有得到有效整合等方面。

三、监督方式效能的充分发挥

强制医疗程序检察监督方式在司法实务中还存在诸多问题，为充分保

---

① 秦彤：《检察机关对强制医疗程序监督问题的研究》，华东政法大学硕士研究生论文，2017年。

障检察监督在强制医疗程序中的作用,我们有必要从以下几方面积极提升检察监督方式的效能。

（一）强化相关法律文书的备案

检察机关监督人员对强制医疗程序的监督,可以通过约见、调查等方式进行,但是最主要的途径还是通过对相关法律文书进行查阅,发现其中存在的问题和线索,并进一步对案件进行调查。因此,法律文书是否齐备、准确,对于检察机关监督强制医疗程序具有重要意义。笔者认为,要完善检察机关对强制医疗程序的监督,充分运用检察监督方式,我们首先有必要加强相关部门法律文书的备案。例如,在审查程序中,公安机关应当将鉴定意见书、强制医疗申请建议书、临时保护性约束措施有关文书、相关证据材料等所有文书材料予以归档保存;检察机关应当将审查意见书、强制医疗申请书等所有材料归档保存。在强制医疗执行程序中,强制医疗执行机构应当将被强制医疗人的诊断情况、病例资料、评估报告等材料予以归档保存;对于需要解除强制医疗的,还应当将申请书、法庭裁判文书、出院凭证等相关材料予以归档保存。[①] 对于当事人的控告、申诉等相关材料,受理部门也应当连同调查情况、处理情况等一起进行归档保存。随着信息化技术在司法领域的充分运用,我们应当发挥信息化手段在文书保存和流转中的作用。对于上述所有相关文书,我们可以采取电子化手段上传至相关信息平台,以便有权限的办案人员查阅,并掌握所有相关信息,提高检察监督的效能。

（二）强化监督有效性

强制医疗程序检察监督在司法实务中的表现为刚性不足,即在检察机关对违法行为提出检察建议或者纠正违法建议书之后,如果违法机关不予以配合的话,则该建议往往很难得到落实。因此,如何保障检察机关对强制医疗程序进行有效监督,是我们应当关注的课题。

笔者认为,首先,我们应当在强制医疗程序中形成统一的认识,明确检察机关对强制医疗程序进行监督的必要性及其定位,通过此种方式来确保各机关能够主动接受检察监督,并对检察监督提出的意见自愿予以执行。其次,我们应当丰富强制医疗程序检察监督的方式。例如,对于法庭作出强

[①] 余才忠、张鹏:《解除强制医疗若干问题探析——基于安康医院模式和检察监督的双重视角》,《中国检察官》2017 年第 5 期。

制医疗的裁判,目前检察机关只能通过提出书面纠正意见的形式向法庭提出。笔者建议,如果法庭以判决形式作出是否强制医疗的裁判,则检察机关可以通过抗诉对原审裁判进行监督,且效果会非常明显。最后,也是最为重要的一点是,我们应当赋予检察机关在对强制医疗程序进行监督时有一定的强制力。通过强制力确保检察建议能够得到有效执行,错误的违法行为能够得到及时纠正。这种强制力的赋予可以采取如下形式:① 检察机关在发现相应办案机关有违法行为时,可以根据情况提出书面或口头纠正意见或者检察建议,如果办案机关在规定时限内没有执行,且没有说明理由的,检察机关可以提请上一级检察机关审查。上一级检察机关审查认为,原办案机关裁判确有错误的,应当向同级办案机关移送纠正意见书或者检察建议。对此,原办案机关必须予以执行、改正,否则将承担由此产生的法律责任。② 对于原办案机关认为纠正意见或者检察建议错误的,可以向检察机关作出不予改正或者不予执行的书面说明,检察机关认为书面说明理由不充足的,可以提请上一级检察机关审查,由上一级检察机关决定是否向同级办案机关移送纠正意见书或者检察建议。通过转变理念、丰富检察监督方式以及赋予检察监督一定强制力,采取多项措施,确保检察监督能够顺利实现。

(三)通过信息化手段强化部门间信息沟通和衔接

强制医疗程序涉及部门众多,甚至在司法实务中,会出现由不同的检察机关对强制医疗程序进行监督的局面。例如,根据《最高检刑诉规则》的规定,检察机关有权对公安机关强制医疗的交付执行活动和强制医疗机构的执行活动进行监督,然而在实践中,对交付执行活动的监督和对执行活动的监督有可能是非同一检察机关的监所部门,或是同级两地监所检察部门,或是上级监所检察部门的派出检察室与下级监所检察部门。① 因此,加强各部门之间的有效联系和信息沟通是保障检察监督有效性的另一基础。

为保障这种信息沟通机制的有效运行,我们首先要在不同办案机关之间实现信息的通畅。总体而言,我们就是要理顺检察机关与公安机关、人民法院的外部联系;理顺检察机关系统内部的联系;理顺检察机关与强制医疗

---

① 余才忠、张鹏:《解除强制医疗若干问题探析——基于安康医院模式和检察监督的双重视角》,《中国检察官》2017 年第 5 期。

执行机构的联系,①确保强制医疗程序有关信息在检察机关公诉部门、检察机关刑事执行检察部门、公安机关、审判机关、强制医疗执行机构之间能够得到有效传递。②

当然,信息在不同部门之间的传递十分重要,为便于信息的及时传送,防止司法文书在部门之间流转出现纰漏,我们有必要在全国层面建立强制医疗程序信息化平台,各办案机关相应的诉讼活动都应当在平台中体现,上传相关的司法文书,有效保障有关办案人员包括授权监督人员可以及时查看各办案机关在各阶段的诉讼活动,这不仅可以实现信息的及时、完整流转,还可以起到同步监督的作用,尤其是可以及时查看强制医疗执行机构对被强制医疗人的诊断评估报告,从而及时发现被强制医疗人是否需要被解除强制医疗,保障被强制医疗人权利的实现。

（四）综合运用各项监督方式

我国检察机关对于强制医疗程序的监督主要采取派驻检察和巡回检察的方式,在发现违法行为后,提出纠正意见或者检察建议,③但目前检察机关采取的上述监督方式较为机械,未能充分发挥监督的有效功能。笔者认为,可以在增强监督效力和实现强制医疗程序信息化的基础上,综合运用各种监督方式,实现监督手段之间的有效融合,发挥其相应作用。检察机关可以通过信息化平台实现对强制医疗程序的实时监督,对于相应办案机关出现的违法违规或者不正当行为,及时通过提出纠正意见或者检察建议的方式对不正当行为进行纠正。当然,除了通过信息化平台进行监督之外,还应当通过现场检查法律文书、相关工作台账、与相关利害关系人进行谈话、接受控告、申诉、举报等方式发现强制医疗程序中存在的问题,并根据具体情况作出相应的处理。

在强制医疗程序中,检察机关是对程序的全过程进行监督,其中应特别注重对强制医疗执行程序的监督。检察机关应采取以派驻检察为原则,以巡回监督为辅的监督模式,即对于强制医疗执行机构,检察机关应当设立检察监督室,以便加强监管。同时,检察机关还应当以事先不通知强制医疗执

　　① 　王希发、王晓雷:《论强制医疗执行的检察监督》,《重庆广播电视大学学报》2013 年第 5 期。
　　② 　刘延祥、李兴涛:《检察机关强制医疗法律监督问题研究》,《中国刑事法杂志》2013 年第 5 期。
　　③ 　王希发、王晓雷:《论强制医疗执行的检察监督》,《重庆广播电视大学学报》2013 年第 5 期。

行机构,而不定期径直对其进行检察监督的方式来加强监督。同时,检察机关应当特别注重对被强制医疗人诊断评估的监督,必要时,可以借助具有精神专业技术知识的人员的力量来实现检察机关对强制医疗程序的实质监督,而不仅仅是停留在文件审查层面。

在此需要特别予以说明的是,强制医疗程序检察监督实际上是一种程序性的监督,[1]通过审查程序的合法性来判定行为的合规性,具有事后性审查的特点。由于检察监督本身"必然引起一定的程序,被监督者不可避免必须作出法律规定的反应的权力",[2]意味着检察机关在对强制医疗程序进行监督过程中,检察监督自身需要按照特定的程序来运行,故必然引发被监督对象实施特定的程序。例如,《最高检刑诉规则》第545条、[3]第663条[4]都对检察机关监督程序予以了明确。因此,检察机关监督人员在实施监督行为时,应当进一步完善监督程序自身的规范化程度。如果检察机关监督程序有违规定的,被监督对象可以提出异议,或者向上一级机关提出复议。

综上所述,检察机关对于强制医疗程序的监督对于规范强制医疗程序的实施、平衡社会防卫与人权保障两者之间的关系以及完善强制医疗程序的理论研究水平都具有十分重要的意义。[5] 然而强制医疗程序的检察监督是一个系统性工程,从公安机关发现犯罪嫌疑人可能为不负刑事责任的精神病人,从而启动强制医疗程序开始,至被强制医疗人已经不具有社会危险性,可以被解除强制医疗止,检察机关都应当严格依据法律法规对整个过程进行监督。当然,监督方式有很多,包括派驻检察、巡回检察、受理控告申诉等,也可以包括出庭支持起诉、发表意见,提出抗诉等。在目前司法大环境下,我们应充分运用科学技术的手段,构建信息化平台,保障各级检察机关和部门能够充分发挥对强制医疗程序监督的职能。限于篇幅和内容等原

① 孙谦:《中国特色社会主义检察制度》,中国检察出版社2009年版,第54页;余才忠、张鹏:《解除强制医疗若干问题探析——基于安康医院模式和检察监督的双重视角》,《中国检察官》2017年第5期。
② 张智辉:《中国检察——检察理念与法律监督》,北京大学出版社2004年版,第363页。
③ 《最高检刑诉规则》第540条规定:"人民检察院发现公安机关应当启动强制医疗程序而不启动的,可以要求公安机关在七日内书面说明不启动的理由。经审查,认为公安机关不启动理由不能成立的,应当通知公安机关启动程序。"
④ 《最高检刑诉规则》第652条规定:"人民检察院在强制医疗执行监督中发现被强制医疗的人不符合强制医疗条件或者需要追究刑事责任,人民法院作出的强制医疗决定可能错误的,应当在五日以内报经检察长批准,将有关材料转交作出强制医疗决定的人民法院的同级人民检察院。"
⑤ 秦彤:《检察机关对强制医疗程序监督问题的研究》,华东政法大学硕士论文,2017年。

因,本章仅就笔者认为在强制医疗程序检察监督中比较重要的几项内容进行了阐释,未涵盖所有内容。例如,笔者认为法庭应当以"判决"的形式对被申请人是否符合强制医疗的条件进行判断。与此相对应,检察机关对于法庭作出的予以强制医疗或者不予以强制医疗的判决,都可以通过抗诉的形式进行监督。总之,检察监督只有贯穿强制医疗程序的始终,并综合利用各种监督方式,才能确保强制医疗程序是在既定、合规、合理的范畴内运行,才能确保强制医疗程序的应有功能得到充分发挥,诉讼各方权利得以充分保障,最终实现强制医疗程序的价值。

结　　语

　　精神病人实施违法犯罪行为已经成为我们应当予以特别关注的一个社会问题。由于精神病人实施违法犯罪行为并不是在其主观意识支配下进行的，因此其无须承担相应的刑事责任。当然，这是指实施违法犯罪行为时，行为人处于完全无刑事责任能力状态，然而随着我国社会法治发展的不断向前推进，理论界和实务界已经逐步认识，仅仅不判处行为人承担刑事责任已经无法满足目前司法实践的需求。作为一个法治国家，我国不仅要追究犯罪行为人的刑事责任，同时还需要通过特别预防的方式，防止相应的行为人尤其是防止有精神障碍的行为人再次实施危害社会安全的行为。其中，最为有效且最为妥当的方式就是对该精神状态异常的行为人进行医学治疗，这在国际社会上也已经得到普遍认同。我国 2012 年《刑诉法》在特别程序中也确立了强制医疗程序，这对于完善我国对精神病人违法犯罪行为的处置、保障诉讼各方当事人合法权利、确保刑事诉讼程序的完善具有重要意义。当然，纵观我国强制医疗程序的立法规定和司法实务，我们发现，目前该程序在运行过程中还存在诸多问题，对于充分保障诉讼各方尤其是被申请强制医疗方的权利有一定的阻碍，这对于强制医疗程序的应有功能的发挥也会有一定的障碍，这就需要我们通过分析目前立法和司法实务中的现状，对强制医疗程序存在的困境进行全面梳理，并提出有针对性的解决策略，为强制医疗程序的完善提供一定的思路，这也是本书研究的出发点。

　　本书希望从刑事诉讼的视角来对现行强制医疗程序中存在的问题进行全面梳理，并提出相应的解决对策，从而来完善强制医疗程序，以真正实现该特殊程序的特殊功能。

　　笔者就强制医疗程序的内涵及特征、性质与功能，以及与非自愿性住院治疗的联系、强制医疗程序的理论基础以及强制医疗的适用条件等进行了全面阐述。笔者认为，强制医疗程序是指有权机关对实施了暴力行为的、完全无刑事责任能力的精神病人所采取的剥夺其人身自由，并由执行机关对其进行强制医学治疗,直至其精神状态达到可以回归社会的一种特殊诉讼程序。与普通刑事诉讼程序相比,该程序具有特定性、强制性、法定性、司法性、补充性等特征。相比于其他强制医疗或精神病人收治,刑诉法规定中的强制医疗程序具有典型的司法特性,对于保障精神病人及利害关系人、社会公众合法权益,以及实现程序正义等具有重要的意义。当然,作为同一年发布实施的《精神卫生法》对非自愿性住院治疗同样作出了明确规定,两者都体现了一定的强制性,并且这种强制性是需要经过法定程序来实现的,但是两者在性质、适用对象、适用程序等方面存在显著差别。毕竟,非自愿性住院治疗具有行政属性,而强制医疗程序具有司法属性。

我国刑诉法确立的强制医疗程序具有深厚的理论基础,其中最为主要的有社会防卫理论、权利保障理论、国家父权主义理论、程序正义理论。随着刑事法理论的不断发展和丰富,根据社会防卫理论的要求,刑事法律不能仅对实施了违法犯罪行为的行为人进行惩罚和制裁,还应该通过特别预防和监管、治疗的方式,防止有精神障碍的行为人再次实施违法犯罪行为。当然,在这个过程中,我们应当充分保障强制医疗程序中各诉讼方的权利义务,尤其是被申请方的权利义务,最大限度地避免传统行政化色彩浓厚的强制医疗手段带来的弊端,其中最主要的途径就是通过正当、合理、有序的程序,由法庭来裁判被申请人是否符合强制医疗的适用条件,这是权利保障理论和程序正义理论的基本要求。当然,作为一个有责任、有担当的政府,对于不负刑事责任的精神病人,我们应当担当起"父亲"的角色,并将其作为家庭的一员来对待。只有这样,才能充分发挥出强制医疗程序应有功能。

在强制医疗程序中,诉讼各方需要解决的核心问题是被申请人是否符合强制医疗的适用条件,适用条件是我们研究强制医疗程序的前提基础。笔者认为,强制医疗适用范畴的精神病人实施的行为不一定需要"暴力行为",对于精神病人侵害自身权利的行为在《精神卫生法》规定自愿性住院治疗的前提下,没有必要纳入强制医疗范畴,而对于精神病人实施的危害公共财产安全的行为的,则应当纳入强制医疗范畴。此外,对于行为人在实施犯罪行为时精神状态正常,在实施行为前犯有精神病的,应当根据《刑诉法》规定的普通程序处理;对于行为人在实施犯罪行为时精神状态正常,在实施行为后犯有精神病的,导致庭审无法进行或者无法执行刑罚的,应当予以强制医疗。最后,对于被申请人"有继续危害社会可能的"认定应当满足以下三个条件：一是危害行为不一定是暴力行为，但必须指向公共安全、公民人身财产安全；二是这种预期行为应当达到犯罪程度；三是"有继续危害社会可能"的现实性，虽然这对于我国现行立法规定的强制医疗的适用条件有一定的扩张作用，但是这不仅不会造成程序的诉累，而且还会最大限度地发挥强制医疗的应有功能。

办案机关在发现违法犯罪事实后需要迅速收集证据、查明案件事实、抓获犯罪嫌疑人。如果办案机关发现行为人符合强制医疗条件的，应当及时启动强制医疗程序，并按照规定程序实施相应的诉讼活动，其中确定行为人是否符合强制医疗条件的关键证据是鉴定意见。因此，在一定程度上，对行为人精神状态的鉴定的启动权会对强制医疗程序的启动权产生影响。限于现行立法和司法体制现状，我们应当明确，对于行为人及法定代理人、近亲属等提出的其精神状态异常的抗辩，在有初步证据的前提下，办案机关必须启动精神疾病司法鉴定程序，并据此判定是否符合强制医疗的条件。对于被害人而言，其可以通过复议、向检察机关申诉等形式来寻求救济。当然，对于行为人是否符合强制医疗条件并不是在案件发生之初办案机关就能发现的，可能随着强制医疗程序的推进，证据的不断收集，办案机关才能发现被申请人不适合强制医疗条件，这在审前程序中会产生强制医疗程序与普通刑事诉讼程序之间的相互转换问题。此外，办案机关在办案过程中，发现精神病人在没有被强制医疗之前，其依然可能实施危害社会等行为的，可以采取临时性保护约束措施，这并不是一种惩罚性措施，而是办案机关出于对精神病人和社会其他公众的权利保障而采取的一种特殊保护性措施，该措施需对当事人的自由进行限制，甚至采取医学治疗。因此，我们应对其适用的程序，以及执行期限、执行场所等内容予以明确。

检察机关提出强制医疗申请后，法庭应当严格依据法律规定的程序对案件进行审理，因为强制医疗程序解决的是被申请人是否需要被强制医疗的问题，然而这一问题的核心内容之一是，被申请人是否为精神病人。一旦被申请人被贴上"精神病"的标签，将会对其工作、生活等产生非常不利的影响，而且被申请人是否为"精神病人"，本属于被申请人隐私范畴，这就要求我们在庭审时，法庭应当采取不公开开庭的方式进行审理，对被申请人精神状态进行判定的精神疾病司法鉴定意见是法庭裁判的关键证据，然而在庭审中，诉讼各方对于该证据的审查却流于形式，因此，为确保鉴定意见被正确使用,鉴定人应在庭审之日到庭,接受控辩双方的质询和法官的询问,同时,应当明确法庭对被申请人是否"有继续危害社会可能的"情形进行判断的标准。此外,法庭应当吸收专业人士加入其中,以便对专业事实和专业证据进行判断。当然,随着庭审的运行,法庭还可能发现正在适用的强制医疗程序或普通刑事诉讼程序并不符合该程序运行的条件,而应当适用普通刑事诉讼程序或强制医疗程序的,则应当及时完成程序的合理转换,以确保当事人能够在适当的程序中享有与该程序相匹配的权利。

在庭审之后,法庭应当根据案件中的所有事实和证据,以恰当的形式对检察机关提起的强制医疗申请作出裁判。根据强制医疗程序的性质及其涉及的权利义务范畴,以"决定"形式来确定被申请人是否应当强制医疗显然不当,而法庭以"判决"的形式作出最终处理显然更符合诉讼各方当事人权利保障的需求,也与诉讼程序的基本原理相吻合。与此相适应,《刑诉法》规定的强制医疗"复议"程序存在诸多不当之处,而以上诉审程序来充实诉讼各方的权利救济途径显然更符合立法和实际需求。当然,诉讼各方可以依照普通刑事诉讼程序二审相关规定来运行强制医疗上诉审程序,但对于提起上诉审的主体以及审理模式,我们应当予以特别明确。同时,对于强制医疗上诉审程序中的强制医疗程序与普通刑事诉讼程序的转换,我们也需要进一步厘清,尤其应当注意的是,在上诉审期间,相关部门应当停止强制医疗的执行。

法庭作出的强制医疗裁判最终生效以后,法庭应当及时将执行通知书等移送公安机关,由其送交执行机关执行。被强制医疗人是实施了违法犯罪行为的精神病人,必须由具备一定硬件和软件的机构对其进行强制医疗,满足对其进行关押并予以医学治疗的双重目的,因此,我们应当加速相关强制医疗执行规则的制定工作,同时在各地区加速推进专门的强制医疗所的建立,并在强制医疗程序建立的初期,充分吸收符合条件的精神病院作为强制医疗执行的补充主体。同时,为防止对精神病人的不正当羁押,应当明确强制医疗执行的最长期限不得超过行为人精神状态正常情况下实施该犯罪行为所应承担的最长刑期。执行机构应当定期对被强制医疗人进行诊断评估,并且向有关利害关系人提供该诊断评估报告。在被强制医疗人已经不具备强制医疗条件下,执行机构及利害关系人应当及时向法庭申请解除强制医疗,法庭也应当根据被强制医疗人的情况,作出相应的裁决。

　　检察机关是法定的法律监督机关,有权力也有职责对强制医疗程序进行监督。当然作为一种新创建的刑事诉讼程序,虽然强制医疗程序已经运行了近6年时间,但检察机关对其在某些方面的监督依然显得较为淡薄和难以发挥相应效果。首先,相关办案机关应转变思维理念,愿意接受监督。其次,还应当充实检察监督的力量,缓解监督力量不足的局面,同时明确界定检察监督的权限。毫无疑问,检察机关应当对强制医疗程序的全过程进行监督,以保障该程序的运行在既定的规则范畴之内运行。面对监督方式有限和刚性不足的局面,我们应当赋予检察机关检察监督一定的效力,同时利用信息化平台,充分发挥各检察监督方式的综合作用,实现检察监督对强制医疗程序保障的功能。

　　综上所述,随着法治理念的不断深化和我国司法体制改革的不断推进,刑诉法确立的强制医疗程序必然会对精神病人及利害关系人的权利起到重要的促进意义。同时,也有利于我国诉讼程序和体制的完善。当然,强制医疗程序的运行在立法和司法实务中还存在一些问题,这些问题也会影响程序的运行和功能的充分发挥。本书希望通过对强制医疗程序的立法和司法实务进行充分分析,发现其存在的问题,并在借鉴境外有关经验基础之上,提出相应的对策。当然,本书还可能存在诸多不完善的地方,希望通过日后的研究再进一步加以深化。

参 考 文 献

一、译著

[1] 〔英〕麦高伟:《英国刑事司法程序》,姚永吉译,法律出版社 2003 年版。

[2] 〔英〕约翰·斯普莱克:《英国刑事诉讼程序》,徐美君等译,中国人民大学出版社 2006 年版。

[3] 〔美〕罗纳德·J. 艾伦、理查德·B. 库恩斯、埃莉诺·斯威夫特:《证据法》,张保生、王进喜、赵滢译,高等教育出版社 2006 年版。

[4] 〔美〕博登海默:《法理学——法律析学与法律方法》,邓正来译,中国政法大学出版社 2004 年版。

[5] 〔德〕冈特·施特拉腾韦特、洛塔尔·库伦:《刑法总论 I ——犯罪论》,杨萌译,法律出版社 2006 年版。

[6] 〔德〕汉斯·海因里希·耶塞克、托马斯·魏根特:《德国刑法教科书》,徐久生译,中国法制出版社 2011 年版。

[7] 〔德〕克劳思·罗科信:《刑事诉讼法》,吴丽琪译,法律出版社 2003 年版。

[8] 〔德〕克劳斯·罗克辛:《德国刑法学·总论》(第 1 卷),王世洲译,法律出版社 2005 年版。

[9] 〔德〕托马斯·魏根特:《德国刑事诉讼程序》,岳礼玲、闻小洁译,中国政法大学出版社 2004 年版。

[10] 〔法〕米海依尔·戴尔玛斯-马蒂:《刑事政策的主要体系》,卢建平译,法律出版社 2000 年版。

[11] 〔俄〕古岑科:《俄罗斯刑事诉讼教程》,黄道秀等译,中国人民公安大学出版社 2007 年版。

[12] 〔日〕大塚仁:《刑法概说》(总论),冯军译,中国人民大学出版社 2003

年版。

[13]　[日]田口守一:《刑事诉讼法》,中国政法大学出版社 2010 年版。

[14]　《俄罗斯联邦刑事诉讼法典》,黄道秀译,中国政法大学出版社 2006 年版。

[15]　《俄罗斯联邦刑事诉讼法典》,苏方遒译,中国政法大学出版社 1999 年版。

[16]　《德国刑事诉讼法典》,李昌珂译,中国政法大学出版社 1995 年版。

[17]　《日本刑法典(第 2 版)》,张明楷译,法律出版社 2006 年版。

[18]　《瑞士联邦刑法典》,徐久生译,中国方正出版社 2004 年版。

二、中文著作

[1]　陈瑞华:《刑事诉讼的中国模式》,法律出版社 2010 年版。

[2]　蔡枢衡:《中国刑法史》,广西人民出版社 1983 年版。

[3]　郭建安、郑霞泽:《社区矫正通论》,法律出版社 2004 年版。

[4]　戴鸿映:《旧中国治安法规选编》,群众出版社 1985 年版。

[5]　何家弘:《从它山到本土——刑事司法考究》,中国法制出版社 2008 年版。

[6]　何家弘:《中国的陪审制度向何处去——以世界陪审制度的历史发展为背景》,中国政法大学出版社 2006 年版。

[7]　胡剑锋:《强制医疗程序适用与检察监督》,中国检察出版社 2017 年版。

[8]　黄丽勤:《精神障碍者刑事责任能力研究》,中国人民公安大学出版社 2009 年版。

[9]　冀祥德、方浩:《中国刑事诉讼法学发展与瞻望》,方志出版社 2013 年版。

[10]　林钰雄:《刑事诉讼法》,中国人民大学出版社 2005 年版。

[11]　龙宗智:《证据法的理念、制度与方法》,法律出版社 2008 年版。

[12]　李从培:《司法精神病学鉴定的实践和理论——附各类鉴定案例 97 例分析讨论》,北京医科大学出版社 2000 年版。

[13]　李娜玲:《刑事强制医疗程序研究》,中国检察出版社 2011 年版。

[14]　柳延延:《概率与决定论》,上海社会科学院出版社 1996 年版。

[15]　刘白驹：《精神障碍与犯罪》，社会科学文献出版社 2000 年版。

[16]　罗筱琦、陈界融：《证据方法及证据能力研究》，人民法院出版社 2006 年版。

[17]　苗有水：《保安处分和中国刑法发展》，中国方正出版社 2011 年版。

[18]　秦瑞玠：《新刑律释义》，商务印书馆 1925 年版。

[19]　孙长永：《刑事诉讼法学》，法律出版社 2012 年版。

[20]　王以真：《外国刑事诉讼法学》，北京大学出版社 2004 年版。

[21]　王迎龙：《刑事强制医疗制度研究》，中国政法大学出版社 2016 年版。

[22]　赵秉志：《刑罚总论问题探索》，法律出版社 2002 年版。

[23]　赵春玲：《刑事强制医疗程序研究》，中国人民公安大学出版社 2014 年版。

[24]　张丽卿：《司法精神医学：刑事法学与精神医学之整合》，台湾元照出版社 2004 年版。

[25]　卞建林：《刑事诉讼法学》，科学出版社 2008 年版。

[26]　陈光中：《中国刑事诉讼程序研究》，法律出版社 1993 年版。

[27]　陈卫东：《程序正义之路》（第 1 卷），法律出版社 2005 年版。

[28]　常林：《司法鉴定案例研究——首届"鼎永杯"优秀司法鉴定文书精选》，中国人民公安大学出版社 2008 年版。

[29]　高铭暄：《刑法学原理》（第三卷），中国人民大学出版社 1994 年版。

[30]　郎胜：《中华人民共和国刑事诉讼法释义》，法律出版社 2012 年版。

[31]　孙谦：《新刑事诉讼法条文精解与案例适用》，中国检察出版社 2012 年版。

[32]　王牧：《犯罪学论丛》（第 6 卷），中国检察出版社 2008 年版。

[33]　赵秉志：《犯罪总论问题探索》，法律出版社 2003 年版。

[34]　张军、陈卫东：《新刑事诉讼法实务见解》，人民法院出版社 2012 年版。

[35]　朱晋峰：《环境损害司法鉴定管理及鉴定意见的形成与采信》，法律出版社 2020 年版。

[36]　朱晋峰：《刑事诉讼中鉴定意见证据能力的程序性保障及审查》，法律出版社 2019 年版。

[37]　朱晋峰等：《鉴定意见证据评价实践考察》，法律出版社 2017 年版。

三、期刊

[1]　陈光中、陈学权:《强制采样与人权保障之间的冲突与平衡》,《现代法学》2005 年第 5 期。

[2]　陈卫东、柴煜峰:《精神障碍患者强制医疗的性质界定及程序解构》,《安徽大学学报》2013 年第 1 期。

[3]　陈卫东:《关于附带民事诉讼审判实践中若干问题探析》,《法律科学》1991 年第 2 期。

[4]　陈卫东:《构建中国特色刑事特别程序》,《中国法学》2011 年第 6 期。

[5]　陈绍辉:《论刑事强制医疗程序中人身危险性的判定》,《东方法学》2016 年第 5 期。

[6]　陈永生:《刑事诉讼的程序性制裁》,《现代法学》2004 年第 1 期。

[7]　程雷:《强制医疗程序解释学研究》,《浙江工商大学学报》2013 年第 5 期。

[8]　常林:《司法鉴定与"案结事了"》,《证据科学》2008 年第 2 期。

[9]　董纯朴:《中国近代社区矫正历史特点考论》,《吉林公安高等专科学校学报》2011 年第 6 期。

[10]　范德繁:《论我国刑法中暴力行为的特征》,《人民检察》2007 年第 11 期。

[11]　方道茂:《司法鉴定意见科学性的采信标准》,《法学杂志》2006 年第 6 期。

[12]　郭志媛:《刑事诉讼中精神病鉴定的程序保障实证调研报告》,《证据科学》2012 年第 6 期。

[13]　郭华:《程序转换与权利保障:刑事诉讼中精神病强制医疗程序的反思》,《浙江工商大学学报》2013 年第 5 期。

[14]　郭华:《切实保障刑事诉讼法中司法鉴定条款的实施》,《法学》2012 年第 6 期。

[15]　顾文虎:《三类特殊情况下的刑期折抵之我见》,《上海市政法管理干部学院学报》2000 年第 6 期。

[16]　郝秉键:《清代精神病人管制措施考述》,《清史研究》2002 年第 2 期。

[17]　胡肖华、董丽君:《美国精神病人强制住院治疗法律制度及其借鉴》,

《法律科学》2014 年第 3 期。

[18] 胡泽卿：《国际精神卫生立法概况》,《中华精神科杂志》2000 年第 4 期。

[19] 胡充寒、路红青、汤鹏：《知识产权审判专家陪审制度的探索与检视》,《人民司法》2011 年第 19 期。

[20] 韩旭：《改革我国刑事鉴定启动权的思考——以被追诉人取证权的实现为切入》,《法治研究》2009 年第 2 期。

[21] 何迪迪、崔晓燕：《刑事强制医疗程序适用条件的反思——以比较法为视角》,《金陵法律评论》2015 年春季卷。

[22] 江涌：《论以精神病鉴定羁押制度替代强制医疗前临时保护性约束制度》,《西部法学评论》2013 年第 3 期。

[23] 江澜：《专家证据的司法控制与技术法官制度的可行性》,《法律适用》2009 年第 5 期。

[24] 蓝妍梅、苏方圆：《刑事鉴定制度的中外比较》,《经济与社会发展》2002 年第 1 期。

[25] 卢建军：《刑事诉讼专家辅助人制度的构建》,《中国司法鉴定》2011 年第 6 期。

[26] 卢建军：《司法鉴定结论使用中存在问题及解决途径——兼论我国诉讼专家辅助人制度的建构和完善》,《证据科学》2010 年第 6 期。

[27] 李哲：《对精神病人强制医疗案件法律监督的调查》,《人民检察》2014 年第 6 期。

[28] 李铭：《办理强制医疗案件的现实困难与对策》,《人民检察》2014 年第 17 期。

[29] 李娜玲：《域外刑事强制医疗程序之比较分析》,《河北法学》2013 年第 12 期。

[30] 林东云：《论关键证人出庭作证制度的构建》,《厦门广播电视大学学报》2007 年第 2 期。

[31] 赖早兴：《精神病辩护制度研究——基于美国精神病辩护制度的思考》,《中国法学》2008 年第 6 期。

[32] 倪润：《强制医疗程序中"社会危险性"评价机制之细化》,《法学》2012 年第 11 期。

[33]　苗炎：《司法民主：完善人民陪审员制度的价值依归》，《法商研究》2015 年第 1 期。

[34]　门金玲：《论命案强制鉴定制度的建构——以预防侦查错误为视角》，《山东警察学院学报》2011 年第 4 期。

[35]　Peter J. P. Tak：《荷兰的托管令》，何萍译，《中国刑事法杂志》2008 年第 9 期。

[36]　秦宗文：《刑事强制医疗程序研究》，《华东政法大学学报》2012 年第 5 期。

[37]　覃江：《论影响司法精神病鉴定结论一致性的原因》，《中国司法鉴定》2006 年第 5 期。

[38]　孙长永：《论刑事证据法规范体系及其合理构建——评刑事诉讼法修正案关于证据制度的修改》，《政法论坛》2012 年第 5 期。

[39]　孙吉祥：《三个方面正确理解临时保护性约束措施》，《人民检察》2015 年第 3 期。

[40]　孙笑侠、郭春镇：《法律父爱主义在中国的适用》，《中国社会科学》2006 年第 1 期。

[41]　孙娜：《对刑事诉讼法中强制医疗程序的思考》，《法学研究》2012 年第 4 期。

[42]　吴景钦：《日本法对于精神病障碍犯罪者的处遇于我国之参考》，《刑事法杂志》2008 年第 4 期。

[43]　王戬：《略论"鉴定留置"——由邓玉娇案说起》，《中国司法鉴定》2009 年 6 期。

[44]　王伟：《精神病人强制医疗制度研究》，《法律与医学杂志》2003 年第 3 期。

[45]　王瑞恒、赵妍：《论刑事诉讼中 DNA 鉴定结论的证据效力》，《辽宁警专学报》2007 年第 2 期。

[46]　王天娇：《强制医疗前临时保护性约束措施研究》，《江西警察学院学报》2014 年第 4 期。

[47]　王涌：《论以精神病鉴定羁押制度替代强制医疗程序前临时保护性约束制度》，《西部法学评论》2013 年第 3 期。

[48]　王永红：《关于新〈民事诉讼法〉"依法不负刑事责任的精神病人的强

制医疗程序"一章司法解释的解读》,《法学与医学》2013 年第 2 期。

[49]　王宗光、杨坤:《精神病人强制医疗程序研究——以刑事诉讼一审程序为基点》,《上海政法学院学报(法治论丛)》2011 年第 6 期。

[50]　吴常青:《论鉴定留置》,《江西公安专科学校学报》2007 年第 1 期。

[51]　汪冬泉:《强制医疗程序执行阶段的立法缺失与完善》,《江西警察学院学报》2013 年第 4 期。

[52]　文永辉:《精神病人强制医疗制度的国内外立法比较探析》,《西部法学评论》2011 年第 5 期。

[53]　许明:《试论完善鉴定结论审查机制的新对策——设置专家辅助人制度》,《法制与社会》2009 年第 1 期。

[54]　杨永华、王宏平:《伤情鉴定中强制鉴定制度研究》,《中国刑事法杂志》2012 年第 6 期。

[55]　元轶:《法官心证与精神病鉴定及强制医疗关系论》,《政法论坛》2016 年第 6 期。

[56]　于靖涛、田祖恩:《英美法系对精神病患者刑事责任能力的评定标准》,《中华精神科杂志》2000 年第 4 期。

[57]　袁登明:《刑事羁押折抵刑期问题研究》,《法律适用》2012 年第 7 期。

[58]　张文婷:《精神病人强制医疗制度比较研究》,《沈阳工程学院学报》(社会科学版)2010 年第 1 期。

[59]　张伟:《人权在中国的法律保障》,《红旗文稿》2015 年第 9 期。

[60]　周峰、祝二军、李加玺:《强制医疗程序适用情况调研报告》,《人民司法(应用)》2016 年第 7 期。

[61]　周国君:《试论我国刑事强制医疗措施的司法化》,《山东警察学院学报》2009 年第 6 期。

[62]　张方:《从两种鉴定类型的比较看我国司法鉴定委托权的归属》,《人民检察》2000 年第 7 期。

[63]　张吉喜:《中美刑事强制医疗制度相关问题比较研究》,《环球法律评论》2014 年第 5 期。

[64]　张鑫、王菁:《论我国刑事强制医疗制度的完善与发展》,《河北法学》2014 年第 8 期。

[65]　朱锡铁:《犯罪嫌疑人强制医疗制度初探》,《上海公安高等专科学校

学报》2009 年第 12 期。

[66]　周国君、李娜玲：《试论我国刑事强制医疗措施的司法化》，《山东警察学院学报》2009 年第 6 期。

[67]　郑丽珍：《试析我国法律程序缺失的表现、后果及对策》，《西北工业大学学报》2006 年第 2 期。

[68]　朱晋峰：《强制医疗的诉讼化建构》，《证据科学》2013 年第 2 期。

[69]　朱晋峰：《合适成年人制度性程序问题考量》，《中国监狱学刊》2013 年第 1 期。

[70]　朱晋峰：《以审判为中心诉讼制度改革背景下科学证据审查的困境及出路》，《法律适用》2018 年第 13 期。

[71]　朱晋峰：《环境侵权案中"有专门知识的人"若干关键性问题探究》，《南京大学法律评论》2017 年秋冬刊。

[72]　朱晋峰：《环境损害司法鉴定若干问题探索——基于环境损害责任纠纷实践的分析》，《证据科学》2017 年第 1 期。

[73]　朱晋峰：《区域司法鉴定协作的现实必要性及其模式探索——基于司法鉴定实践的初步考察》，《中国司法》2017 年第 4 期。

[74]　朱晋峰：《司法鉴定立法比较之法理研判——以新〈刑事诉讼法〉与〈民事诉讼法〉为视角》，《中国司法鉴定》2013 年第 1 期。

四、报纸

[1]　王俊秀、陈磊：《我国精神病收治乱象亟待整治》，《中国青年报》2010 年 10 月 11 日。

[2]　余建华、孟焕良：《浙江审结 35 起"武疯子"强制医疗案》，《人民法院报》2013 年 12 月 23 日。

[3]　黄旭东、刘干：《刑事强制医疗程序不能附带民事诉讼》，《人民法院报》2015 年 1 月 29 日。

[4]　刘仁文：《对由危害行为的精神病人不能一放了之》，《检察日报》2003 年 10 月 29 日。

[5]　卢志坚等：《"对症施药"防止刑期折抵差错》，《检察日报》2011 年 9 月 20 日。

[6]　徐慧：《增加具有相关专业知识背景人民陪审员，提升自贸区案件审

理质量,专家建议——建立专业陪审员产生和运行机制》,《上海法治报》2014 年 6 月 9 日。

五、学位论文

[1]　张晓凤:《论我国刑事强制医疗程序的完善》,吉林大学博士研究生学位论文,2015 年。

[2]　卞佳:《民事专家陪审制度研究》,西南政法大学硕士研究生论文,2013 年。

[3]　靳锦:《论我国民事专家陪审制度的构建》,辽宁大学硕士研究生论文,2016 年。

[4]　龚中航:《论中日比较研究视角下我国精神病强制医疗程序的完善》,浙江工业大学硕士研究生论文,2014 年。

[5]　浦娟娟:《精神病人强制医疗研究》,上海交通大学硕士研究生论文,2013 年。

[6]　王瑛:《刑事强制医疗程序问题研究》,中国政法大学硕士研究生论文,2013 年。

[7]　吴彩玲:《论我国精神病人强制医疗程序的立法完善》,广东商学院硕士研究生论文,2013 年。

[8]　刘善昂:《关键证人出庭作证制度研究》,上海交通大学硕士研究生学位论文,2008 年。

[9]　林思苹:《强制治疗与监护处分——对精神障碍者之社会控制》,台湾大学法律学院法律研究所硕士研究生论文,2009 年。

[10]　张迪:《刑事强制医疗程序研究》,南京大学硕士研究生论文,2016 年。

[11]　张明鸣:《论强制医疗中的民事救济》,哈尔滨商业大学硕士研究生论文,2015 年。

[12]　张树习:《刑事强制医疗程序研究》,内蒙古大学硕士研究生论文,2013 年。

[13]　朱成亮:《比较视域下精神病人强制医疗制度完善之探讨》,苏州大学硕士研究生论文,2013 年。

六、网络资源

［1］ 许云峰：“精神病收治制度法律分析报告称中国精神病患者已逾 1 亿人　重性病患超 1 600 万”，http://bbs. dzwww. com/viewthread. php? tid＝24462219,2011‐09‐14,最后访问日期：2017 年 7 月 3 日。

［2］ 刘庆华、郭啸海、刘德华：“强制医疗程序司法实践中遇到的几个问题”，中国人民大学刑事法律科学研究中心，http://www. criminallaw. com. cn/article/default. asp? id＝10433,最后访问日期：2017 年 7 月 7 日。

［3］ 张文好：“我国司法精神病鉴定的历史及现状”，http://www. angelaw. com/medaw/psycho0l. html,最后访问日期：2017 年 4 月 15 日。

［4］ 张玉瑞、韩秀成：“我国知识产权司法体制改革”，http://www. iolaw. org. cn/showarticle. asp? id＝3014,最后访问日期：2017 年 4 月 15 日。

［5］ “犯罪心态至于美国刑法中精神病辩护规则”，https://wenku. baidu. com/view/6d22528ad0d233d4b14e69bd. html,最后访问日期：2017 年 6 月 17 日。

［6］ “英国精神卫生法”，http://blog. sina. com. cn/s/blog _ a4038779010170oq. html,最后访问日期：2017 年 6 月 18 日。

［7］ “DSM‐IV 美国精神疾病诊断标准”，http://3y. uu456. com/bp_ 8ipo9598tv9pugm7q9wo_1. html,最后访问日期：2017 年 6 月 12 日。

［8］ “最高人民法院工作报告”，http://news. sina. com. cn/sf/news/fzrd/2017‐03‐20/doc-ifycnpit2377941. shtml,最后访问日期：2017 年 7 月 30 日。

索　引

后　　记

　　"依法不负刑事责任的精神病人的强制医疗程序"是 2012 年修订的《刑诉法》新增的特殊程序,旨在对实施了违法犯罪行为,而又经法定程序鉴定依法不负刑事责任的精神病人予以强制医疗的一种特殊处置方式。强制医疗程序运行至今,已经 8 年有余。在刑事诉讼中,大量实施了违法犯罪行为的精神病人得到了医治,这对于维护社会正常秩序、保障诉讼各方当事人的合法权益,尤其是保障精神病人的合法权益发挥了重要作用。笔者持续关注该问题将近 6 年,先后多次向有关专家学者和实务部门进行咨询,数易其稿,终于 2020 年年初完成定稿。在成书过程中,笔者得到了单位领导和同事的大力支持和诸多专家学者的指导,特别是得到了赵丹博士、谷望舒博士、张薇法官、樊金英博士、吴真检察官的大力帮助,在此一并表示感谢。

　　本书在写作过程中查阅了一些国内外文献,发现对于精神病人的医学治疗和权利保护等问题,国外相应部门就有所关注,并出台了相应的法律法规,发展至今,已形成了完善的制度体系。我国虽然于 2012 年确立了强制医疗程序,但作为新设的特殊诉讼程序,在理论指导和实践运用层面还存在较大不足。例如,对于强制医疗程序的适用条件,还需要进一步拓宽,并予以合理解释;对于强制医疗审前启动程序、特殊程序与普通程序的转换、临时保护性约束措施等规定也存在不完善的地方,此外,对于强制医疗的庭审程序、执行程序、检察监督等内容也同样存在需要完善的地方,这就构成了本书研究的主要内容。当然,本书在一些地方也仅提出了问题,或者只是提出了解决问题的某种思路,而没有深入研究,这也是本书存在的缺陷之一,需要后续研究对此进行深入探讨。

　　虽然本人关注该课题已经 6 年有余,但中间也因为各种原因而断断续续。期间,理论界和实务界也有诸多关于强制医疗程序的优秀研究成果产出,本书也是在充分借鉴上述研究成果基础之上,尽量避免研究内容的重复,提出一些不同的看法,希望对强制医疗程序理论和实务的完善有一定的帮助。2020 年,本书终于成稿,并呈交上海交通大学出版社出版,在此表示诚挚的感谢。

2020 年,是我来沪的第 15 年,终于有了一个能看到阳光的容身之所;2020 年,通过司考的第 12 年,庆幸自己还依然从事法律行业;2020 年,工作的第 9 年,书本堆积了办公室的每个角落,但认真阅读的似乎没几本,大多成了摆设,需要好好重拾起来;2020 年,对强制医疗进行研究的第 6 年,本书最终定稿,洋洋洒洒 20 余万字,希望能为强制医疗程序的完善发挥一些作用;2020 年,做父亲的第 3 年,调皮捣蛋的娃,即将迈入幼儿园的大门,开始自己的求学路,希望他能不回头,迈步向前;2020 年,博士毕业后的第 1 年,该寻找下一个奋斗目标了。勉励自己!